古代漢語釋源

曾光平　曾　江／著　魏清源／審訂

齊魯書社
·濟南·

圖書在版編目（CIP）數據

古代漢語釋源 / 曾光平，曾江著. -- 濟南：齊魯書社，2023.8

ISBN 978-7-5333-4756-7

Ⅰ.①古… Ⅱ.①曾… ②曾… Ⅲ.①古漢語－研究 Ⅳ.①H109.2

中國國家版本館CIP數據核字(2023)第143424號

責任編輯：向　群
王亞茹
封面設計：小學僧
版式設計：趙萌萌

古代漢語釋源
GUDAI HANYU SHIYUAN

曾光平　曾　江　著　魏清源　審訂

主管單位	山東出版傳媒股份有限公司
出版發行	齊魯書社
社　　址	濟南市市中區舜耕路517號
郵　　編	250003
網　　址	www.qlss.com.cn
電子郵箱	qilupress@126.com
營銷中心	（0531）82098521　82098519　82098517
印　　刷	山東臨沂新華印刷物流集團有限責任公司
開　　本	710mm×1000mm　1/16
印　　張	21
插　　頁	3
字　　數	285千
版　　次	2023年8月第1版
印　　次	2023年8月第1次印刷
標準書號	ISBN 978-7-5333-4756-7
定　　價	78.00圓

序　一

曾光平教授的遺著《古代漢語釋源》就要由齊魯書社出版了。曾教授是我的老朋友，齊魯書社支持老朋友遺著的出版，讓這部遺著有機會與讀者見面，我對齊魯書社表示衷心的感謝。

曾光平教授在海外生活多年，有豐富的語言知識，他精通英語、印尼語、荷蘭語、日語、朝鮮語，會説幾十種漢語方言，具有特殊的語言天賦，是一位懂得多種語言的真正的語言學家。

他把語言看成自己的生命，對語言研究充滿熱情。本書書名是《古代漢語釋源》，書中“漢語語音知識”與“文選”兩部分，實際上乃是他多年研究漢語方言學、漢語音韵學、漢語詞源學、漢語訓詁學的集大成著作。本書認爲語音與語義有着密切的聯繫，力圖從語音出發來解釋漢字的語義，發掘漢字的理據。書中訂正了前人的不少錯誤，處處反映出作者獨到的見解，時時給我們以新的啓迪，引導我們進行獨立的思考。這是一本難得的、具有創新性的語言學著作。

相信本書的出版，將會推動我國漢語詞源學研究的進一步發展。

教育部語言文字應用研究所研究員

博士生導師　馮志偉

2023 年 6 月 15 日

序　二

中國語言産生的時間遠早於漢字産生的時間，漢字是表意文字，每個新事物産生之初始，予以命名和定義，是先有義和音的結合，後來纔有文字。由初始的義和音，古人通過不斷地對音的改變來豐富和衍生發展出5萬多個文字，甚至更多，但還不足表達人們的思想。象形字、會意字畢竟纔幾個，要認3000多個常用字就够難了。與其他歷史悠久文明的語言發展規律一樣，漢語語音的歷史不斷變化，有其發展的内在規律纔有所謂的源遠流長。任何一門學科都會遇到“哲學三問”，漢語溯源亟需被解決，音就是内在的DNA。漢字中形聲字占很大比例，據統計，《説文解字》中的形聲字就占82%以上。形聲字是由義符和聲符兩部分構成的合體字。漢字從某種意義講，聲旁是被人忽略的漢字拼音密碼，漢字拼音的形式遠遠大於象形性質。古人没有真正意義上的注音系統，無法規範地標注和認讀文字的發音，這個字到底怎麽念呢？後人更無法準確得知當時的讀音。漢魏以前，漢字注音一般都是采取打比方的方法，即“譬况”“讀若”，還有“直音法”等，但都不能準確注音。直到東漢佛經傳入，當時人們需要在漢語中尋找具有同等發音的漢字來“音譯”佛經，印度來的高僧也需要學習漢語，在梵文拼音方法的啓發和影響下，古人創造了反切法的注音方式。這也衹能是差强人意，但用反切法標注在一定程度上促進了音韵作爲一門學科的發展。

歷史是一條河流，今天的漢字與早期的甲骨文相比有很大的變化，語音更是不斷發展演變。歷史上從來没有過大一統的語音，即使是同一時期，因地域方言不同，同樣的字詞發音也各不相同，今日有些地區方言十里已是不同音。由於古今音變，明清不懂唐詩宋詞之韵，唐宋不識《詩經》、漢賦之音。古代典籍大量被誤讀，甚至我們生活中的語言有許多已不知其本源和真實意思，存在大量的錯誤解釋。"將進酒"的"將"是什麽意思？"人不知而不愠"的"愠"是什麽意思？"唯女子與小人爲難養也"的"小人"是什麽意思？"頸"與"莖""脛"是同源詞嗎？"年"是什麽意思？是怪獸嗎？慶祝"新年"，難道是慶祝新來的怪獸嗎？這些問題的答案都藏在方言裏。

漢代人就寫出《釋名》，那時人們没有語音學知識，研究成果不能用。中國清代文人纔開始認真研究漢語語音，可惜他們不從自己的方言入手，祇從古文的押韵入手，結果研究到清末，可用成果不多。瑞典人高本漢（Bernhard Karlgren）在 1910 年到中國，用將近兩年時間調查、記録了 33 個方言點，奠定了有科學意義的漢語語音學。1994 年商務印書館還重版了他的《中國音韵學研究》。1940 年，高本漢把研究成果《漢語詞族》以字典的形式寫進《古漢語字典》，這是漢語開天闢地的研究成果。

植物有 100 多萬種，但植物工作者對大多數植物都能很容易説出是什麽屬、有什麽特點。他們爲何有這種能力？利用林奈植物分類法。世上的物品數量數不清，門捷列夫研究出化學元素週期律，至今化學工作者發現的元素纔 100 多種。化學工作者經過分析，就能知道物品是金屬還是非金屬；知道價和分子量，就可以列出化學方程式，根據産量預算出各種配料是多少。語言方面，印歐語系有詞根，比如 native、nature、nation 等單詞的詞根是 nat，表土地。印歐語言的詞根不多，再説，他們的詞根是希臘語、拉丁語等，而歐洲各國又有本民族的詞根，他們又互相借用。20 世紀初，英國語源學家斯基特（W. W. Skeat）出版了英語語源辭典。而漢語是單音節語素型語言，漢語能否把那麼多語素像林奈將植物分爲 24 個綱、116 個目、1000 多個屬和 10000 多個種那樣分門别類？許慎的《説文解字》像林奈的植物分類，將 10000 多個漢字有序歸類。

語音學、方言學、音韻學，進而訓詁學，這是漢語探源釋源的方法路徑。父親曾光平 1985 年成爲漢語方言學會會員，1986 年成爲中國音韻學研究會會員，1988 年成爲中國語言學會會員，1989 年成爲中國訓詁學研究會會員，而語言研究學界少有能集四個學會於一身的學者。父親爲編寫《漢語釋源大字典》，1965 年就開始學習植物學、動物學甚至醫學知識，以幫助解决艸頭、牛旁、骨部、肉月部字的源的問題；1990 年就從十三經和諸子著作中搜集書證，家中到處都是他剪貼的書證紙條。做如此浩大之工程，父親可謂孤勇者。

父親數十年韜光逐藪，含章未曜，孜孜以求，做漢字的釋源工作并且分類，像達爾文的物種進化論，將漢字來源系譜化，編纂 800 餘萬字的《漢語釋源大字典》。1993 年，中國語言學泰斗、北大中文系周祖謨教授，看到《漢語釋源大字典》的么部字頭和理論體系，欣然題寫書名并作序。語言學家李玲璞等也給予鼓勵和支持。書稿在他手中已完成近 90%。

父親不但精通英語、印尼語、荷蘭語、日語、朝鮮語，更是精通幾十種漢語方言，可以隨處换方言，隨時與鄉親促膝細聊，可謂處處有鄉音。語言上的精通和學術上的突破是通過大量田間地頭實地的語言調研資料取得的。實地調研是方言學研究的生命，但也極其艱苦與枯燥，令許多研究者望而却步。父親 1934 年 5 月生於福建平潭島，1940 年隨父母移居印尼。5 歲時，爺爺就用福建口音教父親讀《論語》。父親天資聰穎，上學期間接連跳級，中學畢業時作爲優秀畢業生代表上臺接受校長表彰。23 歲回國前，父親在印尼和閩廣子弟一起上學，閩廣諸方言都基本掌握。父親自己的方言是福州方言，回國後又弄清了廣州、潮州、厦門、客家幾種方言。自福建師範大學外語系畢業後，1972 年補了上海話。1977 年調至洛陽，收到多個地方方言志編委會的委托，最終寫了洛陽等 5 種方言志。1984 年調至河南大學中文系教音韵學。父親利用寒暑假等節假日，墊上所有積蓄，自費走遍中國南北，録音和記録了包括藏語在内的 100 多個方言點的實地調查，獲取了中國方言的大量一手資料。到目前爲止，没有人比他有更全的方言録音資料。父親腦袋裏裝滿了第一手語言資料，熟悉中國七大方言體系，對各區域方言聲、韵、調的不同進行了系統比較與整理，并對日語音讀、漢越語、朝鮮漢字也做了《方言對照調查字表》。從漢語方言延伸到亞洲語系規律，使得父親在探源研究中游刃有餘，最終摸索出了漢語語音的發展規律，悟出漢語是通過改變聲母、改變韵母、改變聲調或改變寫法造區别詞、造新詞。本書“漢語語音知識”部分從方言出發，把音韵學講了，也把詞源講了，能更好地幫助讀者對“文選”部分的注釋達到紅爐點雪、醍醐灌頂的會心領悟。

《古代漢語釋源》將使國人看到漢語詞彙富有理據性，不但可以運用詞源解釋詞，還可以列舉出同源詞族，從而能同時理解多個詞彙；這也將使世人看到整個漢語體系充滿理據性，從而理解中國爲什麽 3000 年前就有那麽發達的文明，有那麽多的典籍留世。極言之，從造詞即可窺見中國人的智慧，中國人的語素文字在文化和科技方面將起到日益重要的作用。

在詞源研究的道路上，父親風趣地説自己别開了蹊徑。用老舊那一套就像没有舵的船，很難駛到彼岸。詞源研究需要突破陳陳相因，需要探索與争鳴，需要旗幟鮮明、剛正不阿的學術風骨，需要敢於突破學科藩籬、學術求真、嚴謹治學、敢於質疑的科學精神。父親在學術權威面前不畏門派，不拜權威，不立偶像，他認爲中國歷史上哪怕一秒鐘也没有出現過全國一致的語音，構擬的上古音不但没有實用價值，還封殺了漢語音韵研究和詞源探討。

語言學者陳衛恒教授曾這樣評價父親：感念曾光平老師的治學之路，由外而中、由今而古、由流而源，由音理而求義理，并兼顧形理。漢字形、音、義之生發、變化之理，也即編、變碼之理據，由是彰顯，作爲單音節語的典型，特立於世界語言之林。“先生之著述，或有時而不章。先生之學説，或有時而可商”，先生由愛國而愛民族語言，探求漢語源之奇人獨徑，之執着精神，永存。

父親生前常與我談及詞源，希冀能薪盡火傳，惜我懦愚，沉於世俗，淹旬曠月，寶山空回。衹是父親突然離世，遺留大量書稿，浩如烟海，皆爲和隋之珍却隱没塵烟，我甚爲愧疚，雖力不勝任，也盡力逐一整理出書，如能辨章源流，示人以門徑，也算堪以告慰。本人能力所限，在整理書稿中難免留下諸多錯誤，希望廣大讀者特别是從事古漢語研究的專家學者不吝賜教，本人表示由衷的感謝。

曾　江

2023 年夏

前 言

没有漢語詞源探討成果，不知道這個詞的來源，就很難準確瞭解這個詞的意思。因此，即使是王力先生主編的《古代漢語》的注釋，也有許多不够準確的地方，甚至多處出現錯誤。如《論語·學而》“人不知而不愠”的“愠”注解作“惱怒”。人不知就“惱怒”，這不合情理。孔子在《論語·學而》説：“不患人之不己知，患不知人也。”怎麽會因爲人們不理解自己就發怒？“愠”是“鬱”的陽聲韵，“人不知而不愠”的意思應該是：人們不理解我，我也不鬱悶。《論語·雍也》“一簞食，一瓢飲”，各辭書對“簞”都解錯了。《漢語大詞典》解作“古代用來盛飯食的盛器。以竹或葦編成，圓形，有蓋”。當時没有鐵器的炊具，都是用陶器鬲。如直接拿來做飯，飯溢了，陶鬲就會炸裂。有兩種方法解决：一種是飯開了，把米撈起來蒸；另一種是把糧食用竹葉或葦葉包起來，飯就不會溢了。包起來的飯團就叫“簞”，它可以帶，也可以拋給路過的戰士。王力主編《古代漢語》緑皮本“簞”也解作“盛飯食的蓋圓形竹器”；橙紅皮本（校訂重排本）没有解“簞”，但對“飲”有解釋：“用如名詞，飲料。”錯。“飲”是蒸“簞”的湯汁，喝這個纔是艱苦。福建把稀飯的汁叫作“飲”。“飲料”使人想到的是可樂等。《戰國策·齊策四》：“文倦於事，憒於憂，而性懧愚，沉於國家之事，開罪於先生。”《漢語大字典》“懧”同“懦”，“懦”字有兩個義項：①膽小軟弱；②柔軟。《漢語大詞典》“懦”字有三個義項：①畏怯軟弱；②懦夫；③柔軟。《説文》“懦，駑弱者也”，説的是“駑弱”，後人不明其義，理解爲膽小、畏怯。《古代漢語》注釋：“懧(nuò)，同‘懦’，懦弱。”繩子繃不緊，福州語系説“nøyng”，陽去。古人造“弱”表示鬆弛的弓，“弱”是指事字，表示弓弛。繩子繃不緊就如弓弛。做事慢，福州語系説“nung”，河南、河北話説“肉”。“懦”就是“肉”。“駑”是跑不快的馬，是很“肉”的馬。因此，《戰國策》裏孟嘗君向馮諼説的這段話，要表達的意思是他自己生性拖拉，而不是膽小。

部分學者是精通音韵學的，甚至對上古音的研究有完整的成果，怎麽會出現上面的錯誤？從這裏就能看出，部分學者的音韵學的造詣和上古音研究的成果并没有使他們進入漢語詞源研究，無助於他們解釋詞語。因爲他們所掌握的《廣韵》是綜合的，它可以用來調查方言，但它不會使人進入漢語詞源探討。到中國大一統的今天，漢語有普通話，但全國各地人們還都是説自己的方言，你怎麽會相信上古的漢語是全國一致的語音？從這裏就足見部分學者未瞭解漢語，熱衷於一種虛擬的語音，把古訓一樣的字不管是不是同源就繫聯爲同源。以王力先生的《同源字典》（商務印書館 1982 年版）爲例，這本書是怎麽編成的呢？

kieng 頸：kang 亢（吭肮）（耕陽旁轉）

kieng 頸：heong 項（見匣旁紐，耕東旁轉）

kieng 頸：kyeng 剄（叠韵）

kieng 頸：heng 莖（見匣旁紐，叠韵）

heng 莖：hyeng 脛（匣母雙聲，叠韵）

hyeng 脛：heang 胻（匣母雙聲，耕陽旁轉）

以上“頸、亢、項、剄”是同源，“脛、胻”是同源，“莖”與組裏任何字都不同源。衹因《釋名·釋形體》有“脛，莖也，直而長似物莖也”，就把上述全聯起來。有些字即使是同源，衹因没有一樣的古訓，目前的《同源字典》也不列入同源。例如，下面一組同源詞在《同源字典》裏衹有“夜、昔、夕、汐”（第286頁）四個字。

夕、夜、宵、西

幽、黝、油〔然〕、黑油油

鼬、鼪、狌

昨、昔、夙、宿、朔

叟、嫂

餿、醋、菹、楂、榨〔菜〕、漿、醬、酢（cù）〔漿草〕、酒

臭、滫、溲、蕕、醜

舍、塒、宿、厝

所、署

表示黑：淄、緇、鯔、〔鸕〕鷀、鰂（烏賊）、猩猩、猹猁

太陽西下，月亮上來了叫“夕”，如與君一夕話，勝讀十年書；今夕是何夕；朝夕相處。“宵”是文學用詞，如難忘今宵、元宵。“夜”是“夕”的零聲母，如夜不閉户、夜長夢多。晚飯，吴語説“夜飯”，夜飯之後的點心叫“夜宵”。太陽下山的方向叫“西”。“幽”是“夜”的陰聲韵，用在有關陰間，如幽靈、幽明（指陰間與陽間）。女性的鬼叫“妖”。“黝”表示黑。鼬，俗叫黄鼠狼，因是晝伏夜出，所以叫“鼬”。中國人用“夕”的陽聲韵造了“鼪”字，又造個“狌”字。《莊子・逍遥游》：“子獨不見狸狌乎？卑身而伏，以候敖者。”《孟子・梁惠王上》：“七八月之間旱，則苗槁矣。天油然作雲，沛然下雨，則苗浡然興之矣。”“黝”用俗字“油”，今天的用法如“麥子長得緑油油的”。

“昨天”河南説“夜兒”。另造個“昔”，表示過了很多很多的夕，如今昔對比、難忘昔日的好時光。又造個“夙”，表示以前的，如夙願、夙敵。“夙儒”是飽學的老學者。“宿”既如“夙”表示過去，也表示

“夕”。“一晚上”，東北説“一宿（xiǔ）”。月底舊月没有光了，新月還没出來，這時叫“朔”。“朔”是“夕”的陰聲韵。北方緯度高，年日照少，所以北方叫“朔方”。年末和年初，洛陽説“年下”，實際是“年朔”念轉了。老人叫“叟”。孟子見梁惠王，王曰：“叟！不遠千里而來，亦將有以利吾國乎？”哥哥的妻子叫“嫂”。過夜的飯菜就“餿”了，“餿”是“夕”的陰聲韵。做成很酸的調味品叫“醋”。漢語的“醋”，日語用“酢”（與“昨”有關，也很有道理。比較：“醯”源於“黑”）。“山楂”是酸的。酸菜在古代叫“菹（zū）”，重慶涪陵的榨菜先是酸的，用鹽腌了纔是鹹的。“漿”是古代一種微酸的飲料，如《孟子·梁惠王下》：“簞食壺漿以迎王師。”醬是鹹的，但也先經過腌的過程。“酒”先做成酒釀，後加工成酒。白酒是通過蒸餾取得的。酢漿草是酸的。“餿”是味不好，氣不好聞叫“臭”。酸臭的陳淘米水叫“滫”，臭水也叫“滫”。《荀子·勸學》：“蘭槐之根是爲芷，其漸之滫，君子不近，庶人不服。”（香草蘭槐的根叫作芷，雖香，但如果將它浸泡在臭水當中，君子就不願接近它，百姓也不願意佩戴它。）小便叫“溲”（“溲”當“餿”用，説明“溲”源於“餿”）。“蕕”像細蘆，蔓生水邊，有惡臭。《左傳·僖公四年》：“一薰一蕕，十年尚猶有臭。”（香草和臭草放在一起，十年以後還會有臭味。）人難看叫“醜”。

人白天勞作，晚上要睡覺。“舍”是房子，是睡覺的地方。鑿在墻上像龕的鷄舍古人叫“塒”，現河南澠池還有此叫法。“宿”是“舍”的又造字，如“宿舍”。《列子·黄帝》：“宿於田更商丘開之舍。”房子，福建人説“厝”。“所”本是地方，後表官府。“處”指處所，也作機關名，如教務處、總務處。

夕，天黑了，就可造“淄”表示黑。“緇”是黑衣。“鯔”是淡水的青魚，即草魚，紡錘形，背較黑。靠近淡水的海魚，福州叫“烏母”。鸕鷀是黑色。烏賊會噴墨汁，山東叫墨斗魚，清李元《蠕範·物偏》：“鰂，烏賊也，墨魚也。”“賊”“鰂”是“淄”的音轉。猩猩全身都是黑的。猞猁形似猫，猫科。猫是夜裏出來捕食。猞猁生活在北極，不是晚上出來捕食，因是猫科，還是叫與“夕”有關的名。部分學者的上古音把漢語所有的詞都定位在“上古”，事實是許多詞是“上古”以後造的。四川的“榨菜”除非不探源，探源“榨”的上古音是什麽？歸什麽？

部分專家給“同源字”下的定義是：“凡音義皆近，音近義同，或義近音同的字，叫做同源字。”這樣的話，無法使弟子掌握，連自己也掌握偏了。在《同源字典》第477頁有：

at 遏閼堨：an 按：ian 堰（月元對轉）

at 遏：iet 抑（归）（月質旁轉）

at 遏：eap 壓：iap 厭壓（擫）（月盍通轉）

at 遏：ia 淤瘀（月魚通轉）

an 按：iən 垔堙陻湮闉（元文旁轉）

上述字雖然義近，但是不同源。漢語語音聲母分三類：唇音、舌齒音、牙喉音。韵尾也分三類：唇音、舌音、舌根音。除了歷史音變或個别字某方言念轉了，一般是十分清楚的。“永”是流水，也是水流。“淤”是不流。“於”表由於，是有淤泥，水因此無法流動。“瘀”是不流的血塊。“淤”源於“永”的反義。“壅”是流不了了，“遏”是阻止。“壅”與“遏”等不同源。“壓”與全組内的字都不同源。“丹”是紅色，“彤”也是紅色，况且“彤”裏有“丹”，不能因爲“義近”而列爲同源。片面的“通轉”顯示出不明白漢語語音，片面的“通轉”毁了詞源研究。這使人扼腕痛惜。

瑞典人高本漢1910年來中國，在中國待了近2年，調查記録了33個方言點；走了以後，寫了《漢語詞族》和《中國音韵學研究》。1994年商務印書館還重印了高本漢的《中國音韵學研究》。在詞源探討方面，國人和其他海外漢學家也没有比高本漢更多一個字的詞源探討成果。可惜他在中國待的時間太短了，我想他哪一種方言也不會説得好，他的成果不但有限，而且有錯誤。比如 an 韵變 ai 韵，uen 變 uei 韵，他説中間經過-r 尾，這是因爲他不瞭解漢民族的語音結構。部分專家認爲有雄厚的文獻知識就不必調查方言了，這使得他們不瞭解漢語語音。漢語 i 與 ai 有轉换。“知”，i 韵，閩南説“tsai”。“息”是呼吸。魚的呼吸器官叫“鰓”。他們不知道這衹是動程的問題。《詩經·秦風·蒹葭》“蒹葭采采”，有解釋“采采”爲“茂盛鮮明的樣子”，植物哪裹有鮮明或不鮮明？

我小時和閩廣子弟一起上學，閩廣方言都有基礎。1972 年我到上海學上海話，對吴語有了一些瞭解。1977 年我實現身調洛陽，寫了《洛陽方言志》等 5 部方言志，這樣我對北方方言就有所瞭解。我録了約 100 個方言點的音，這樣我對漢語算有所瞭解并領悟了我們的祖先怎樣造新詞，即摸到了探求漢語詞源的路。各地的漢語是通過改變聲母、改變韵母、改變聲調或改變寫法造新詞。“冷”是温度很低，温度有一點低説“涼”。冬天結的冰，黄河中上游的人不説“冰”，説“冬凌”。春天冰河化了，冰塊衝向下游叫“凌汛”。“冷、涼、凌”，人們衹是稍稍改變韵母，語音學叫改變動程，用不着去查“冷、涼、凌”上古音各是什麽部，之間又是什麽對轉或什麽旁對轉。《漢語大字典》在陸續出版時，我看到很多錯誤，我想我利用詞源手段能把字解釋得更好，1990 年就着手編《漢語釋源大字典》，現已録入 760 萬字，完成全書的 90%。現有的《古代漢語》未利用詞源手段解釋古文，我就想利用詞源手段編一部教材向大家介紹漢語語音知識和漢語同源詞。介紹漢語語音知識使國人都能進入漢語詞源探討。古漢語虚詞如果不從詞源探討出它的源，那誰都很難解釋好其中的任何一個字。比如，人們都以摇頭表示否定，那所有表示否定的詞都源於表“轉”的字。“弗、非”是“不”的音變。“舞”是轉，“無、毋、莫”與“舞”同源。

這不是一下全懂了嗎？有了釋源的古漢語虛詞，這會爲學習者帶來極大的方便。爲使用者更容易理解漢語詞族的發展，我們首先在《漢語語音知識》部分介紹我們祖先的造詞手段和漢語音理，這樣國人纔能明白漢語詞發展多麽有理據性，從而能同時理解好幾個詞，理解爲什麽中國三千年前就有那麽發達的文明、有那麽多的典籍留世。從造詞就可看到中國人的智慧。中國人的語素文字將在文化和科技方面發揮突飛猛進的作用。對所選文選的詞需要釋源時我們都加以釋源，讀者會因此感到對文選理解清楚和準確了。我們這本書的内容與王力先生主編的《古代漢語》的一部分相當，而我們命其名爲《古代漢語釋源》。

這是我們的嘗試，未免有不妥之處，請使用者隨時指正、隨時提出意見。我們預先致以衷心的謝意。

目 録

漢語語音知識

第一講　漢語如何造新詞

古人過漁獵生活，生活詞彙量很小。隨着社會的發展，詞彙量就逐漸增加。到今天，我們有“塑膠大棚”“滴灌”“博客”“微博”……每個民族都根據自己的語言規律發展自己的詞彙。漢語通過改變聲母、改變韵母、改變聲調或改變寫法造新詞。樹幹的支叫“枝”；手掌的支叫“指”；脚掌的支改變寫法爲“趾”；手脚是身體的支，寫成“肢”；鳥的肢説“翅”；小孩兒説“子”。

zh、ch、sh 和 z、c、s 在没有捲舌音的方言裏是不分的，比如“四十四個石獅子”。z、c、s 發音部位相同，發音方法不同，送氣不送氣罷了。g、k、h 也是發音部位一樣，發音方法不同，比如乾旱的“旱”，客家方言就説“天乾”。“汗”是天熱流出的汗水。

韵母 an、ian、uan、üan 前面的 i、u、ü 古人叫韵頭，現在叫介音。“戀愛”，河南祖輩説“luan 愛”，父輩説“lüan 愛”，年輕人照普通話説“lian 愛”。“聯合”，老人們説“lüan 合”。這樣，“湯圓”與“湯丸”是一回事，衹是不同地區説法不同，小的圓粒叫“丸”。“團結”，從信陽到武漢説“tán結”。“亂七八糟”，東北説“làn七八糟”。雙生叫“僆”，兩人相愛叫“戀”，鳳凰一對叫“鸞”。漢語造新詞改變韵母中大量是改變韵頭。東西一“判”成兩“半”，小的“半”叫“片”，木頭鋸成片叫“板”，兩個人在一起叫“伴”。《古代漢語》（除特别説明，本書所謂《古代漢語》均指王力先生主編校訂重排本）第三單元《禮記・學記》“教學相長”中，將“學學半”解作“教占學的一半”。這句話本身就不通，應該是“教和學相伴，一起進步”。

汪洋大海的“汪”源於“廣”，泱泱大國的“泱”就是“汪”。火“旺”福州説“iang”。“汪”“泱”没有聲母叫“零聲母”。零聲母屬g、k、h一組。古人稱最大的頭人爲“皇”。鳳凰的“鳳”就是“龐”，大的意思；“凰”就是“皇”，也是大的意思。“王”也是大的意思。古人想象鳥也應有鳥中之王，就造了“鳳凰”。自然界是没有鳳凰的。“廣、皇、凰、王、汪、泱”都是大的意思，算同源詞。“宏”是大，“洪”水就是大水。恐龍的“恐”，孔雀的“孔”都是大的意思。我們知道同源詞，就能準確理解許多詞的意思。

漢語聲母分三類：

（1）b、p、m、f；

（2）d、t、n、l，zh、ch、sh、r，z、c、s，還有j、q、x的一半屬這一類；

（3）g、k、h。

還有零聲母算一類。“王、洋”算零聲母。

在同一類的幾個聲母發音部位都一樣，發音方法不同，都可以用來造同源詞。

練習：

1.“桐樹”是不是源於“洞”？利用什麽造詞手段？

2.“蜿蜒”兩字有什麽不同？是不是同一個意思？

3.“旋”是轉的意思，人的頭髮中心像旋渦一樣，那叫什麽？

4. “虹”是不是源於“弓”?“拱手相讓”的“拱”源於什麼?

附　國際音標:

世界上有近100個國家使用拉丁字母作爲他們的文字，我們的中文拼音也用拉丁字母。英語的拉丁字母需要國際音標標注，我們的中文拼音也要用國際音標表明。國際音標是音素化，記方言須要用國際音標記。從現在起我們用國際音標表示方言的讀音。中文拼音與國際音標的對應如下（〔 〕内表示國際音標）。

（一）聲母

b〔p〕、p〔p‘〕、m〔m〕、f〔f〕

d〔t〕、t〔t‘〕、n〔n〕、l〔l〕

g〔k〕、k〔k‘〕、h〔x〕

j〔tɕ〕、q〔tɕ‘〕、x〔ɕ〕

zh〔tʂ〕、ch〔tʂ‘〕、sh〔ʂ‘〕、r〔ʐ〕

z〔ts〕、c〔ts‘〕、s〔s〕

（二）韵母表

韵母	開口呼	齊齒呼	合口呼	撮口呼
單韵母	ɿ，ʅ	i	u〔u〕	ü〔y〕
	a〔a〕	ia〔ia〕	ua〔ua〕	
	o〔o〕		uo〔uo〕	
	e〔ɣ〕			
		ie〔ie〕		üe〔ye〕
	er〔ɚ〕			
複韵母	ai〔ai〕		uai〔uai〕	
	ei〔ei〕		uei〔uei〕	
	ao〔au〕	iao〔iau〕		
	ou〔əu〕	iou〔iəu〕		

（續表）

韵母	開口呼	齊齒呼	合口呼	撮口呼
帶鼻音韵母	an〔an〕	ian〔ian〕	uan〔uan〕	üan〔yan〕
	en〔ən〕		uen〔uən〕	
		in〔in〕		ün〔yn〕
	ang〔aŋ〕	iang〔iaŋ〕	uang〔uaŋ〕	
	eng〔əŋ〕	ing〔iŋ〕	weng〔uŋ〕	
			ong〔uŋ〕	iong〔yŋ〕

（三）聲調

一聲　二聲　三聲　四聲

陰平　陽平　上聲　去聲

（55）（35）（214）（51）

第二講　改變韵母

漢語造新詞大量運用改變韵母主要母音的方法。母親的“母”說“母 mu”。保姆，“母”寫成“姆”。教會的女牧師稱爲“嬷嬷”（mo mo）。福州方言稱雌性動物爲“mo（上聲）”。在“討母生仔”一詞裏，“母”說“muo”，如說“mo”便成了指動物。“奶”，北京說“媽媽”，小孩兒吃奶說“吃媽媽”；開封變母音爲“吃 mi mi”。做糕點用模子印，一個模子印出來的是一樣的。“一樣”，洛陽說“一模模樣”，也說“一 mei 樣”。“模”源於“母”。

“子”在粵語裏說“崽”。動物的“子”北方說“崽”。“息”是呼吸。魚的呼吸器官叫“鰓”，人的相應部位叫“腮”，如腮幫子、絡腮胡。“倚靠”，福州說“挨靠”。“使”，閩語一律說“sai”。“不行”，福州說“me sai”，厦門説“bue sai”，泉州諱“sai”，説“bue 做”。《詩經·秦風·蒹葭》：“蒹葭蒼蒼，白露爲霜。”“蒹葭萋萋，白露未晞。”“蒹葭采采，白露未已。”“萋萋”改説“采采”，就如“子”説成“崽”。可惜《古代漢語》第六單元解“萋萋”爲“茂盛的樣子”，解“采采”爲“茂盛鮮明的樣子”，不知道哪一種方言都有 i 與 ai 互轉，植物哪有“鮮明”“不鮮明”？

“太子”實際是皇帝的大兒子。“泰山”即太山，即大山。泰山是平地上突然拔起，顯得特别高。醫生叫“大夫”，是尊稱。士大夫中的“大”念“dà”、念“dài”都可以。稱别人的夫人爲“太太”，也是尊稱。比大還大叫“太”，大爺之上叫“太爺”。

“央”音“iāng”。“反映”，河南念“反 iang”，普通話念“反 ing”。春意盎然的“盎”念“àng”。“央”的諧聲字有念“iang”，有念“ing”，有念“ang”。福州説“清明”爲“cing ming”，但縣名“福清”念“福 ciang”。“黑布”説“cang（青）布”。上面的“蒹葭蒼蒼”就是“蒹葭青青”。“蒼天”等於“青天”。

漢語 iang 韵有失介音成 ang 韵，有把主要母音擠掉成 ing 韵。“旁”是旁邊。“傍”是依着，也説“憑”。李煜《浪淘沙令》：“獨自莫憑欄，無限江山，别時容易見時難。”“憑”就是“傍”。“東瀛”就是“東洋”。山頭叫“嶺”。墓上堆土形成的山叫“陵”。種地使土隆起叫“壟”。人的背脊叫“脊梁”。“梁”是高的意思，吕梁山是高的。山高起叫“隆”起，生意好説“生意興隆”。房頂的瓦像浪有拱起有凹下，那樣的紙叫“瓦楞紙”。

普通話 ong 韵母閩南都念成 ang 韵。“東”念“dang”，“工”念“gang”。“江”從“工”，終於成 ang 韵。女工都是針綫活，加了“糸”旁成了“紅”；“女工”成“女紅”，但念“女工”也可以。

這裏 ong 轉成 ang，“央”的諧聲字有的念“iang”、有的念“ing”、有的念“ang”。這些是漢語現象，不必追什麼旁轉、什麼旁對轉。蘿蔔放許多天了，裏頭就有許多孔，普通話説蘿蔔“康”了。利用火的熱氣使物變乾叫“烘”，使變熱的設備叫“炕”。像桶的陶器，裏頭是空的，叫“缸”（“桶”“鐘”裏頭空洞）。“動”源於“蕩”。

iang、ung、uang 韵晋南在 ng 前都帶小 ə，於是 uang 等於 ung，“黄”等於“紅”。要説黄色就得説“米黄色”。恐龍的“恐”、孔雀的“孔”都是“宏”的替换字，都是大的意思。“孔、宏、廣”就是上面的音理。“横”從黄，蠻横的“横”河南説“hòng”。福建福清通福厦路的小站“宏路”當地人説“huang（横）路”。“横行”，福州説“huang heng”。

參考：今天普通話中 ing 的音福州多是 iang。比如“聽”“廳”是“tiang”，“領”是“liang”，“驚”“境”是“giang”，“餅”是“biang”，“名”是“miang”。

第三講　改變韵母（續）

lian 也有轉成 lin 或 lan。“鄰”居就是家“連”在一起的。魚“鱗”是一片搭一片的。“鰱”魚是所有魚當中鱗最多的。水面被微風吹起細鱗狀的波紋叫“漣”，被大風吹起大鱗狀的水波叫“瀾”。雙生叫“孿”，也寫作“僆”。“鸞”指一對鳳凰。有“戀”情的男女是“戀人”。兩家因婚姻成“聯姻”，因政治成“聯盟”。“鏈”是通過圓圈連起來的。“同病相憐”就是有同樣困難的人互相同情，“憐”表同情。

“愛”源於什麼？源於“依”在一起。母子能相愛是由於常依偎在一起，如果孩子由保姆帶大，那孩子對保姆就會親過親媽。常在一起的很容易相愛，所謂青梅竹馬就是這樣。“憐”就有愛的意思。《列子・楊朱》：“生相憐，死相捐。”（活着相互憐愛，死去相互抛弃。）後有“憐香惜玉”。“曼、慲、麵”同源，都是長的意思。

猪爲什麼叫“豚”？因爲它的頭和身體之間幾乎没有脖子，四肢又短又小，尾巴也不相稱得小，整頭猪就像一個圓體，叫“豚”源於“團”。海豚，平潭叫“海猪”。孩子胖，説“胖墩兒”。河魨肚子有充氣作用，可把肚子充成圓球狀。臀部是大圓塊肉，源於“團”。臀在後部，比賽最後一名叫“殿軍”（不能説臀軍）。“村”在東北地名中都説“屯”，源於“團”，即人們聚居的地方。××新村，上海和香港寫“××新邨”。

這些是漢語利用改變韵母造新詞的例子。

從上面“半、片”“鄰、鱗、瀾、連”“團、豚”“廣、洪”等例子我們看到，漢語造新詞的手段充分利用不同的韵頭，甚至改變韵母。部分學者研究同源字（王力先生叫同源字，我們叫同源詞），先研究上古韵分多少部——從早年的23部改爲28部，最後定爲30部。每個字上古音韵母不同，部分學者就不繫聯爲同源字。這樣，“連、鏈”部分學者衹繫聯一個“聯”字（《同源字典》第569頁）。“巨、集、廣”“鄰、鱗”主要元音不同，分屬不同部，他們就不會承認它們是同源。目前研究上古音的方法和觀點使得研究者不能進入漢語探源工作，反成了漢語研究的障礙物。因循沿襲、陳陳相因的觀念致使誰也不敢違前輩半點，以致2011年11月5日浙江大學中文系召集海内外多所頂尖大學的學者商討“中文學科如何走出困境”。100年來中文教學和研究之所以没有很大的進步，是不科學的音韵學在作祟。中國没有誰提漢語詞源探討，更没有什麼研究成果，甚至到現在，高校從本科生到博士生也没有一本科學的音韵學教材。

第四講　動　程

動程是指發母音時舌頭位置移動距離的大小。“子”粤語説成“崽”，即母音 i 發成 ai，先從 a 拉到 i，那算動程很大。粤語“你”説成“nei”，即 i 説成 ei，那動程小一些。“路”説成“lou”，即 u 説成 ou，也有了動程。u 韵除了拼唇音，蘇州全發成 ou，“蘇”是“sou”。d、t、n、l 拼 u，洛陽橋以南安樂窩說成 dou、tou、nou、lou，如走在 lou（路）上；dou（肚）子疼了；喝點兒 cou（醋）。這種發音一直延伸到廣州。今天普通話“首都”念“首 du”，但“都是”念“dou 是”。結構助詞“的、地”在洛陽是“li”，在偃師是“lei”，在開封是“le”。

動程也有縮小的。平潭“賠”是“buei”，“肥”是“bui”；福州都是“bui”。開封 ao 韵到商丘成單母音 o，一直到日本都是單母音。d、t、n、l 拼 uei 韵母，洛陽以南都失 u 介音，“對、隊”念“dei”，也是縮短了動程，影響了北京“淚、累”成 ei 韵母。

普通話 ai 的韵在上海方言裏都念成 a。“買賣不分”說“ma ma 不分”。今普通話“差使”念“chāi 使”，“差别”念“chā 别”，“叉子”念“chā 子”，“釵”念“chāi”。b、p、m、f 拼 o，“婆、磨”河南是 uo 韵，北京是 o，東北成央母音 ə。普通話 ai 韵母上海讀 a 韵母也是動程的縮短。

發音部位的移動。“哥、多”，閩語、四川等大多數方言念 o，上海是 u 韵。ou 韵“州”杭州念 ei 音，部位前移；“走”福州韵母是 au，起音前移了。i、u、ü 實際衹是發音部位的移動，u、ü 都是圓唇，u 是後母音，ü 是前母音，如“盧”念“lu”，“驢”念“lü”。i、ü 都是前高母音，ü 圓唇，i 不圓唇。閩南和客家方言没有 ü 音素，ü 都發成不圓唇的 i，如“月亮圓圓的”說成“ie 亮 ian ian 的”。

先秦古籍我們現在都能看懂，說明有文字以來漢語變化不大，衹是各地之間或者聲母、或者韵母、或者聲調有些變動罷了。如果我們知道了以上變化，知道我們的祖先如何造新詞，我們就能進入詞源探討，而不必追什麼旁轉、旁對轉。瞭解了各地的發音部位不同，同一種方言不同時期也會有變化，就會明白死認爲《廣韵》就是各地的中古音的觀點是錯的。構擬上古音是閉門造了不符合實際的語言，從而封殺了音韵的研究和詞源探討。

第五講　漢語的聲母

漢語的聲母是按照發音部位排列的，從前到後。（g、k、h 最後移到 d、t、n、l 後，使前三組都是爆破音，後三組都是擦音。）普通話的聲母是：

b	p	m	f
d	t	n	l
g	k	h	
j	q	x	
zh	ch	sh	r
z	c	s	

每一組發音部位一樣，衹是發音方法不同。第二列 p、t、k、q、ch、c 是送氣音。第三列 m、n 是鼻音。先説第一組，叫唇音。"波"的字典音是"bo"，但北方很多地方念"po"。詞如"波浪"，地名如"寧波"，都念"po"。鼻音、非鼻音的轉换也是常有的。"秘"現字典音是"mì"，但南北方言都念"bì"，"秘書"念"bì 書"。南美洲 Peru 早年譯成"秘魯"是對音的，念"mì 魯"則不對音。

b、p 雙唇接觸，f 上唇與下齒接觸，叫唇齒音，古人叫"輕唇"。韵書説唐以前漢語没有 f 聲母，音韵書説"古無輕唇音"。許多事實是這樣，閩語到今天 f 聲母都念成 b 聲母，如從"非"的字"悲"念"bei"，"排"念"pai"。但這不是説中國人發音能力差，這是民族習慣問題。中國有捲舌聲母，這是世界少有的。俄語、荷蘭語、東南亞語言都有滾音 r；英國人發不了滾音，也没有 ü 音。説不定中國古代某個地區有唇齒音，後來消失了。d、t 與 n 的轉换："惦記"就是"念記"。

在古音和南方方言裏，g、k、h 一行裏有鼻音 ng 聲母。方言區

“牛”是“ngu”，“岸”是“ngan”，“擬”是“ngi”。但在北方 ng 聲母消失，在 a、o、e 前成零聲母，在 i、y 前成 n，如“擬（nǐ）”在河南方言裏連 n 也没有，“擬”就念“i”。今天西安方言裏有 ng 聲母，但不是古音的 ng，它是 a、o、e 前加 ng（如“我”説“ngə”，“安全”説“ngan 全”），i 前加 ȵ（如“應該”説“ȵing 該”）。西安的 ng 保定都説成 n，如“他愛人有一件皮襖”説成“他 nai 人有一件皮 nao”。哈爾濱也有這個現象。

開封“中央”念“中 rang”。“容、融、用”ü 母音開頭的音河南駐馬店都帶 r 聲母，結果影響北京“容、融”帶 r 聲母，天津“用”帶 r 聲母。古音 g、k、h 還有零聲母。“翁”源於“公”。“腌”與“鹽、鹹、碱”同源。燕子色黑，“燕”源於“烟”。“廣、皇、王、汪、泱”同源。“圓”與“環”同源。閩語聲母是十五音，就包括了零聲母。

第六講　調類與調值變調

宋朝以前的調類是平聲、上聲、去聲、入聲四個聲調。入聲是指韵尾有 b、d、g，就像現在的閩南語、粵語、客家方言。吴語、晋語的喉塞音也是入聲。在有全濁聲母的方言裏清聲母有平、上、去、入四個聲調，叫陰調類；全濁聲母也有四個聲調，叫陽調類；共八個聲調。金元時期北方入聲消失，全濁聲母不知什麽時候也消失了，北方方言衹剩下下列四個聲調：陰平、陽平、上聲、去聲。現在北方方言除晋語外，連雲、貴、川都是上述四個調類。調類相同，可是各地調值不相同。

調值是調的實際高低。語音學用五度記音法表示，從低到高用 1、2、3、4、5 表示。北京的陰平調值是 55，從高到高；陽平是 35，即從中高到高；上聲是 214；去聲是 51，從高到低。所謂五里不同音，是調值不同，調類還是一樣。“東”是陰平，北京是 55，到東北是 33，比北京低，到天津成低音 11。天津的陽平倒是 55。“武漢”兩字前字是上聲，後字“漢”是去聲。但武漢的發音倒過來了，“武”念降調，“漢”成降升調。雲、貴、川受武漢影響，大體都是那樣的調值。因爲不明白各地方音不同衹是調值不同，説我們鄉下人説話“硬”、城裏人説話“軟”，是不對的。“調類”“調值”一定要弄清楚。

漢語還有一個麻煩的事——變調。兩字相連，前字或後字調值變了。就北京語音來説，“海”是上聲，214；它拼陰平、陽平、去聲時 214 成了 21，如“海軍”“海拔”“海外”；它拼上聲如“海水”時成了“孩水”，即“海”成了陽平的 35。開封方言四個調接輕聲，前字三個調值變了，輕聲也變。北京叠音的形容詞後字都成陰平，如“好好學習”，第二個“好”變陰平 55；“慢慢兒”，去聲的“慢”也成 55。潮州方言兩個字任何組合前後字都變調，是最難學的。中國衹有粵語、客家方言不變調。北京人學四川話如果能轉换好調值，一個小時的學習時間還太多了。所謂學不了河南話，那是不能轉换好調值。

北方還有“一、七、八、不”的變調，即這四個字連去聲時它本身變調，如“不去”的“不”變調。這四個都是清聲母入聲字，清聲母入聲字東北都念上聲，所以“八個”東北人説“把個”。“國”，北京念陽平；東北念上聲，“國家”讀同“果家”。世界其他語言没有變調，外國人説中國話還要掌握變調。漢語調值各地都有差别，漢語韵母的動程各地也都有差别，這造成各地的方言。各地的調值不同，韵母的動程不同，同一種方言不同時期也會有變化。

問題：你的方言有幾個聲調？調值怎樣？

第七講　入　聲

陰聲韵，指無韵尾或以母音-u、-i 收尾的韵，如現代普通話中的“媽

（ma）”“來（lai）”“高（kau）”是陰聲韵。先秦古韵中“之幽宵侯魚支脂微歌”屬陰聲韵。

陽聲韵，指以鼻音-m、-n、-ŋ 收尾的韵，如現代普通話中的“民（min）”“英（yiŋ）”、廣州話中的“點（dim）”等都是陽聲韵。先秦古韵中“蒸冬東陽耕真文元侵談”屬陽聲韵。

入聲韵，指以塞音-p、-t、-k（b、d、g）收尾的韵。如“職覺藥屋鐸錫質物月緝葉”屬入聲韵。現代普通話中，入聲韵已經消失了，但在某些方言中還保存着。

普通話有 n 尾，有 ng 尾。閩南方言、粵語、客家方言還有 m 尾。“心”客家話念“sim”，“三”粵語、客家方言念“sam”，“參”粵語念“cam”。上述南方方言有 n、m、ng 三個鼻音韵尾，而所有 m 尾字北方都發成 n 韵尾。有 m 尾的方言他們還有相應的輔音韵尾 d、b、g。“插”他們念“cab”。“公鷄”閩南説“鷄 gang”，但他們更多説“鷄 gag”，把“公”説成入聲韵“gag”。b、d、g 結尾的韵叫入聲韵。b、d、g 結尾的入聲韵北方古代也有，到元代北京全部消失，成母音結尾，吴語、福州、山西晋中到河南安陽、焦作都成喉塞音 ʔ。上述閩南方言“公”説成“gag”，是輔音韵尾，但在漢語裏也衹是聲調問題。

古代的聲調是平、上、去、入：ā、á、ǎ、ag 或者 āng、áng、ǎng、ag。“gag”是“gang”的入聲。“迎”古是“nging”，古人也用它的入聲字“逆”當“迎”用。《國語・周語中》：“敵國賓至，關尹以告，行理以節逆之。”（同等地位的國家的賓客來到，負責守關的官員向國君報告，負責迎賓的官員帶着瑞節去迎接。）

褲子臀部裂開了北方説“崩”了，閩南説“bag”，“bag”就是“葡”字。“麻將”是“麻雀”轉成的陽聲韵，福州叫“麻雀”。麻將有麻點，所以叫麻雀。大年初一放炮竹，福州叫“炮仗”。“炮竹”是源。“足”是脚，脚底説“跖”。在手叫“掌”，像掌划水前進用的叫“槳”。其他-ng、

-k 的例子：船靠岸說“駁”，人倚在欄杆叫“傍”，“傍晚”是挨近晚上。日薄西山的“薄”是“傍”的入聲。

“廣”是大。使廣，古人造入聲的“擴”，這入聲的“擴”廣州念“k‘ong”。“凝”念“nging”，“愣了”福州說“ngig 神”，用“凝”的入聲。普通話裏用“湯”的去聲表示湯很“燙”，福州用入聲“t‘oʔ”。

-m、-p 的例子：暫時的“暫”源於“睫”，“寢”是眼睛閉着睡覺。“叠”是叠起來，叠了一摞叫一“遝”。“叠”“遝”都是 p 尾的入聲。北京話的“腌”就是“鹽”的陰平；廣州“鹽”是“im”，“腌”是入聲的“ib”。

-n、-d 的例子：“咽”是咽下，念“iàn”。咽不下說入聲的“噎”，如因噎廢食。哭不出聲是“咽”，音“iè”，如哽咽。毛主席《婁山關》：“馬蹄聲碎，喇叭聲咽。”我們理解了入聲，就能理解更多的同源詞，也更多地瞭解漢語。不瞭解這些，怎麼能說理解漢語？

第八講　-n、-d 韵尾

戰國時期吳國是姬姓，中原文化傳至此地。吳國南邊的人文身斷髮，文化遠落後於吳，它叫什麼國，它自己也說不清楚。吳人叫它“越”。“越”是“遠”的入聲。“越”有許多部落，多得說不清，就籠統叫“百越”。後廣州一帶叫“粵”。“粵”等於“越”，祇是寫法不同。廣西以南叫什麼？叫“越南”。廣西再往西叫什麼？叫“雲南”。“雲”是“越”的鼻尾韵。

n 尾韵的入聲是 d 尾韵。“寬”的入聲是“闊”。從“舌”的字“括、聒”母音本是 ua，北方變成 uo，這使有關的字找不到源。子曰的“曰”，古音是 uat，今“說”的粵語就是“wa”。“曰”的名詞是“話”。子曰詩云的“云”是“曰”的鼻尾韵。“言”是說話。“諺”是有教育意義的老話。噪音叫“聒”，如聒噪。“久聞大名，如雷貫耳”的“貫”是“聒”的陽聲韵，是説您的大名如雷聲在我耳朵裏作響。可惜由於没有詞源知識，到今天各種成語辭典或書都把這個“貫”當貫穿的“貫”解釋。“士别三日，當刮目相看”，不管是成語辭典還是其他辭書都把“刮”當“擦拭”。誰看稀奇的東西先擦拭眼睛？這“刮”是“睊”的入聲。“睊”源於“環”，也與“圓”同源，是睁大眼睛的意思。“士别三日”就有了很大的進步，令人睁大眼看。

第九講　-m、-b 韵尾

古代 m 尾的字，其入聲韵尾是 b，b 韵尾消失就成 i 尾。如“甲”古音“kap”，p 韵尾消失成 gai，寫作“介”；但是在方言裏它還有 m 尾。把什麽蓋起來，廣州説“k‘am”，還造個“冚”字，福州説“k‘eiŋ”（福州無 m、n 尾），河南説“k‘an 起來”。“蓋章”河南説“k‘an 章”。詞源研究能發現漢語的遺迹，也讓整個民族看到漢語的脉也像人體的血脉全體貫通。中華民族既有血脉的脉，還有語言的脉。

一介書生的“介”源於“甲”。魚鱗是魚的甲，是細小、最不值錢的東西，因此讀書人自謙説“一介書生”。《莊子・逍遥游》：“覆杯水於坳堂之上，則芥爲之舟。”王力先生的《古代漢語》及其他書都釋“芥”爲“小草”。如果知道“介”源於“甲”，應解釋爲“小草的一片葉子”。“坳堂”被釋爲“堂上低窪之處”。堂上怎能有“低窪之處”？吴語小坑叫“坳堂”。《莊子》這句話的意思應該是：如果把一小杯水倒在小坑裏，那一片小草葉就成了舟。杜甫詩《茅屋爲秋風所破歌》：“高者掛罥長林梢，下者飄轉沉塘坳。”杜甫爲了押 ao 韵，把“坳堂”寫成“塘坳”。再説“夜來風雨聲，花落知多少？”“夜來”是“夜裏”，即昨天晚上。又《歸去來辭》的“來”是語氣詞，“歸去來”就是“回去 le！”

漢語方言是地方的漢語，漢語方言瞭解多少就是漢語瞭解多少。

漢語瞭解不够，再大的文魁對某些字也不知如何釋義。

啖、蠶

饞、眈、貪

舔

喋、啑、咂

歃、唼

“啖”是吃。《論衡·語增》：“夫飲食既不以禮，臨池牛飲，則其啖肴不復用杯，亦宜就魚肉而虎食。”（那吃喝完全不按禮法，像牛在池邊飲水似的狂飲，而吃酒菜不再用餐具，也就當然是圍着魚肉像老虎一樣吞食。）

“蠶”是不斷地吃桑葉。“饞”是很想吃。“虎視眈眈”是老虎盯着你露出想吃你的樣子。“貪”是心裏想要人家的東西。

“舔”是用舌頭觸物或取食。古人盟會時，微飲牲血，或塗於嘴唇，以示誠意，叫“歃”。《國語·晋語八》：“宋之盟，楚人固請先歃。”（宋國那次會盟，楚人堅决請求先歃血。）“啑血”同“歃血”。《史記·吕太后本紀》：“始與高帝啑血盟，諸君不在邪?”（當初和高帝歃血結盟，你們難道不在嗎?）也寫作“唼”。《漢書·王陵傳》：“始與高帝唼血而盟，諸君不在邪?”

睫、眨、閃

暫、霎、寢

捷

眼一再張合叫“眨”，古人叫“睫”。《列子·仲尼》：“矢來注眸子而眶不睫。”（箭射往眼珠子而眼睛不眨。）眼瞼的毛叫“睫毛”。光一亮一暗叫“閃”。眼咂巴咂巴叫“睫”，音書涉切，音攝。照像鏡頭一閃，今寫作“攝”，説“攝影”。“暫”是一眨眼的時間。“霎”也是一眨眼的時間。唐孟郊《春後雨》：“昨夜一霎雨，天意蘇群物。”“寢”是睡（睡時閉着眼）。一眨眼是很短的時間，於是表示快説“捷”。

第十講　入聲轉成陰聲韵

入聲消失是逐步的，首先是 p、t、k 混爲喉塞音 ʔ，如吴語。現在山西晋中和晋東南一直至焦作、安陽地區，都有喉塞音韵尾。“衣”是“i”，但“一”是“iəʔ”。音不同，調也不同。後鼻音韵尾 ng 在陜西逐漸弱化和消失，相應的入聲韵尾也消失。

英語 ng 是舌根音，舌根觸到喉；中國北方的 ng 舌根不抵喉壁。從西安到晋東南黄河兩岸，ang 韵尾鼻化以至於消失成 uo，如“狼來了”説“luo 來了”。所有 ang 韵 iang 韵都這樣。山西清徐、文水一帶 ing 韵全消失，如“英”念“i”，“丁”念“di”，“京”念“ji”。

另一種演變，後面的 ng 直接成 o→ao。北京地區 ng 尾不變，g 尾在元代直接轉成 ao 韵，聲調入派三聲（三個聲調），於是“藥”成“iao”，“學”亦“xiao”。“上學”在東北和北京周圍直到保定還是説“上 xiǎo”。

河南首先是-ng（k）成 o，o 是圓唇，前面的 i 逆同化成 ü，於是 iao 成 üo，如“藥”説“üo”，“覺”説“jüó”，“一角”説“一 jüó”。清朝覆滅後淮軍河南兵進入北京，淮音河南音也隨着進入北京。但北京音系裏没有 üo 韵，就發成 üe 韵。於是“角色”先讀爲“jiǎo 色”，後定爲“jué 色”；“感覺”也定爲“感 jué”。

1.（i）ang（g）→（i）ao。

2.（i）ang（g）→韵轉成單母音成（i）o，o 又可轉成 u，由 u 再轉成 ou 或 uo。

這種轉變不是始於元代，而是自古有之。

第十一講　入聲轉成陰聲韵（例）

唧、啾、啁、吵、嘈、噪、咋呼

〔風〕蕭蕭、颼、蕭瑟、嘯、嗖、簌、〔馬〕嘶

各種動物叫聲各不相同，任何語言都不能擬聲得好。我們的祖先拿與我們最接近的麻雀的叫聲擬聲，其他都以改變聲、韵、調來表示。麻雀的叫聲擬爲"唧"，麻雀也就叫"雀"。古樂府《隴西行》："鳳皇鳴啾啾，一母將九雛。"《禽經》："鷃雀啁啁，下齊衆庶。"《禮記·三年問》："小者至於燕雀，猶有啁噍之頃焉，然後乃能去之。"（哪怕是很小的燕子、麻雀，也要鳴叫好一陣纔肯離去。）唐白居易《琵琶行》："豈無山歌與村笛？嘔啞嘲哳難爲聽。"人喧鬧説"嘈雜"；兩人對駡説"吵架"；你嚷嚷什麽也説"你咋呼什麽"。

風的聲音一般説"颼"，如風颼颼地響。《詩·鄭風·風雨》："風雨瀟瀟，鷄鳴膠膠。"《戰國策·燕策三》："風蕭蕭兮易水寒，壯士一去兮不復還。"毛主席《浪淘沙·北戴河》："蕭瑟秋風今又是，换了人間。""瑟"是"蕭"的入聲韵，"蕭瑟"連用。箭"嗖"的一聲射出去。大的海浪叫"海嘯"。虎的咆哮聲説"嘯"。馬鳴一般説"嘯"，也説"嘶"。"嘶"不是馬叫聲的擬音，而是"嘯"轉成的。樹葉等落下的聲音説"簌簌"。《水滸傳》第一回："山邊竹藤裏簌簌地響。""簌"是"瑟"的陰聲韵。

第十二講　入聲用例

賏、瓔、嬰、罌、罌、癭、纓、縊

鞅、軛、厄、軶、扼、隘

漁獵時代的人喜歡把獵獲的動物的牙串成一串掛在脖子上以顯示他的能耐。後女人以貝殼串成頸飾，縈繞在脖子上。《説文·女部》：“嬰，頸飾也。”唐蘇鶚《蘇氏演義》卷上：“賏者，貝也，寶貝纓絡之類，蓋女子之飾也。”頸飾由貝改爲玉時字作“瓔”。“嬰”由頸飾進而有“頸”義。“癭”是長在脖子上的瘤。“罌”是長頸的儲水壺，也寫作“甖”。《墨子·備城門》：“用瓦木罌，容十升以上者，五十步而十，盛水且用之。”紅纓槍的紅繩札在鏢與杆之間。“縊”是將布套在脖子上吊死。古時套在馬頸上的皮套叫“鞅”。《釋名·釋車》：“鞅，嬰也。喉下稱嬰，言纓絡之也。”“軛”與“鞅”是陰陽對轉。現是做成像救生圈那樣的套套在馬脖子上，洛陽叫“圍脖”。牛馬等拉東西時駕在脖子上的曲木，福州叫“牛扁擔”。“扼”源於“軛”，表示握，如《戰國策·燕策三》：“樊於期偏袒扼腕而進曰：‘此臣日夜切齒拊心也，乃今得聞教。’”（樊於期脱下半邊衣服，握緊自己的手腕，進前説：“這是臣下日夜咬牙捶胸想做的事，今天纔聽到您的指教。”）也表示控制，如宋蘇舜欽《上范希文書》：“扼其衝塞，絶其牙市，閉之沙漠之外，俟其隙且困，則破散之。”“困厄”是人處於窘境。“隘”是能控制敵人狹窄的關口，比如關隘。

“消息”源於什麽？“戮力同心”的“戮”是什麽意思？

聲、笙、箏、簫、哨、瑟

消、息

“笙、箏”源於“聲”，“簫”也源於“聲”。“哨子”吹了會響，也源於“聲”。“瑟”是“聲”的入聲。“消、息”兩個字都是“聲”轉成。“聲”首先轉成“息”，如無聲無息。“息”轉成iao就成“消”，没有消息河南説“没音兒”。

兩、儷、麗、侶、僚

肋、戮力同心、櫳子

離、木板 liang

“儷”表示兩，源於“兩”，如《儀禮·士冠禮》：“主人酬賓，束帛、儷皮。”（主人招待賓客，主人用十塊錦、兩張鹿皮來酬謝他。）也表示配偶，如《左傳·成公十一年》：“鳥獸猶不失儷，子將若何？”（鳥獸還不肯失掉配偶，您打算怎麼辦？）“麗”是鹿角，鹿角都是成對的，因此“麗”有成對義。《周禮·夏官司馬·校人》：“麗馬一圉，八麗一師。”（兩匹馬爲一圈，每八對馬由一個養馬師飼養。）“侶”是同伴，“僚”也是同伴，今同事說“同僚”。

“肋〔骨〕”是并排的。“戮力同心”的“戮”是“肋”，表示合力。梳子保定說“櫳子”。梳子的齒是并排的。明人文章有把“櫳”當梳理用，如湯顯祖《紫簫記·審音》：“略櫳雲鬢。”“離”是“倆”的反義。木板縮水了，有縫隙了，福州說“liang（陰平）”。入聲用例：

秉、搏、捕、俘、把

柄、欛、弣、棒、枹

臂、膀、髆

“秉”是手指握住東西。“搏”是抓，《周禮·地官·司虣》：“若不可禁，則搏而戮之。”（如果有不服從禁令的，就予以逮捕并加以懲罰。）“捕”是抓，“俘”也是抓。用手掌抓，福州說“ma”，如“ma 一把”。文獻中也有“把”作抓義，如《戰國策·燕策三》：“〔荆軻〕因左手把秦王之袖，而右手持匕首揕之。”《說苑·君道》：“脛大於股者難以步，指大於臂者難以把，本小末大，不能相使也。”抓的部位叫“柄”“欛兒”。弓的中部手抓的部分叫“弣”。“棒”是可以抓來打什麼的短棍。“枹”是鼓槌。“臂、膀”是手臂，是抓物的肢體，北方叫“胳髆”。

第十三講　n 鼻音韵尾變母音韵尾

從華北平原地區的石家莊以南到南陽、整片河南、山東 n 尾舌尖都不頂上腭。在邯鄲有這樣的説法："七柳拐 ua 到 ha da。""妲己"字典音"da 己"。n 舌尖頂上腭，舌尖離上腭一點點就成 i：an→ai，uan→uai，ian→iai，uen→uei。邯鄲鄉下、河南的長垣和洛寧、山西永濟都這樣。你寫一個"彎"字叫他念，他念成"歪"。"符拉迪沃斯托克"當地人念"海参 uai"，"uai"是"彎"，他們念對了。符拉迪沃斯托克是海参灣。"酸酸甜甜"他們念"suai suai tiai tiai"。普通話"還"有"huán""hái"兩個音。"茴香"在河南叫"葷香"，"茴"是"葷"的 i 韵尾字。"葷"是香草。橘子的枝、葉、果味道是一樣的，植物學叫芸香科。《楚辭·離騷》："芳菲菲其難虧兮，芬至今猶未沬。"這裏的"菲"是什麽意思？《説文》無解，《玉篇》："菲，芳菲也。"《漢語大字典》解作"花草芳香"。這都没有錯。1980 年《辭海》的解釋是"花草或香氣盛貌"，1983 年修訂本《辭源》"菲"單字没有香的義項，在"菲菲"條的釋義是"盛貌。多指香味"。《現代漢語詞典》各版本對"菲"的解釋都是"形容花草美、香味濃"。從 1980 版《辭海》以下都錯。《辭源》把"菲菲"當副詞，其他都是香盛之類。"菲"比"香"更香嗎？香、芳、芬、菲的程度級别又是怎樣排呢？"菲"就是上述地區"芬"的口語音。不從詞源解釋，再常用的詞也難解釋好。《古代漢語》第二單元釋《戰國策·趙策》"權使其士"的"權"爲"詐術"。没有錯。人們常説曹操玩"權術"，但"權"與"詐"有什麽關係，就没有辦法解釋清楚。這裏的"權"是"譎""詭"。

練習："委、婉"是什麽語音關係？"委曲"與"冤"有什麽語音關係？

第十四講　an→o，uo→（←）uei

an、ad 的尾音 n、d 不轉成前母音 i 就轉成後母音 u 或 o。脚髁骨崴了，也説“wo”了，就是“踒”，源於“彎”。形狀有些彎，福州説“uo uo”。“舵”是控制船轉彎的工具，它源於“團”。今天大船的“大副”實際是“舵夫”的音轉。現在大船舵夫不再是第一把手，第一把手是管全船事務的船長，“大副”是全船的第二把手。麵不及時吃“團”在一起，北方説“坨”了。陀螺的“陀”就是團，就是轉。括弧的“括”和包括的“括”都源於“環”。“裹”是包，也源於“環”。開封“繁塔”念“bó塔”。“皤”，字典念“pó”。“髁”從“果”，源於“環”，能轉動。“髁骨”河南説“脚脖”，“脖”源於“盤”，轉的意思。“膝蓋”山東説“bu lo gai”，其中“bu lo”就是“脖”。“儺”從“難”，念“nuó”。形容老太婆或小孩兒走路爲“蹣跚”，源於“盤旋”。形容舞旋轉説“蹁躚”，“蹁躚”又音轉爲“婆娑”，《秦并六國平話》卷上：“但見歌喉清亮，舞態婆娑。”最後，《淮南子・修務訓》：“舞扶疏。”高誘注：“扶疏，槃跚貌。”不從詞源角度探源，上述詞永遠被説是聯綿詞，不能拆開來解。在世界語言中，漢語是單音節、有聲調的語言。如果聯綿詞不能拆開來解釋，那麽漢語也變成了多音節語言，作爲中文專業的研究者，對漢語的語言類型的理解怎麽可以是混亂的。

uo 韵也多有與 uei 韵互轉，o 前移。北京周圍把糕點都説成“果子”。閩語也都説成“果（gui）”，福州還造了“粿”字，如“油條”説“油炸粿（kui）”。“踝”念“huái”。

换、互

貨、賄

幻、化、狐

“换”是交换。“貨”是交换的物體。指財物的“貨”也説“賄”。《國語·晋語八》：“及桓子驕泰奢侈，貪欲無藝，略則行志，假貸居賄。”（傳到桓子時，他過分驕傲，奢侈無度，貪婪無厭，干犯法令，肆意胡爲，借貸牟利，囤積貨物。）《國語·魯語下》：“昔武王克商，通道於九夷、百蠻，使各以其方賄來貢，使無忘職業。”（從前周武王戰勝了商，打通了到各個蠻夷國的道路，命令各國拿自己那地方的土特産進貢，使他們不忘記自己的職業。）

變魔術古代叫“幻術”。“化學”的“化”是變的意思。“春風化雨”是春風變成雨滋潤萬物。“幻”也説成“化”。《列子·周穆王》：“周穆王時，西極之國，有化人來，入水火，貫金石。”（周穆王時，西方最遠的國家有個變魔術的人到來，能進到水火之中，能穿過金屬石塊。）狐多變，所以叫“狐”。“狐”是“幻”的陰聲韵。“貨”，普通話 uo 韵，上海念 u 韵，“化”也是 u 韵，“貨”音等於“化”。“化”也通“貨”，貨幣。《管子·侈靡》：“民死信，諸侯死化。”（百姓要守信用，諸侯要掌握貨幣。）“貨幣”就是能變成千萬種東西的東西。

第十五講　ng 鼻音韵尾由弱化到消失

ng 尾在閩廣是舌根音。西安舌根就不頂上，以東到黄河東岸晋南地區甚至消失。所有 ang 韵 iang 韵都這樣。山西清徐、文水一帶 ing 韵全消失，“英”念“i”，“丁”念“di”，“京”念“ji”。《詩經·秦風·蒹葭》：“蒹葭蒼蒼，白露爲霜。……蒹葭萋萋，白露未晞。”“蒼蒼”就是“青青”，“萋萋”是“青青”失鼻音韵尾。“蒼蒼”“萋萋”祇爲配後句所押的韵。冷，古人説“清”，閩南也這樣，書面語有“凄凉”。

霞爲什麽叫“霞”，蝦爲什麽叫“蝦”？“絳、豇、汞”是“紅”的同源詞。“霞”是紅色的，“蝦”煮熟了成紅色。點頭哈腰的“哈”是蝦，蝦煮熟了都是彎的。西安到晋南 ang 普遍發成 uo，“狼”説成“luo”或“lo”。在古籍裏，公牛説成“牯”，公羊説“羖”，福州也還都是説“羊羖”。古籍上公猪説“豭”。閩語“蹲”説“跍”，源於“曲”。你住在哪裏？吴語説“儂蹲啦啥地方？”你呆在哪裏？福州多説“你曲着 tolo？”“兄”（xiong）在晋南説“xu”，iong 轉爲 ü，“酗酒”在《尚書》裏就有了，“凶”在今文水就是念“xu”，“酗”想是先秦沿襲下來的。

第十六講　輔音韵尾轉成 i 尾韵

n、d 韵尾轉成 i 尾第十三講已介紹了。m、p 韵尾也有轉成 i 韵尾。“納”從“内”，“内”是 i 韵尾。“盔”“鎧”，頭盔，源於“甲”，i 韵尾。“凱旋”是穿甲衣的戰士回來。

ng、g 尾也有轉成 i 尾。“食”是人吃，供鬼神吃説“祭”“祀”，祭祀祖先的地方叫“祠堂”。

青翠、翡翠，“翠”源於“青”。“肥”源於“胖”。“眉”“媚”源於“目”。“母親”開封有叫“mei”的。“梅”是要做母親的孕婦早期愛吃的。賜子之神叫“禖（méi）”。《漢書・武五子傳》：“初，上年二十九乃得太子，甚喜，爲立禖。”“飛”源於“風”。

“黄”閩南話讀“ui”，鼻化。法網恢恢的“恢”是“宏”。“策”閩語都説“棰”，打孩子用的小枝叫“棰仔”。這種語言現象如何解釋？“再來”福州説“gai 來”，閩南説“go 來”，這“gai”和“go”顯然源於“更”。“等”與“待”、“更”與“改”顯然是同源詞。這樣，ang 有轉成 ai，那 ong 轉 ui 是順理成章的。“對”毫無疑問是源於“頂”。車相撞，河南説“堆（上聲）”。很明顯，“堆”源於“撞”。車從後面撞來，北京説“追尾”，這“追”就是“堆”，就是“撞”。“逐”是 g 尾入聲字。“追”是“逐”的陰聲韵。去追，福州都是説“去逐”。“碓”就是“舂”東西的“錘”。

“推”福州說“tiang”，河南說“ueng（陰平）”。“推”就是使前進，“退”是向後走。因爲有了 uei 的音，古人就造 uen 韵的字。

第十七講　分不分尖團

今天普通話 j、q、x 來自兩組字。一組是原 g、k、h 聲母拼 i、ü 或 i、ü 開頭的韵母。南方方言 g、k、h 聲母能拼 i、ü 或 i、ü 開頭的韵母，如“基”念“gi”，“欺”念“ki”，“希”念“hi”。但北方方言 i、ü 是前高母音，它把 g、k、h 拖前成舌面抵上腭成舌面音 ji、qi、xi。北方方言區的人發不了 gi、ki、hi 的音，於是 Pakistan 譯成“巴基斯坦”，Turkey 譯成“土耳其”，Hilton 譯成“希爾頓”。另一組，南方的 z、c、s 能拼 i、ü 或 i、ü 開頭的韵母成 zi、ci、si，如“濟”念“zi”，“齊”念“ci”，“死”念“si”。舌尖觸齒背，音韵學叫舌尖音。而上面三個音舌面觸上腭，音韵學叫團音。北方也把“濟”“妻”“西”念成舌面音。上下兩組都念成 ji、qi、xi，這叫尖團不分。

舌尖音與舌根音發音部位不一樣，它們之間不能諧聲，更不能造同源詞。尖團不分的人學習音韵學有些困難，更不用說探討詞源。例如“學”的古音是“hag”，“校”是“hao”，它們是同發音部位。“學”裏頭有“爻”，是交的意思。“教”是“交”學生知識，“學”是接受“交”的知識，“校”是“交”知識的場所，“效”是照着人家做。媽媽把兒子的話照樣講給爸爸聽說“學”給他爸聽。“黌”也是學校。它們是同源詞。而“雪”是尖音，與“學”等字毫無關係。我們說“雪耻”，不是用雪擦耻，而是“刷耻”，“雪”“刷”都是尖音。分尖團的人一看這些，全明白了。北方也有分尖團的，如洛陽方言、膠東方言等。

中文系是中國語言文學系，“語言”還放在前面，可惜中文系就没有提到這些漢語知識。大學的《現代漢語》衹講普通話的語音和語法，這些方言的語音知識都没有講，也就没有一個老師能講。我說中學生也要有3000字的漢語語音知識，使他們知道漢語的傳承，加深民族的認同感。現在瞭解了分尖團的事實，我們就知道“熊熊烈火”就是“紅紅烈火”。“紅”變“熊”是ong韵改成yong韵，然後變成舌面音。“嵩縣”當地人念“xiong縣”。改變介音在漢語裏是常事。現在大學的中文系學生很少去各方言點實地考察學習，讀至博士研究生也分不清尖音、團音，祇能學多少瞭解多少。

“拳”是手掌“捲”起來，“圈”是圈起來。“拳、捲、圈”是一組同源詞。這三個字原都是舌根音，因爲帶ü介音，普通話是j、q聲母。

“券”源於“刊”，最早寫字是刀刻的，“刊”源於“契”。“刊、券、契”是一組同源詞。“刊”是k聲母。而“券”是ü介音，“契”是i介音，變成q聲母。“見”的古音是“kian”，今普通話音“jiàn””，j聲母，就是i介音起的怪。“限”音“xiàn”，“門檻”閩語說“門限”，後有“限制”。“垠”是地界的邊。李煜《浪淘沙令》：“無限江山，别時容易見時難。”“無限江山”是說無邊無垠的山河。“閑”“閒”一樣，是門縫，門板有縫隙。“閑”是忙中得閒。“間”是“閒”中的“月”换成“日”。“間諜”是從門縫偷看演變的。

“宏”音“hóng”，“雄”音“xióng”，是因爲i介音。“雄”源於“公”。“雄偉”的天安門可不是雄而偉，而是“宏偉”。“虹”源於“弓”，念“hóng”，但北方多說“出jiàng了”。

“臼”古音“ku”，舂米或舂年糕的臼閩語叫“舂臼”。門限兩端接門的小臼叫“樞”。“區”古音“kü”，與“臼”同是舌根音。“舅”從“臼”，源於“古”，表示老人。古代女子稱丈夫的父親母親爲“舅姑”。“金”古音“kim”，金是金燦燦的，所以有火眼金睛。眼睛注視，閩語說“目睭金金看”。多彩的，說“錦”，如錦緞、錦繡河山、什錦糖果。“金”是很貴重的。皇帝的話被當作金口玉言，皇上的命令說“欽旨”，皇帝的什麼都加個

“欽”字。“金貴”閩語説“欽貴”。生女兒説“添金”，生男兒叫“添丁”。

“殼”古音“k‘ak”，現音“ke”。如果加 i 介音，kiag 入聲韵尾變 ao，kiao 就成 qiao。“地殼”今念“地 qiao”就是這麽來的。

問題：你的方言“精、清、星”與“經、輕、興”有區别嗎？

第十八講　分不分尖團用例

紅、絳、豇、汞、霞、蝦、赮、熊熊烈火

赫、煌

黄、磺、癀

雄黄、杏

火是紅的。“絳”是紅。福建過年吃的 si（糍）半數是紅的，用的顔料叫“絳紅”。豇豆的皮是紅的。汞是硃砂煉的。朝霞、晚霞是紅色。蝦煮熟了殼變紅色。“赮”是“霞”的古字。蔡東藩《慈禧太后演義》第二一回：“枝上百餘桃纍纍下垂，盡紅赮色。”熊熊烈火的“熊”是“紅”的變音。

“赫”也當紅用。宋蘇舜欽《吴越大旱》詩：“二年春及夏，不雨但赫日。”宋陳亮《水調歌頭・送章德茂大卿使虜》詞：“胡運何須問，赫日自當中。”人有錢有勢現在叫“大紅人”，過去叫“顯赫”。《詩・小雅・出車》：“赫赫南仲，玁狁于夷。”（顯赫的南仲，是他平定了玁狁。）三國魏阮籍《采薪者歌》：“留侯起亡虜，威武赫荒夷。”明劉基《賣柑者言》：“觀其坐高堂，騎大馬，醉醇醴而飫肥鮮者，孰不巍巍乎可畏，赫赫乎可象也？”

火既是紅的，也像黄的。在山西晋南念“紅”字，u 後有央元音，與“黄”同音。表示“黄”，必須説“米黄色”。雄黄既像紅，又像黄。雄黄的“雄”是表“紅”。杏既有黄色，又有紅色。“杏”洛陽念“xìng”，但

“杏仁兒”洛陽説“hèng rer”，h 聲母是“黄”的痕迹。

“行”念“xing”是 ing 韵的結果。《琵琶行》裏的“行”應念“háng”還是念“xing”？應念 háng，它是“哼”的。有的就叫“歌”，如《長恨歌》。

第十九講　分不分尖團用例（續）

黑、亥、豨、熊

瞽、矐、霍

猪是黑的。回族諱“猪”字，把猪説成“亥”。亥時是午夜，最黑的時刻。“豨”也是源於“黑”。“熊”也是黑的（雖然有棕熊，但中國東北的熊是黑的）。“瞽”是盲人，盲人的世界是黑的。“矐”是使失明。《史記·刺客列傳》：“秦皇帝惜其（高漸離）善擊筑，重赦之，乃矐其目。”司馬貞索隱：“説者云，以馬屎熏令失明。”明沈德符《萬曆野獲編·刑部·矐仇人目》：“〔何競〕以石灰矐其（鄒魯）雙目，反接渡江。”“霍”借爲“矐”，眼睛失明，亦謂使眼睛失明。宋蘇軾《四菩薩閣記》：“吾眼可霍，吾足可斫，吾畫不可奪。”

第二十講　清濁聲母

普通話没有全濁聲母。英語的 b、d、g 是全濁聲母，普通話的 b、d、g 聲母是清聲母，中文拼音是借拉丁字母表示漢語的 b、d、g 聲母。原 m、n、ng 聲母在閩南語裏失鼻音成分發成像英語的 b、d、g。吴語有濁聲母，7 組聲母都有相應的濁聲母。上海的“上”是濁聲母，吴語不是念“sang”，而是念像英語的“zang”，但實際是“sɦang”。吴語的濁聲母是清音濁流。“朋友”不是念像英語的“bang 友”，而是帶 ɦ 濁流。北方都没有全濁聲母（m、n、l、r 是次濁聲母），但留有全濁聲母的痕迹。漢語聲母分清、濁兩套，各有平、上、去、入 4 個聲調。吴語紹興共有 8 個聲調，閩語有 7 個聲調。華北平原和湖南、湖北、雲貴川没有入聲，衹有 4 個聲調：陰平、陽平、上聲、去聲。平聲有陰平、陽平，陽平就是全濁聲母的遺留。現在全濁聲母没有了，但它的調值留下了，不同於陰平。更有甚者，西安以東直到晋南這一大片地方古全濁聲母都變成送氣音。水稻的“稻”、領導的“導”，都念“tao”。普通話衹有陽平字全念成送氣音。閩粵贛的客家方言古全濁聲母與晋陝上述地方一樣全送氣，可見客家先人八九成是陝西、晋南人，一兩成是河南人。湘語全濁都不送氣，“長沙”説“zang 沙”，“湘潭”説“湘 dan”。“學”的聲母古音是 ɦ 入聲，吴語 ɦoʔ，吴語的 ɦ 在閩語白讀（口語音）裏成零聲母，閩語 oʔ。古代的全濁聲母全國各地演變不一樣，其結果是造成今天漢語聲母的多樣性。

第二十一講　舌尖母音與捲舌聲母

“石獅子”南方方言發 si si zi。北方方言 i、ü 發得很前、很高，i 與 z、c、s 聲母相拼時就與前面的舌尖聲母結合在一起成 ɿ。ɿ 舌尖没有離開前面的聲母，不能獨立成韵母，它叫舌尖元音。i 與北方方言舌面音 j、q、x 相拼時成 ji、qi、xi。i 舌尖縮回來頂上腭，這樣舌面就下陷，i 就不能存在而消失，j、q、x 就成捲舌的 zh、ch、sh。這種現象發生在金、元時期。i 舌尖化越往西越嚴重，到西寧“衣、醫”念“j”。因此，西邊都有捲舌音，而有入聲的晋中、膠東和南方没有捲舌聲母。開封東邊的蘭考没有捲舌音，“張、章”念“jiang”。湖北出武漢以北、以東 ü 舌尖化成 ɥ，普通話“居、區、須”捲舌化成 tʂɥ、tʂʻɥ、ʂɥ。ɥ 與上腭脱離就成 zhu、chu、shu。瞭解了 i 母音舌尖化，知道它的前身就是 i，就能進行相關字的詞源探討。表示黑的“淄、緇、錙、〔鶅〕鶅”現韵母都是舌尖母音ʅ，原都是i韵母，源於“夕”去入聲韵尾。“織”今音“zhī”，古音“zig”。寫一篇文章就如織一塊布。織的成果叫“成績”。蜘蛛能織網，長得像蜘蛛有許多長腿的軟體動物叫“章魚”（“章”是“織”的鼻尾韵）。

舌尖母音還使d、t變z、c或j、q。在陝西東南邊的藍田縣等地都這樣，如“天天向上”念“千千向上”。合肥西南邊有個肥西縣，“肥西”説成“肥絲”，“老母鷄”説成“老母資”。漢語就是舌尖母音使“端、透、定”分化成“知、徹、澄”。所有念“知、徹、澄”的字在閩語中還是念如“端、透、定”。“知”在客家方言裏念“di”，“知道”説“di得”。把水澄清，河南都是説“dèng一dèng（澄一澄）”。在日語裏，所有知組（“知、徹、澄”）字都念た行，如“張先生”是“ちょう さん”，“章先生”是“しょう さん”。這對閩南學生一提就懂。“茶、猪、除、儲、褚、著、厨、柱、滯、池、遲、雉、致、稚、持、痔、置、治、追、槌、錘、罩、朝、趙、兆、召、抽、綢、籌、醜、晝、宙、沉、纏、哲、徹、傳、椽、珍、陳、塵、鎮、趁、姪、秩”，還有大半的字閩南還是d、t聲母，在日語裏也都是念た行，這閩語學生一看就會，但北方學生要一個一個死記。

中文系學生4年要換4個方言區：北京、閩南、吴語區、晋南。到北京學習一年，建立標準的普通話。北京有大博物館，能得到豐富的歷史知識。閩南有完整的、不混的p、t、k和m、n、ng韵尾，“知、徹、澄”還如古音念t、t‘，尖團分得清楚。學習漢語語音特别是想探討詞源的人，未掌握閩語，就如同想讀理科的人還没有學習初中數、理、化。不掌握一地的吴語就不知道清濁聲母。晋南各縣的聲母、韵母的發展概括了陝西、河南的。研究古籍的人如果不瞭解閩南語，那就會被排斥在訓詁和漢語探源之外。中文系的學生如果没有規劃輪换上面4個方言區，語言學成果就有限。

今天的zh、ch、sh聲母的字全都與d、t聲母有關。

第二十二講　f聲母的形成

“五”在西北、四川許多地方發成帶唇齒擦v，這樣前拼喉音就成唇齒音fu。但隋唐的f是唇音加u成擦音的（《廣韵》非組字韵母不是ü。中國古今没有fü音節，非組列在三等是因爲f是擦音）。閩語没有這個現象。因爲地緣關係，信陽u前拼h就發成“fu”。“花”念“fa”，碰到“發”他自然發“fa”，但會一些普通話的人“花”念“hua”，這下哪個字念“fa”，哪個字念“hua”，就亂了。閩廣之間的客家人hu以及hu開頭的音都念“fu”，“你會會話否”説成“ni fui fui fa fou”。西安周圍zh、ch、sh前移成pf、p‘f、f。焦作的博愛縣“sh+u”都發f，“水”發成“fei”。商丘到周口之間也這樣，如“煮饃饃不fu，喝fei fei不開”。三伏天的“伏”，我懷疑是“暑”。廣州ku開頭的音念“fu”，“褲子”念“fu tsi”，“快”念“fai”。“寬”不説“寬”，説它的入聲韵“闊”，説“fut”。廣西的壯語區及以南没有送氣的p、t、k。p‘a海南念“fa”。

第二十三講　清濁聲母的零聲母

清濁的聲母又都有清濁的零聲母。陽調類（即全濁聲母）的零聲母有的來自舌齒音，有的來自舌根音。先説來自舌根音。如“雲”是來自舌根音的零聲母，吴語有喉擦音，普通話没有，成零聲母陽平；在閩語裏，音有的清化成h，“雲”同“魂”。“魂”就如雲，源於“雲”。我們的先人怎麼表示“運”？以“雲”變寫法造字。雲是一直在運行的。“雲、魂、運”是一組同源詞。既然“運”是轉，那頭暈的“暈”是它的同源詞。“暈”是感覺大地在轉。頭暈目眩的“眩”也是感覺大地在運。昏頭昏腦的“昏”就是“暈”，可不是昏暗。一句詩的末字是某個韵母，轉一圈下一句的末字也是這個韵母，叫押韵。“押”就是“合”。前面是 an，後面也是 an 或 ian 或 uan 那就“合”了。“韵”源於“運”。這樣就可以列底下的同源詞：

雲、魂、運

暈、眩

韵

第二十四講　清濁聲母的零聲母（續）

上面説陽調類（即全濁聲母）的零聲母也有來自舌齒音，如“養”是來自舌齒音的零聲母，是“生”的零聲母，“癢”閩語念 s 聲母。“養”源於“生”。“你老婆生了沒有？”“生了，生了。”福州一片説“汝老媽養未？”“養了，養了。”這樣，我們就能進行詞源探討。“生、養、育”同源。“育”是“養”的入聲韵。“翔”是飛，源於“漾”，翅膀一直漾。翅膀叫“翼”，福州念“siʔ”。“蠅”的特點是白天一直飛，給它叫“蠅”；“蠅”閩語也是 s 聲母，説“sing（陽平）”。

“王”是陽平，零聲母。在吴語裏它有濁流 ɦ，“王”念“ɦuang”，“皇”是 h 聲母的陽平，也是濁音 ɦ，於是“王”等於“皇（ɦuang）”。

在講入聲轉成陽聲韵時有説：（i）ao 韵轉成單母音成 o，o 又可轉成 u，有的 u 再轉成 ou 或 uo。有轉成 u，就有轉成 ü。在講 i、u、ü 介音時説：i、u、ü 因方言而改變，因而也是造新詞的手段。粥“溢”出鍋，河南説“ü”。賣兒鬻女的“鬻”就是“易”，就是賣。“翼”的毛叫“羽”。“翔、蠅、翼、羽”是同源詞。

金屬“融”化，文獻作“烊”，也作“煬”。金屬中錫熔點最低，最容易烊，所以叫“錫”。和的面放一個小時就“餳（xíng）”了。器官的肉爛了説“瘍”。衆口鑠金的“鑠”就是“融”化。“融”今普通話有 r 聲母，古音是零聲母，河南和各方言都是零聲母。這樣，“融、烊、錫、餳、瘍、鑠”是同源詞。

“似”從“以”，念“si”，“似”就是“像”，“相似”就是“相像”。“以”就是“使”，“以”什麽就是“使用”什麽。《孟子·公孫丑上》“管仲以其君霸”，意思是管仲使他的君主成霸業，《古代漢語》釋“以”爲“介詞，憑着”，那成了管仲憑着他的君主成霸，這嚴重錯誤。

第二十五講　《廣韵》的四十個聲母

我們研究古音不從漢語實際出發而衹從古人錯誤的説法中揣摩，百餘年來緣木求魚，怎麽能揣摩出漢語實際？也有部分學者寫了幾十萬字的“等韵學”，到今天誰理解了音韵學？誰又運用了音韵學？我自己費盡了腦汁也没有能弄懂“等”。我撇開了它，廣泛瞭解方言，從方言中我理解了漢語，我探出許多詞的源，我理解了爲什麽有的攝有這個“等”又没有那個“等”。漢語舌頭音拼洪音有一等，當它拼細音成齒音時就成三等，個别細音未變齒音如“丁”就成了四等字。把水澄清的“澄”，南北方言都還是t聲母，北方説“təng”，福州説“t‘ing”，《廣韵》直陵切，就成三等韵。《詩·小雅·伐木》“伐木丁丁”，“丁”注“中莖切”就成三等。

《廣韵》有精組三等，章組也是三等，有i介音。如果章組的聲母是tɕ，舌面頂上腭，那就不能不造成或“k+i”的腭化，如洛陽方言，或者連“ts+i”都腭化，如北京方言和吴語。閩、粤語“章”讀如“精”，没有産生tɕ，就分尖團。還没有舌尖母音時，齒音衹有ts一套。章組的出現是因爲tɕ聲母的出現。還有，知組、莊組如何區别於精組呢？没有哪一種方言和其他方言全然不同，没有任何一個語音專家能發好以上各組字。也就是説，《廣韵》四十個聲母是綜合的，是叠加的。可惜部分學者構擬的上古音的聲母直接從《廣韵》上溯，定爲照母（tj）、穿母、神母、日母、喻母

(j)、書母、禪母、莊母（tzh)、初母、床母、山母、俟母、精母（tz)、清母、從母、心母、邪母等32部聲母。他能分別念出以上各部聲母嗎？

第二十六講　音韵的“等”

現實的漢語衹有一個i韵母和i介音，没有比三等i更細的四等i。各地方言的i會有不同，北方的i就比南方的i更高更前，但在各個方言内部都衹有一個i。所以，韵圖有四等是聲母問題，不是i問題。因爲三等d、t+i已成章組字，没有轉成章組字的字，衹好把它擺在四等韵。三、四等都有字的梗攝、效攝在任何方言裏都没有區别。“三四皆細，四等尤細”是錯的。

一等、二等不是“一等洪大，二等次大”，恰恰相反，應是“一等次大，二等洪大”。

一等果韵普通話和大多數方言韵母是o，蟹攝各方言的主要元音是a。蟹攝一等泰韵，粵、客方言也多是o韵。咸攝一等吴語是ø，二等是e。ø是o的前元音，e是a受n韵尾抬高而抬高。a比o開口度大，那二等洪大，一等次大。

在一、二等有别的方言裏，如客家方言和吴語，一等是o韵，二等是a韵。吴語一等見系字是ø，顯然是o的前元音，而二等的ɛ是a的前元音。

耕攝主要元音是a，它就没有一等字。臻攝、曾攝主要元音是ə，相當於o，就没有二等。江攝主要元音是a，它就單獨二等。效攝一、二兼備，一等閩語是o，二等是ao，也是一等次大，二等洪大。

三等不光是元音問題，也是聲母問題。衹要是帶擦的音就算三等。當幫組變成非組時，非組唇齒擦，就必須是三等。“書”是三等，因爲它的前身是ɕ。

漢語有 ü 音位，遇攝韵母就是 ü，不能説 iu，其唇音不拼 ü。幫組字一等是 u，非組字是 fu，非之所以放在三等不是 iu，是聲母的事。“非”是帶摩擦的唇齒音，發音方法就如知系，所以列在三等。有濁聲母的吴語衹有“非”，并没有“敷、奉”。實際語言不可能分别發“非、敷、奉”。“非、敷、奉”是仿“幫、滂、并”而設的。

從第二十一講知道捲舌音的形成是 i 介音成捲舌的舌尖母音，二等的照組字没有 i 介音，它怎麼能成捲舌音？在洛陽方言裏它就讀如精組，北京念捲舌那是混讀爲捲舌。開口二等有照二就没有精組二等。中古音聲母例 40 個，上古聲母例 32 個，不符合漢語實際。漢語現在没有“知、莊、章”三套，古也不可能有。

第二十七講　t、t‘與 ts、ts‘的轉换

王力先生的《漢語史稿》上説：“tsi 之變爲 tsɿ，是由於聲母 ts、ts‘、s 把元音移到和它相同的發音部位上來。”如果原因在於聲母 ts、ts‘、s，那閩語爲什麼仍是 tsi 而不成 tsɿ、ts‘ɿ、sɿ 呢？那就應另找原因。原來江淮一帶常州、合肥等地發 i 時舌葉抬得很高，舌面接近上腭，舌尖與上齒齦摩擦成了ɿ。趙元任先生記爲 iz 或 ij。有的地方，如西寧，甚至完全聲化成 z 或 j，正是這個摩擦使 tsi 變成 tsj。ts+i＝ts+iz＝tzj（tsj 實際是 tzj）。

西寧、合肥、常州的 i、j 還使塞音 t、t‘變成塞擦音 ts、ts‘。低＝資＝tsj，梯＝妻＝ts‘j。西寧連牙喉音、細音腭化來的 tsi、ts‘i、si 也聲化成 tsɿ、ts‘ɿ、sɿ。基＝低＝資 tsɿ。山西武鄉、文水連唇音後的 i 也聲化。比、皮、米，武鄉是 pj、p‘j、mj，在文水是 pɿ、p‘ɿ、mɿ。如果説 ts+i＝ts+iz＝tzj（tsj 實際是 tzj），那 pɿ 和 pj 的成因是什麼呢？閩語的 i 舌尖未曾達到上腭進而與上腭摩擦，於是 tsi、ts‘i、si 至今還是發 tsi、ts‘i、si。正因爲這個音理，陝西很多地區 ti、t‘i、si 發成 tsɿ、ts‘ɿ、sɿ。

北京的 i 舌面抬得很高，快要頂住上腭，於是 ki、k‘i、xi 前移腭化成 tɕi、tɕ‘i、ɕi，即 k、k‘、x 的發音部位前移到 i 的部位。原精組字舌尖前音的 tsi、ts‘i、si 也腭化成 tɕi、tɕ‘i、ɕi，成了不分尖團。

當 ɿ 進一步後縮并撓起成 ʅ，那 tsɿ、ts‘ɿ、sɿ 就成 tʂʅ、tʂʅ‘、ʂʅ。ʅ 舌尖捲起來，舌面下陷，i 就發不了，tʂʅ、tʂʅ‘、ʂʅ 成了開口呼。北京的 ʅ 是受西邊的影響。在 ɿ、ʅ 出現前它們都是 i，都是精組字。章組字捲舌成 tʂʅ、tʂʅ‘、ʂʅ 時，没有 i 介音的知二、照二河南都不捲舌，北京稀裏糊塗也跟着捲舌。當開封跟着北京捲舌時，北京還不捲舌的“所”字，開封也稀裏糊塗跟着捲舌。ü 是前高母音，如舌尖頂上腭就成 ʮ。湖北出武漢以北、以東 ü 舌尖化成 ʮ，普通話“居、區、須”捲舌化成 tʂʮ、tʂ‘ʮ、ʂʮ。北方今天的 zhu、chu、shu 是經過了 tʂʮ、tʂ‘ʮ、ʂʮ 的發音。洛陽鄉下老人發音在 tʂʮ、tʂ‘ʮ、ʂʮ 與 zhu、chu、shu 之間，即舌尖還没有完全脱離上腭。ti、t‘i、si 發成 tsɿ、ts‘ɿ、sɿ 時，齊韵、祭韵没有趕上變 tsɿ、ts‘ɿ、sɿ，到今天還是 i 韵。到今天北京的齒音聲母精、知、莊、章衹有 ts、tʂ、tɕ 三音，tʂ、tɕ 是北方 i 成舌尖母音後産生的。蘇州母音中有 ʮ，所以老派就有一套 tʂ 聲母。

因爲晋南 tʂʅ 發達，晋東南晋城、陵川精組都并到章組。

第二十八講　娘日歸泥説 ȵ 與 ʑ 的互换

南方的 n+i 是 ni；北方的 i 是舌面拱起的前高母音，n+i 就成了 ȵi，“娘”河南説“ȵiang”。結果音韵有“泥”聲母，又有“娘”聲母。因爲“jiang”變捲舌的“zhang”，“ȵiang”也變成捲舌的 r 聲母，音韵學叫“日”母，以後人們很快發現“娘”和“日”母都是由“泥”（n）母發展來的。吴語、閩語“日”都是 ni。福州“讓”是“niog”。北方 n 拼洪音是 n，拼細音成 ȵi，實際是一個音位。

吴語 j、q、x 一行是 j、q、ȵ、ʑ。ʑ 古音的“娘、日”在越劇的故鄉嵊州，都念無鼻音的 ʑ。吴語文讀音都照此。上海“人家”説“ȵing ka”，但“人民”説“ʑən min”。普通話“儒”念“rú”，但“需”念“xū”；“女”念“nǚ”，但“如”念“rú”，“恕”念“shù”；襄城的“襄”念“xiāng”，但“讓”念“ràng”。

絨、茸、瓤、肉鬆、鬆、爽、冗、呢

絮、褥、蓐、襦、縟、蒻

需、須、而、榕、羺（nóu）

“絨”是絨毛，源於“羊”，衹有羊纔有絨毛。草類初生細軟叫“茸”。瓜瓤像絨毛叫“瓤”。肉鬆極像絨毛，所以叫“肉鬆”，實際是“絨”念成“鬆”。短襖説“襦”。不實的東西説“鬆”。人的心情輕鬆、痛快叫“爽”。話多或事多叫“冗”。

褥子是綿絮鋪的。能做冬天用的墊席的草叫“蓐”，即香蒲。它抽出像蠟燭那麽大的芯，其絨毛可以做枕頭芯。幼小的蓐叫“蒻”。“縟”是繁雜，如繁文縟節。人的鬚長了就像絨毛，所以有“美髯公”的説法，“髯”就是“絨”。“呢”大衣是羊毛絨壓成的。“而”就是鬍子的象形。福州有長鬚根的樹叫榕樹，福州市叫“榕城”。山羊有鬍子，古人叫“羺（nóu）”。

第二十九講　“娘”的源

娘、奶、乳、孺、孥

叫母親，北方爲什麽叫“娘”？閩語爲什麽叫“奶（ne）”？究其源，與叫“媽”一樣。“媽”即古語的“母”，“母”與“女”的差别是多了兩個奶。北京小孩兒吃奶就説“吃 ma ma”。“奶”，福州念“女+能”的合音，福州音孃（niog），閩南説“ni”。很明顯，“娘”源於“女能”。

“而”有代“能”的用法。《墨子·非命下》:“昔三代暴王桀、紂、幽、厲,貴爲天子,富有天下,於此乎不而矯其耳目之欲,而從其心意之辟。”(從前三代暴君桀、紂、幽、厲,貴爲天子,富有天下,於那時他放縱他的邪僻行爲而不能改正聲色的欲望。)“能”有代“耐”的用法。《素問·五常政大論》:“能毒者以厚藥,不勝毒者以薄藥。”《漢書·食貨志上》:“比盛暑,隴盡而根深,能風與旱。”這樣 ni 就有變“乳”,嬰兒要吃“乳”,於是就有“孺”。小孩兒,潮汕説“孥(no)仔”。閩南人給小女孩取名有用“娘”,我家鄉平潭用“søyng”,没有人知道是什麼字。“娘”原作“孃”,在 n 念 s 的情況下就成“søyng”,還是姑娘家説“søyng 仔身”。日語“女兒”説“孃(じょう)”。

“壤(rǎng)”就是泥。“抓”,閩語説“niaʔ”。洛陽教 5~6 個月大的嬰兒手捲起來説“nuo nuo”。河南“抓”多説“nuo”,“掐死你”説“nuo 死你”。因不知道這個源,《古代漢語》第四單元《文選·孟子》解釋“攘”説:“本指扣留自己跑來的家禽牲畜,和‘偷’有些不同;在本文中就是偷的意思。”這完全是臆説,根本没有“扣留自己跑來的家禽牲畜”的用例。《漢語大詞典》“攘”有“盜竊,竊取”義,并舉例《墨子·非攻上》:“取人牛馬者,其不仁義又甚攘人犬豕鷄豚。”《新唐書·狄仁傑郝處俊等傳贊》:“武后乘唐中衰,操殺生柄,劫制天下而攘神器。”都已經“劫制天下”了,“神器”就“拿”吧,不必偷了。

第三十講　許多微部字非與物部、文部有關聯

“億”是-k 尾字,“壹”是-t 尾字,丢失韵尾時都剩下 i 韵,這叫异入同陰。可惜部分學者没有注意到這一點,把中古的微部字列入上古微部字,與文、物配成對,這樣就使許多微部字考不到源。就拿“微”本字來説,“微”表示小,源於“芒”,芒的尖最小。《管子·權修》:“微邪者,

大邪之所生也。”（小的邪惡是大的邪惡產生的根源。）《荀子·非相》：“葉公子高，微小短瘠。”（葉公子高，矮小瘦弱。）唐王勃《滕王閣序》：“勃，三尺微命，一介書生。”《論語·憲問》：“微管仲，吾其被髮左衽矣！”（如果没有管仲，我們恐怕也會披着頭髮，衣襟向左開了。）這句的“微”源於“亡”，〔如果〕没有的意思。《同源字典》把“微”與“非”列爲同源，“微管仲”成了“〔如果〕不是管仲”。玫瑰是薔薇科，“薔”源於“刺”，薔薇科植物幹枝長滿刺。“玫”“薇”都源於“芒”。如果“微”配物部、文部，那“微”的各個義項如何探源？“薇”又源於什麽？“追”也被列入微部，那怎麽解釋通“雕”表雕琢義？《周禮·天官·追師》：“追衡笄。”“追”與“逐”同源。福州“追”都説“逐”。猪也叫“豨”，源於“黑”。回族不吃猪肉，也諱“猪”字，説“亥”。亥時是午夜，最黑的時刻。“希”表示希望，源於“冀”。夏侯湛《閔子騫贊》：“聖既擬天，賢亦希聖。”（聖人既然被世人比作天，賢人也希望達到聖人的境界。）“希”表示少，源於“隙”，不是與“罕”同源。《論語·公冶長》：“伯夷、叔齊不念舊惡，怨是用希。”（伯夷、叔齊不把過去的仇恨記在心上，因此怨恨他們的人就很少。）

“枚”源於“木”。“銜枚”是行軍時爲防止戰士説話，讓各戰士嘴裏含一根木塊。“銜”也作長條狀東西的量詞。“纍”源於“磊”，纍磚就是一塊一塊磚壘上去。《吕氏春秋·行論》：“纍矣而不毁，舉矣而不踣，其唯有道者乎！”（重叠起來却能不毁壞，高舉起來却能不掉，大概衹有有道之人能做到吧！）“磊”音應類似“liak”。杯盤狼藉的“狼”是磊的意思。多次説“屢”。工作“累”了，就是力氣用完了。疲勞的“勞”是力用狠了。“來”表示對勞動者的慰問。“癆”病是不能勞動的病。瘰癧，頸項間淋巴結核，小的叫“瘰”，大的叫“癧”。“瘰”源於“瘤”。《靈樞經·寒熱》：“黄帝問於岐伯曰：‘寒熱瘰癧在於頸腋者，皆何氣使生？’”

“崔”表示高山，源於“刺”。山一般是尖頂的，高山一般都用形容尖的詞表示，如“嶒”等。《漢書・禮樂志》引《安世房中歌》：“大山崔，百卉殖。”顔師古注：“言大山以崔嵬之故，能生養百卉。”“堆”就如山形，上面是尖的。鳥部字有不少從鳥從隹兩可。雉是長尾山鷄。“雉”源於“啄”。“稚”源於“童”。小牛説“犢”。兩車相撞，河南説“堆”。今天北京説的“追尾”是從後面相撞。很明顯，“對”（頂角）是相“頂”的，“撞”源於對“頂”。“誰”“孰”“啥”同源。“推”福州説“t‘iang”，源於“頂”，使退、使撤。《孟子・萬章上》：“思天下之民匹夫匹婦有不被堯舜之澤者，若己推而内之溝中。”（伊尹是這樣想的，在天下的百姓中，如果有人没有沾上堯舜之道的恩澤，便好像是自己把他推進山溝裏一樣。）

“摧”，表推。《廣雅・釋詁三》：摧，“推也”。唐吕温《送段九秀才歸澧州》詩：“摧賢路已隔，賑乏力不任。”也表斫，《古詩十九首・去者日以疏》：“古墓犁爲田，松柏摧爲薪。”晋李密《陳情表》：“郡縣逼迫，催臣上道。”“催”表示催促，源於“促”，“催促”爲同義連用。

“凱”，《廣韵》苦亥切，部分學者歸到微部，那它的同源詞是什麽呢？《同源字典》裏没有。“凱”源於“甲”。“凱旋”是穿甲衣的戰士回來。《遼史・聖宗本紀八》：“南京留守燕王蕭孝穆以東征將士凱還，戎服見上，上大加宴勞。”“凱歌”是戰士勝利歸來奏的音樂。“凱”是唇音結尾，可表砍、斬義。《京本通俗小説・碾玉觀音》：“郡王道：‘却不叵耐，教人捉這漢，等我取過軍令狀來，如今凱了一刀！’”“凱”是和樂，源於“諧”。《禮記・表記》：“《詩》云：‘凱弟君子，民之父母。’”“匱”可當“缺”用，表放衣物的箱子，源於“盒”。《尚書・金縢》：“〔周〕公歸，乃納册于金縢之匱中。”（周公回去，史官把周公禱告的簡册放進金屬裝飾的匣子裏。）“饋”是“給”吃的，與“饁”同源。《左傳・僖公三十三年》：“初，臼季使，過冀，見冀缺耨，其妻饁之。”杜預注：“野饋曰饁。”“貴”是價高，源於“危”。這是同聲不同部的現象。

“同聲必同部”的説法是錯的。許多不同部的字轉成一樣的陽聲韵，叫作异入同陰。鳥的嘴是尖的，笋也是尖的，從隹的“隼”取“笋”義而成 un 韵，還造形聲字“榫”。這是换同義字而變了韵母。

再看部分學者的物部。部分學者將“内”歸爲物部，錯。從“内”的字這些學者哪一部都不列，是否都歸物部？“内”作動詞，源於“入”，《詩經》之前也應該都是-p 尾。《孟子・萬章上》：“思天下之民匹夫匹婦有不被堯舜之澤者，若己推而内之溝中。”《史記・項羽本紀》：“距關，毋内諸侯，秦地可盡王也。”“衲”表縫綴，源於“插”，歸緝部，没錯。“枘”是榫頭，插的部件，“枘鑿方圓”和“枘圓鑿方”一樣。“蚋”有刺吸式口器，可插入人畜的皮膚吸血液。“訥”，表口齒笨拙，是“喃”的反義詞。從“卒”的字，某些學者的觀點是都歸物部。“崒”表高山，應該源於“刺”。“悴”表憂傷、憂愁，源於“戚”，又源於“促”。“萃”源於“叢”。“翠”源於“青”，翡翠是青的玉。

第三十一講　漢語唇音不收雙唇輔音

浮、汎、泛、桴、鳧、舫、舶、蘋

澎湃、方、頻、潽、方洋、彷徨

擺脚、跛、波

我們檢查所有鹹攝合口三等的唇音字都與宕攝的字同源，據此我們認爲古代根本就是缺鹹攝合口的唇音字。如“汎”就源於“浮”，“泛”也源於“浮”。《詩・邶風・柏舟》：“汎彼柏舟，亦汎其流。”（摇那柏舟，順着河水漂流。）《國語・晋語三》：“是故泛舟於河，歸糴於晋。”（所以就在用船航運，把糧食運到晋國。）“筏、簰”同是木簰或竹簰，源於“浮”。“簰”後來寫成“排”。“桴”也是筏子。《論語・公冶長》：“道不行，乘桴浮於海。”誰能否定“汎、泛”與“浮”同源？誰能爲 m 尾的

“汎、泛”找到同源詞？“梟”是鴨子。“舫”是船，頤和園有石舫。“舶”也是船，是“舫”的入聲韵。宋王安石《寄育王山長老常坦》詩：“道人少賈海上游，海舶破散身沈浮。”後有“舶來品”。“蘋”應與“萍”同是收 ng 尾，源於“浮”。没有收 n 尾表示浮的字。“潽”是過河的浮橋。

鑄造用的“範”是方形的框架，源於“方”。“範”有“規範”義，因此有“法”義。教子有法多説“教子有方”。後“方”“法”連用。誰能否定“範、法”源於“方”？誰能爲“範、法”找到源？

大的水面因空曠有風，於是有漣漪；風大了就成浪，水就上下澎湃。這個澎湃的運動是連續的，因此“方”有表示經常。（比較：“常”源於“蕩”。）《尚書・洪范》：“凡厥正人，既富方穀，汝弗能使有好於而家，時人斯其辜。”（凡百官長既有常年的俸禄，假如您不能使他們對國家有所貢獻，這些人就將責怪您了。）“貧嘴”應是“頻嘴”。“方洋”，“方”是“湃”，“洋”是“漾”。

《漢書・吴王劉濞傳》：“吴王内以朝錯爲誅，外從大王後車，方洋天下，所向者降，所指者下，莫敢不服。”（吴王對漢廷的目的是除去晁錯，對諸侯則跟隨在大王之後，馳騁於天下，走到哪裏，哪裏就投降，軍隊攻打哪裏，哪裏就崩潰，没有人敢不服從。）“彷徨”，“彷”是“澎”，“徨”是“簧”，也是蕩漾的意思，與“方洋”義同。放一根草在澎湃的水中，會發現草隨波而左右上下漂動。“跛脚”就是這麽來的。跛脚古人説“躄”，客家話説“擺脚”。“擺”就是這麽來的。客家話的“擺脚”福州説“p‘iang k‘a”，“p‘iang”源於“澎”加 i 介音。

第三十二講　漢語唇音不收雙唇輔音（續）

碌、轆、礱、輅、轢、睩、陸續

磟、稟、糧、禄、囫、嚨

蹓、溜、流、浪、流浪

碾麥子的碌碡的“碌”是轉的意思，“碡”源於“周”。唐賈島《古意》詩：“碌碌復碌碌，百年雙轉轂。”“碌碌無爲”喻忙了一輩子没有成就，就如在原地轉。“轆”是汲取井水的轆轤，《正字通·車部》：“轆，轆轤，井上汲水軸也。”“轆”源於“碌”。“轆”也指獨輪車。《搜神記》：“〔董永〕小失其母，獨養老父，家貧困苦，至於農月，與轆車推父於田頭樹蔭下，與人客作，供養不闕。”“轢”是碾軋。《説苑·善説》：“子今不正轡銜，使馬卒然驚，妄轢道中行人。”（你現在不整理好馬籠頭和繮繩，如果馬突然受驚，就會誤碾軋路上的行人。）“輅”是古代君王乘的大車，如金輅、龍輅。《論語·衛靈公》：“乘殷之輅。”也寫作“路”。《左傳·宣公十二年》：“訓之以若敖、蚡冒，篳路藍縷，以啓山林。”（以楚國的先君若敖、蚡冒的事迹來教導楚民，先君乘着簡樸的柴車、穿着破舊的衣服，開闢道路。）“礱”，一指磨；一指通過葉片轉動去除稻殼的農具。《天工開物·攻稻》：“凡稻去殼用礱，去膜用舂、用碾。”“睩”是眼球滴溜溜地轉。關節靈活的“靈”也是轉的意思。機器不能運行了吴語説“va靈了”。人死了，僵硬了，也説“va靈了”。於是，“行不通”吴語都説“va靈”。“陸續”的“陸”是“碌”。搓草繩在搓的過程中要不斷“續”草。“稟”是葦箔圍起來的大糧囤，從而有“糧”字。國家的薪俸叫“禄”。從“稟”的字形看誰能否認它是糧囤，誰能否認它是“糧、禄”的詞源？“囹”是囚犯人的。出去轉説去“溜達”，福州説去“環”。“蹓”就是“溜達”的意思。《金瓶梅詞話》第三十八回：“這馬甚是會行，衹好長騎着蹓街道兒罷了。”什麼叫“流浪”？“浪”不是水浪，“浪”是“碌”的陽聲韵。去溜達，西安説去“浪”。古代女人如果走街串巷瞎轉，會被説成“浪”。開封“浪”專用於女人，還説“浪蕩花兒”。

第三十三講　漢語廣泛用改變聲韵調造反義詞

古人有“受授同源”“美惡同詞”之說。“受”和“授”是一對，語音没有變，字形加個“扌”以示區别。乞討的“乞”源於“屈”，手掌作曲狀。《孟子·離婁下》：“之祭者，乞其餘。”（又走到祭掃墳墓的人那裏，乞討些留下的祭品。）《晏子春秋·内篇雜上》：“景公睹嬰兒有乞於塗者，公曰：‘是無歸矣！’”（齐景公看到有幼兒在路上乞討，説：“是無家可歸的孩子啊！”）“乞”也表示給。《世説新語·儉嗇》：“郗公始正謂損數百萬許，嘉賓遂一日乞與親友，周旋略盡。”（郗愔起先衹認爲要損失幾百萬左右，嘉賓竟然一天之内送給親戚朋友，幾乎全部花光。）福州語系“給”也都直接用“乞”。

“美惡同詞”，如“亂”，既表絲麻紛亂，也指理直絲麻。“理直”其狀難狀，不改説别的詞，也不在“亂”字上加什麽偏旁。“丐”表示給，如《漢書·西域傳下》：“我丐若馬。”（我給你馬。）唐韓愈《太原王公墓志銘》：“又出庫錢一千萬，以丐貧民遭旱不能供税者。”也表示乞討，《左傳·昭公六年》：“禁芻牧采樵，不入田，不樵樹，不采蓺，不抽屋，不强丐。”（禁止割草、放牧、采摘、砍柴，不進入農田，不砍樹木，不采摘種植的菜果，不破壞房屋取木料，不强行乞討。）《史記·外戚世家》：“姊去我西時，與我决於傳舍中，丐沐沐我，請食飯我，乃去。”（姐姐離開我西去時，和我在客舍告别，姐姐要來洗澡的用具爲我洗澡，又要來飯給我吃，然後纔離去。）孫文《黄花岡七十二烈士事略序》：“鄒君海濱，以所輯黄花岡烈士事略丐序於予。”

“介”表示給，如《詩·小雅·小明》：“神之聽之，介爾景福。”（神靈聽到了這些，就會給你很大的幸福。）也表示乞求，如《左傳·僖公七年》:“夫子華既爲大子,而求介於大國以弱其國,亦必不免。”(子華既然身爲太子,而求乞於大國來削弱他的國家,也一定不能免於禍患。)

“沽”既表示賣,也表示買,如沽名釣譽、待價而沽。“委”表示交給,如《國語·越語下》:“請委管籥,屬國家,以身隨之,君王制之。”(請允許把越國的鎖鑰交付貴國,越王親自跟隨,請吴王制裁。)賈誼《過秦論》:“百越之君,俯首繫頸,委命下吏。”也表示“受”,如《國語·越語下》:“上天降禍於越,委制於吴。”(上天給我們越國降下了灾禍,致使越國受制於吴國。)還表示討,如《説苑·權謀》:“臣年少愚陋,願委智於先生。”

“仳”表示相連,如《論衡·骨相》:“晋公子重耳仳脅,爲諸侯霸。”也表示離去,如《詩·王風·中谷有蓷》:“有女仳離,啜其泣矣。”(有一個女子因被遺弃而離去,抽抽噎噎地哭泣。)

“任”是懷孕,肚子大起來,怎麽會有“竭盡”義?古人是用“任”的反義。《史記·貨殖列傳》:“人各任其能,竭其力。”“吶”表示閉口,源於“捏”。《荀子·非相》:“言而非仁之中也,則其言不若其默也,其辯不若其吶也。”《漢書·李廣傳》:“廣吶口少言。”“吶”念去聲表示大聲呼喊。《三國演義》第四十五回:“來日四更造飯,五更開船,鳴鼓吶喊而進。”

“怯”源於“合”,膽子不敢放開。“敢”是“怯”的反義詞。“呿”表示張口,源於“合”的反義。《莊子·秋水》:“公孫龍口呿而不合,舌舉而不下。”《吕氏春秋·重言》:“君呿而不唫,所言者‘莒’也。”(您的嘴張開了而不閉上,所説的是“莒”。)“故”一般表示過去,表“今”是用其反義。《吴越春秋·闔閭内傳》:“吾等爲王養士,畫其策謀,有利於國。而王故伐楚,出其令,托而無興師之意,奈何?”(我們給吴王收養了賢能之士,謀劃了那些計策,對吴國很有利。但吴王現在攻打楚國,頒布了命令,却又藉故推諉而没有起兵的意思,怎麽辦呢?)這就如今天炒舊飯我們說“炒現飯”，現買現賣的“現”就是當下的意思。

“嫌”是感覺不够，源於“欠”；它又表示“滿足”，如《荀子·正名》：“其累百年之欲，易一時之嫌，然且爲之，不明其數也。”（積纍了長時間的欲望，換來一時的滿足，這樣的事尚且去做，就是因爲他不明白其中的數量關係。）

再如：

力、膂、騾、驢、羸

勞、累、羸、癆

來、徠

人靠“力”氣“勞”作。力氣表現在上臂，所以有“膂力”。“騾”是勞力牲口。“騾”也寫作“羸”。唐柳宗元《問答·晋問》：“然後驢羸牛馬之運，西出秦隴。”“驢”也是勞力牲口。力氣用過度了人就疲勞，也說“累”。人力氣小說“羸”。喪失勞動力的病叫“癆”病。對勞動中的人表示慰問說“來（lài）”。《詩·小雅·大東》：“東人之子，職勞不來。”（我們東方人，工作勞苦而没有人來慰勞。）《禮記·雜記下》：“厩焚，孔子拜鄉人爲火來者。拜之，士壹，大夫再。”（孔子的馬棚遭火灾，鄉里有人來慰問，孔子拜謝他們時，向士行一拜，向大夫行兩拜。）也寫作“徠”。《隋書·律曆志中》：“於是高祖引孝孫、胄玄等，親自勞徠。”

第三十四講　漢語廣泛用改變聲韵調造反義詞（續）

“受授同源”“美惡同詞”的辦法用得少，漢語還是多用變聲母、變韵母、變聲調的方法造反義同源詞。有些事物無形可擬也無狀可述，最好的辦法是用它的原詞。如我們的祖先用“唧”的反義表示“静”，“唧”不但能表示唧唧喳喳、嘈雜，還能表示静、寂；用“嗚”的入聲韵表示

“默”。這樣，我們就知道了我們的祖先用變聲韵調等方法來造那些很難表示的詞。這就爲我們探源許多詞提供了路徑。如“盲”源於“明”，“弛”源於“張”，“徐”源於“速”，“屎”源於“食”，“放”源於“縛”，“釋”源於“束”，“捐”源於“援”。“援”，抓東西手掌要作捲曲形，這有形可狀；“捐”，扔掉，這無形可狀。“束”，手掌作束狀；“釋”，無形可狀。紡車是繞圓圈轉動把繩子繞成捆，繩繞圓形捆扎稱爲“縛”；“放”無形可狀，就用“縛”的陽聲韵表示。通過“援”，我們還知道“猿”的源，猿能抓東西。“狖”源於“有”。“有”是手握着東西。“狙”是猴子手能“捉”住東西。

“行（hang）”是走，“江（gang）”是流動的水，不流的水叫“潢”“汙”。《國語·周語下》：“且絶民用以實王府，猶塞川原而爲潢汙也，其竭也無日矣。”（况且搜刮盡百姓的財用去充實王室的府庫，如同堵塞河源來造蓄水池，不久水也會乾涸了。）“涇”是水流。《莊子·秋水》：“涇流之大，兩涘渚崖之間不辯牛馬。”（河面寬闊，波濤洶涌，兩岸和水中沙洲之間連牛馬都不能分辨。）“河”是流動的水，不流動的叫“湖”。今天我們説的“湖”古人説“澤”，古代的雲夢澤今天我們叫洞庭湖。澤是不流動的水，那它也源於表示走的詞。“浦”是通大河的溝瀆、水渠，如黄浦江。江南從屋前流過的小河流叫“河濱”，福州叫“浦”，源於“步”。“泊”是不流的水，如湖泊、梁山泊。《六書故·地理三》：“北人以止水爲泊。”“濼”也當“泊”，也音“pō”。“蒲”是小的泊，長的草叫“蒲草”，像莎草，但衹有兩棱，扁平，北方人拿它編蓐墊。“藨”，《漢語大詞典》：“多年生草本植物，生水邊，高四尺多，叢生。莖可編席、製繩、鞋等物。”從文字解釋看就是“蒲草”。《儀禮·喪服》：“疏屨者，藨蒯之菲也。”下大雨，水不能及時流走叫潦，“潦”就是不流。“走”很明顯人在動，“留”没有狀態，古人用“流”音表示，即“流”的反義表示。“留”有表示停止，我們説它是“流”或“歷”的反義用法。《戰國策·東周策》:“三國隘秦,周令其相之秦。以秦之輕也,留其行。”(韓、趙、魏三國阻絶了秦國的通路,周君派他的相國出使秦國。因爲怕受秦國的輕視,便停止了這次出訪。)《漢書·項籍傳》:“北救趙,至安陽,留不進。”

我們因此可以利用這個手段來理解某些字的義項。如“留”的“放鬆”義,《國語·吴語》:“一日惕,一日留,以安步王志。”(對付其他諸侯國可采用緊一段鬆一段的辦法,來穩步推行君王的計劃。)我們可以想到它是“勒”的反義。古人爲什麼把手脚麻痹症叫“癧”?我們可以從古人用“歷”的陽聲韵表示走不方便來理解。古人怎麼表示聽力不好?用“聾”,變“靈”的韵母表示。怎麼表示不聰明?用“惷”,“聰”的反義表示。“免”是脱帽,源於“幔”。皇冠叫“冕”,是“幔”的細音。

第三十五講 漢語的聲母和韵母

漢語有 p、t、k 和 p‘、t‘、k‘,但是没有全濁聲母 b、d、g。吴語是帶濁流的清音,而東南亞一直到地中海没有送氣的 p‘、t‘、k‘。英語裏有 p‘、t‘、k‘和 b、d、k,而没有 p、t、k,因此説英語的人就很難發漢語的 p、t、k。語言是社會現象,它隨着民族的流動而流動。民族没有明確的分界綫,語言也没有明確的分界綫,它們都有過度帶。漢語從湖南到兩廣 p‘、t‘、k‘不是完整的。漢語的 p‘、t‘、k‘廣西壯族就念成 p、t、k。湖南婁底 k‘發成 h,海南文昌等地 p‘發成 f,臺山 t‘發成 h。粤語實際没有 i、u、y 介音,“ian”念“in”,“uan”念“un”,“yan”念“yn”。讓説粤語的人用普通話念“一塊錢”,他就念“一 k‘ai 錢”。方言工作者將“廣、光”等字的聲母標爲 kw,那是近代受普通話的影響。

古全濁聲母從西安到晉東南全是送氣音;其他廣大地區平聲送氣,仄聲不送氣,但也有特例。湘語平仄都不送氣,如“長沙”念“tsang sa”,

“湘潭”念“siang tan”。閩語古全濁平聲字有念送氣音的，如“糖”；有念不送氣音的，如“唐”。我們不能説哪個是文讀哪個是白讀，也不能以常用和次常用來區分。如果從語言史角度來考察，那不送氣是古百越的底層，送氣是後來的。

漢語的 m、n、ŋ 聲母閩南方言失鼻音成 b、d、g。這是南方的語言，在漢語裏是全國僅有的。南島語言没有 y 音位，閩南也没有 y 音位。可見古百越没有 y 音位。南島語言是一個聲母一個母音。“Indonesia”應該衹有 4 個音節，但在印尼語裏是 5 個音節（“sia”是兩個音節），中國也譯成 5 個字。“dia（他）”“uang（錢）”也是兩個音節。粵語裏的韵母的母音數也比較少，除了上面提到的，漢語 iao 音節粵語是 iu，如“要”等。

第三十六講　《廣韵》、上古音與詞源探討

中國人研究《廣韵》和上古音從明末到現在有 400 多年了，結果探出了幾個詞的源？20 世紀 60 年代普查漢語方言大家普遍學習《廣韵》，正因爲《廣韵》是綜合的，對每一種方言都可以用，方言調查和考本字已經爲詞源研究投下了非常好的期待，衹可惜部分學者的構擬上古音成了前進路上的蒺藜。在“凡音義皆近，音近義同，或義近音同的字，叫做同源字”的定義下，直到今天探出了幾個同源詞呢？連最起碼的漢語語音知識都没有。《古代漢語》第六單元解“蒹葭采采，白露未已”的“采采”爲“茂盛鮮明的樣子”，他就不知道“蒹葭萋萋”的“萋萋”可以變成“采采”。“子”就有方言説成“崽”。簡化字“晒”就可以用“西”（粵語念“sai”）作它的音。“曬”，《廣韵》有所賣切，又有所寄切。蟹攝四等韵母原韵母是 ai，今普通話是 i，可是粵語都還是 ai 韵，湖北大冶也還是 ai 韵。“不知”，粵語説“mtsi”，閩南説“mtsai”。上古音構擬者即使承認了這個現象，他也要説這是××旁對轉。《同源字典》列了 58 對對轉，那麼

詞源探討者還要查是哪一對對轉。爲探討詞源我學習了50年的方言，終於對漢語有了些領悟，寫了這些語音知識。50年的方言學習使我領悟到全國古今是通過改變聲母、改變韵母、改變聲調或改變寫法造新詞。我的家鄉福建平潭是造詞最甚的地方。夾住的“夾”，用筷子夾説“kie”，夾在腋下叫“ke”，老鼠夾説“k‘ia”，肢體被夾了也説“k‘ia”。如“手指被門夾”説“手指 k‘iao 門”，“搭配”説“k‘ia”，“紅花也得緑葉配”説“紅花也得緑 k‘ia”。“夾株楊柳夾株桃”就是相間的意思。車很擠，就是人夾人，説“k‘e”。我在這樣的方言環境裏長大，因此領悟出漢語造新詞的手段。這些手段使得漢語表達得非常精確。平潭方言“夾”的不同聲母不同韵母并不是通過旁對轉的方法造出來的，旁對轉理論恰恰是人們理解漢語同源詞和探究同源詞道路上的蒺藜。

第三十七講　漢字的本義和引申義

數百年來，對於一個漢字有多個義項，人們一般把其中的一項定爲本義，而把其餘的説成是引申義。漢字不是和好的麵可以隨便揉捏并拉長，可以引出幾個義項。古人造的字不多，他們往往借用同音的字表達他們要表達的意思。因爲還没有詞源研究，有些義項完全與本義無關也摻雜在一起。在没有詞源分析的情況下，“引申”被濫用。舉《古代漢語》第八單元“常用詞”第523字“要”爲例：

523.【要】

（一）讀 yāo，陰平聲。古“腰”字。《墨子·兼愛中》：“昔楚靈王好士細～。”《漢書·霍光傳》：“敢泄言～斬。”又：“禹～斬，顯及諸女昆弟皆弃市。”［～領］（1）腰和脖子。古代有腰斬和斬首的刑罰，所以“要”和“領”并舉。《禮記·檀弓下》：“是全～領以從先大夫於九京也。”（九京：即九泉，指地下。）（2）衣腰和衣領，比喻主要的情況。《漢書·張騫傳》：“騫自月支至大夏，竟不能得月支~領。”今成語有“不得~領”。在“要領”的第二義上，“要”字今讀去聲。

（二）也讀 yāo。在半路上攔住。《孟子·公孫丑下》：“使數人~於路。”又《萬章上》：“將~而殺之。”《後漢書·班超傳》：“乃遣兵數百於東界上~之。”這個意義又寫作“邀”。《晋書·陶潛傳》：“王弘令潛故人齎酒於半道邀之。”引申爲邀請。陶潛《桃花源記》：“便~還家。”杜甫《寒食》詩：“田父~皆去。”也寫作“邀”。杜甫《遭田父泥飲》詩：“田翁逼社日，邀我嘗春酒。”

按：“在半路上攔住”怎麽會引申爲“邀請”？

（三）讀 yāo。求得，設法獲得。《孟子·公孫丑上》：“非所以~譽於鄉黨朋友也。”今有雙音詞“~求”。

（四）讀 yāo。要挾。《論語·憲問》：“雖曰不~君，吾不信也。”賈誼《過秦論》下：“章邯因以三軍之衆~市於外。”今有雙音詞“~挾”。又爲要求。《史記·文帝本紀》：“帝欲自將擊匈奴，群臣諫，皆不聽。皇太后固~帝，帝乃止。”

（五）讀 yào。名詞。要點，基本的東西。《莊子·天道》：“願聞其~。”《漢書·藝文志》：“然後知秉~執本。”又：“合其~歸，亦六經之支與流裔。”韓愈《進學解》：“記事者必提其~。”又形容詞。簡要的。《文心雕龍·情采》：“故爲情者~約而寫真，爲文者淫麗而煩濫。”又《鎔裁》：“精論~語，極略之體。”［~害］有戰略價值的〔地方〕。賈誼《過秦論》上：“守~害之處。”又爲精要，關鍵。《文心雕龍·物色》：“且詩騷所標，并據~害。”［~之］總之，概括地説。司馬遷《報任安書》：“~之，死日然後是非乃定。”

按："要害"的"要"源於"鑰"，門直閂。福州門閂都説"門鑰"，這纔是最重要的地方。一座城把門閂一拿掉，城門就打開了。鑰匙的"鑰"，又源於門閂的"閂"。"閂"是個會意字，字書音"shuan"是當"栓"念。王力的書證賈誼《過秦論》上："守要害之處。"如果不知道源，還是不瞭解"要害"的意思。説"有戰略價值的〔地方〕"，不準確。它不衹用在"地方"，它還用在許多地方。如胸口是要害部位。上面的（一）"要領"應歸（五）那一義項。作形容詞表簡要的"要"源於"約"，與"要害"無關。"要害"義源於"鑰"，與"簡要"無關。"要之"又源於"約"，與"要害"義無關。

"要（yāo）"源於"幺"，軀幹中最細的部位。要不要的"要"源於"欲"。重要的"要"源於"鑰"，門直閂。幺部的"幾"字第一個義項我解的是"鍵"，就是門閂；後纔有"機關""機要"，纔有"重要"。"要"的義項總結如下：

（一）yāo　《廣韵》於霄切，平宵影。宵部。

通"幺"。小。《商君書·農戰》："要靡事商賈，爲技藝，皆以避農戰。"（那些微不足道的小人物就去經商，搞手工業，都靠這些行當來逃避農耕和作戰。）

①〔幺〕人體胯上脅下部分。後作"腰"。《莊子·達生》："忘足，屨之適也；忘要，帶之適也；知忘是非，心之適也。"（忘掉了脚，便是鞋子的舒適；忘掉了腰，便是帶子的舒適；知道忘掉是非，便是内心的舒適。）《墨子·兼愛中》："昔者楚靈王好士細要，故靈王之臣皆以一飯爲節。"漢賈誼《治安策》："一脛之大幾如要。"

②〔幺〕繫在腰間。《公羊傳·宣公元年》："閔子要絰而服事。"（閔子束着腰絰去做事。）

③〔幺〕古代圍裙上端圍在腰際的部分。《詩·魏風·葛屨》："要之襋之，好人服之。"（縫了裙腰，再縫衣領，請那美人穿上它。）

④〔幺〕腰斬。《戰國策·燕策》："吾要且死，子腸亦且寸絶。"（我如果被腰斬而死，您的腸子也會一寸寸地被截斷。）

⑤〔幺〕攔截。《孟子·公孫丑下》："使數人要於路。"（派好幾個人分頭到各路口攔截孟子。）《説苑·至公》："孔子不説於魯衛，將適宋，遭桓司馬，將要而殺之。"

⑥〔握〕握。《左傳·閔公二年》："偏躬無慝，兵要遠灾，親以無灾，又何患焉？"（君王給你偏衣没有惡意，掌握指揮權就能遠離灾禍，父親讓你掌握兵權，遠離灾禍，還憂慮什麽呢？）

⑦〔握〕總管。《荀子·王霸》："相者，論列百官之長，要百事之聽。"（宰相的職責是選擇各部門官吏的長官，總管所有事情的治理情况。）又，"故君人者，立隆政本朝而當，所使要百事者誠仁人也，則身佚而國治，功大而名美，上可以王，下可以霸。"（所以君主如果爲本朝所確立的最高原則都正確無誤，所任用的總領政事的人是真正有才有德的仁人，那麽君主自己就安逸，國家也能得到治理，功勞很大且名聲很好，上可以稱王天下，下可以稱霸諸侯。）

⑧〔握〕統帥。《荀子·哀公》："是故其事大辨乎天地，明察乎日月，總要萬物於風雨。"（所以大聖人做的事像天地一樣廣大，對事物的瞭解像日月一樣明亮，統率萬物就像風雨滋潤萬物成長一樣。）

⑨〔握〕得。《吕氏春秋·貴生》："所要輕也。"（所得很少。）

⑩〔握〕要挾。即强迫。《論語·憲問》："臧武仲以防求爲後於魯，雖曰不要君，吾不信也。"（臧武仲逃到齊國之前憑藉着他的采邑防城，請求立他的子弟爲魯國的大夫，儘管有人説他不是要挾，我是不相信的。）《論衡·自然》："要盟不及三王。"（强迫訂盟在三王時代是没有的。）

⑪〔約〕約束。《左傳·隱公三年》："信不由中，質無益也。明恕而行，要之以禮。"

⑫〔約〕禁止。《管子·君臣下》："要淫佚，别男女，則通亂隔。"

（禁止佚樂淫蕩，嚴格男女大防，私通淫亂的行爲就會隔絶。）

⑬〔約〕監禁。《尚書·多方》："要囚，殄戮多罪，亦克用勸。"（監禁罪犯，殺死罪行重大的罪犯，也能够起勉勵人的作用。）

⑭〔約〕立誓。《左傳·僖公二十八年》："王子虎盟諸侯於王庭，要言曰……"（周王的卿士王子虎主持諸侯在王庭訂立了盟約，立下誓言説……）

⑮〔約〕締結條約。《左傳·文公元年》："凡君即位，卿出并聘，踐修舊好，要結外援，好事鄰國，以衛社稷，忠、信、卑讓之道也。"（凡是國君即位，卿出使他國普遍聘問，繼續重温過去的友好，締結與外國的互助條約，友好地對待鄰國，來保衛國家，這是合於忠、信、卑讓之道的。）

⑯〔約〕相信。《荀子·王霸》："德雖未至也，義雖未濟也，然而天下之理略奏矣，刑賞已諾信乎天下矣，臣下曉然皆知其可要也。"（雖然品德還没有達到完善的程度，禮義還没有完全具備，但是治理天下的條件基本具備，刑與賞，什麽是禁止的和什麽是允許的，都能取信於天下，臣民們都清楚地知道可以相信君主。）

⑰〔約〕信物。《左傳·襄公十年》："使王叔氏與伯輿合要，王叔氏不能舉其契。"（讓王叔氏和伯輿對信物，王叔氏拿不出他的信物來。）

⑱〔角〕符合。《荀子·樂論》："行其綴兆，要其節奏，而行列得正焉，進退得齊焉。"（練習舞蹈列隊的位置，與節奏符合，因而舞蹈的行列能够規矩方正，進退能够整齊一致。）《吕氏春秋·察今》："凡先王之法，有要於時也。"（凡是古代帝王的法度，都是與當時的時勢相符合的。）

⑲〔角〕唱和。《詩·鄭風·蘀兮》："叔兮伯兮，倡予要女。"（大叔大伯，你們領唱我就和你們。）

⑳〔角〕迎合。《韓非子·二柄》："故人主好賢，則群臣飾行以要君欲，則是群臣之情不效。"（所以君主喜愛賢能的人，那麽群臣就粉飾自己

的行爲來迎合君主的欲望，這樣，群臣的真情就不會顯露出來了。）

㉑〔角〕趁。《戰國策・趙策三》："臣請要其敝，而地可多割。"《漢紀・武帝紀一》荀悦曰："飾辨辭，設詐謀，馳逐於天下，以要時勢者，謂之游説。"

㉒〔遥〕五服之一，古代稱離都城一千五百里至二千里的地區。《周禮・秋官・大行人》："又其（衛服）外方五百里謂之要服。"

㉓〔矯〕矯正。《淮南子・墬形訓》："紀之以四時，要之以太歲。"

㉔〔究〕探求。《周易・繫辭下》："《易》之爲書也，原始要終，以爲質也。"（《易經》這本書，以推究過去、探求未來作爲它的本質特徵。）

㉕〔邀〕招。《史記・項羽本紀》："張良出，要項伯。"

㉖〔凹〕邀。晋陶潛《桃花源記》："便要還家，設酒殺鷄作食。"

㉗〔徼〕追求。《列子・楊朱》："不矜貴，何羨名？不要勢，何羨位？"（不看重顯貴，何須羨慕名聲？不追求權勢，何須羨慕地位？）《世説新語・識鑒》："人生貴得適意爾，何能羈宦數千里以要名爵！"

㉘〔譿〕朝着。"譿"是看的意思。南朝梁吴均《入關》詩："馬頭要落日，劍尾掣流星。"

㉙姓。《通志・氏族略四》："要氏，吴人要離之後。漢有河南令要兢；唐建中朔方大將軍要珍。望出魯國。"

（二）yào　《廣韵》於笑切，去笑影。宵部。

①〔鑰〕閂門。《吕氏春秋・悔過》："師行過周，王孫滿要門而窺之。"（秦軍出征經過周的都城，王孫滿關好城門上了閂，從門縫觀察秦軍。）

②〔鑰〕關鍵。《國語・魯語下》："夫盟，信之要也。晋爲盟主，是主信也。"（結盟，信義是關鍵。晋國是盟主，應該是堅持信義的。）《韓非子・有度》："上尊而不侵，則主强而守要，故先王貴之而傳之。"（君主受到尊重而不被侵害，是因爲君主强勁有力而把握住了賞罰、法治這治國的

關鍵，所以先王看重刑罰、法治而把它們傳了下來。)

③〔鑰〕重要。《管子·重令》："故明君察於治民之本，本莫要於令。"(所以高明的君主深知統治人民的根本辦法，統治人民根本的辦法没有比推行法令更重要的了。)《新唐書·姚崇傳》："先天末，宰相至十七人，臺省要職不可數。"

④〔鑰〕指重要的地位或職務。《晋書·吕光載記》："以吾二人久居内要，常有不善之言，恐禍及人，深宜慮之。"《北齊書·杜弼列傳》："高德政居要，不能下之。"

⑤〔鑰〕要領。《三國志·魏書·郭嘉傳》："多端寡要，好謀無决……"(頭緒多而缺乏要領，喜歡商議而没有决斷……)《商君書·農戰》："今爲國者多無要。"(現在治國的人多半不得要領。)

⑥〔凹〕討。唐柳宗元《賀進士王参元失火書》："足下前要僕文章古書，極不忘，候得數十幅乃并往耳。"《儒林外史》第三回："大家簇擁着要喜錢。"

⑦〔欲〕要。《太平廣記》卷五十引傳奇："有老嫗緝麻苧，航揖之，求漿。嫗咄曰：'雲英，擎一甌漿來，郎君要飲。'"《關漢卿戲曲集·感天動地竇娥冤》第一折："因爲賽盧醫少我二十兩銀子，今日與他取討；誰想他賺我到無人去處，要勒死我，賴這銀子。"

⑧〔欲〕需要。唐白居易《紅綫毯》："地不知寒人要暖，少奪人衣作地衣。"

⑨〔欲〕應當（要對方做)。《後漢書·馬援列傳》："男兒要當死於邊野，以馬革裹尸還葬耳。"《儒林外史》第五十四回："這話要來問我纔是，你哪裏知道。"

⑩〔欲〕希望。于謙《石灰吟》："要留清白在人間。"袁枚《祭妹文》："要汝知聞。"

⑪〔欲〕將會。《世説新語·文學》："孫興公作《天台賦》成，以示

范榮期云：‘卿試擲地，要作金石聲。’”

⑫〔握〕扼守。《史記·淮南衡山列傳》：“今我令樓緩先要成皋之口，周被下潁川兵塞轘轅、伊闕之道，陳定發南陽兵守武關。”《鹽鐵論·險固》：“韓阻宜陽、伊闕，要成皋、太行，以安周鄭。”

⑬〔握〕險要之處。漢陳琳《爲曹洪與魏文帝書》：“彼有精甲數萬，臨高守要，一人揮戟，萬夫不得進。”清夏燮《中西紀事·粵東要撫》：“且伊被人恐嚇，奏報粵省情形，妄稱地理無要可扼，軍器無利可恃。”

⑭〔握〕權柄。《韓非子·揚權》：“事在四方，要在中央。聖人執要，四方來效。”《鹽鐵論·國疾》：“今公卿處尊位，執天下之要，十有餘年，功德不施於天下，而勤勞於百姓。”

⑮〔約〕總。《史記·張儀列傳》：“要之，此兩人真傾危之士哉！”《文選·陸士衡〈五等論〉》：“且要而言之，五等之君，爲己思治；郡縣之長，爲利圖物。”

⑯〔約〕總歸（畢竟）。《文選·孔文舉〈論盛孝章書〉》：“今之少年，喜謗前輩，或能譏評孝章；孝章要爲有天下大名，九牧之人，所共稱嘆。”

⑰〔約〕簡略。《尚書·畢命》：“政貴有恒，辭尚體要。”（爲政貴在常法，言辭崇尚簡略。）

⑱〔約〕月度報表（匯總）。《周禮·天官·小宰》：“月終，則以官府之敘，受群吏之要。”（每月末尾，就按官府尊卑貴賤的次序，接受官員們的月度報表。）

⑲〔約〕賬簿。《吕氏春秋·季秋紀》“命冢宰，農事備收，舉五種之要。”（命令太宰，在農作物全部收穫之後，建立登記五穀的賬簿。）

⑳〔縈〕如果。《老殘游記》第五回：“誰要再來替于家求情，就是得賄的憑據。”按：今多説“要是”。

㉑〔縈〕或……或……。要就走，要就不走，請趕快做出決定。

㉒〔縈〕繁重。《左傳·哀公十一年》："事充政要，上不能謀，士不能死，何以治民？"（徭役繁多，賦稅繁重，在位者不會謀劃，戰士不願拼命，用什麼來治理民衆？）

第一單元

文選：《左傳》

《左傳》是我國第一部叙事詳備的編年體歷史著作，又名《左氏春秋》或《春秋左氏傳》。相傳是春秋時魯國史官左丘明所作，後經許多人增益而成。近代學者多認爲它原是一部獨立的歷史著作，但也有人認爲是爲魯國史書《春秋》作注解的一部書。到了晋代，杜預纔把它分年附在《春秋》的後邊。《左傳》所記載的歷史年代大致和《春秋》相當，同起於魯隱公元年（前 722），但訖年比《春秋》晚 28 年，即止於魯哀公二十七年（前 468）。《左傳》主要記録了周王室的衰微，諸侯争霸的歷史，對各類禮儀規範、典章制度、社會風俗、民族關係、道德觀念、天文地理、曆法時令、古代文獻、神話傳説等均有記述和評論。《左傳》不僅是歷史著作，也是一部非常優秀的文學著作。它長於記述戰争，善於刻畫人物，重視記録辭令。賀循評價説："左氏之傳，史之極也，文采若雲月，高深若山海。"

鄭伯克段于鄢（隱公元年）①

初，鄭武公娶于申，曰武姜②，生莊公及共叔段③。莊公寤生④，驚姜氏，故名曰寤生，遂惡之⑤。愛共叔段，欲立之。亟請於武公，公弗許[⑥]。及莊公即位[⑦]，爲之請制[⑧]。公曰："制，巖邑也[⑨]，虢叔死焉[⑩]。佗邑唯命[⑪]。"請京，使居之，謂之京城大叔[⑫]。

【注釋】

①本文表現了鄭國統治階級内部權力鬥争的殘酷以及鄭莊公從初始的隱忍到後期表現出的工於心計和虚僞。《左傳》本無篇目，篇目爲後加。鄭，國名，姬姓，在今河南新鄭等地。鄭伯，指鄭莊公。春秋時有公、侯、伯、子、男五等爵，鄭屬伯爵。克，戰勝。段，莊公之弟。鄢（yān），鄭地名，今屬河南鄢陵。隱公，指魯隱公。《春秋》以魯國的紀元編年，隱公元年即公元前722年。

②初，當初，這裏指鄭伯克段于鄢以前的事。申，國名，姜姓，在今河南南陽。娶於申，從申國娶妻，即娶申國國君之女。武姜，武公之妻姜氏，"姜"表示娘家姓姜。

③共（gōng），國名，在今河南輝縣。叔，排行在末的，年少的。共叔段，名段，是莊公的弟弟。因其後來出奔共，所以被稱爲共叔段。

④寤（wù），表示"逆"，源於"牾"。《義府》："'寤'當與'牾'通。牾，逆也。凡生子首出爲順，足出爲逆。"一般胎兒出生頭先出來，脚先出來叫寤生。孩子嚴重不聽話，洛陽説"忤（牾）逆兒"，也寫成"迕"。

⑤遂，於是，源於"隨"。《易經·繫辭上》："通其變，遂成天下之文；極其數，遂定天下之象。"（通曉這樣複雜的關係，就能做出關於天下萬物變化的論斷；窮盡易卦爻、位的複雜關係，就能判别天下萬物變化的現象。）《左傳·僖公五年》："師還，館于虞，遂襲虞，滅之。"（晋國軍隊回來，屯駐在虞國，於是襲擊虞國，滅掉了它。）

⑥亟（qì），表示屢次的"亟"源於"弓"。弓彈了會反復振蕩，所以表

示多次。《論語·陽貨》："好從事而亟失時，可謂知乎?"（喜歡做官而又每每錯過機會，這可以説是聰明嗎?）弗，不。

⑦及，到。

⑧爲之請制，替段請求制這個地方作爲采邑。爲（wèi），介詞。制，又名虎牢，春秋鄭邑，在今河南滎陽汜水鎮西。

⑨巖，險要。巖是高山上的大石，古人以處高山表示險。"危"字，"厂"是山崖，上面是人，人處山崖上表示危險。"岌岌可危"的"岌"也是高和危險的意思。邑，源於"合"，人合群居住的地方。

⑩虢叔，東虢國的君。死焉，死在那裏。

⑪佗，同"它"。唯命，是"唯命是聽"的省略。"唯"是"衹"的意思，"唯命是聽"是衹聽從你的命令。《木蘭詩》："不聞機杼聲，唯聞女嘆息。"

⑫"請京"至"京城大叔"，姜氏請求京，莊公同意共叔段住在那裏，稱他爲京城太叔。京，鄭邑名，在今河南滎陽東南。大，音 tài，後來寫作"太"。

祭仲曰："都城過百雉，國之害也[①]。先王之制，大都不過參國之一[②]，中五之一，小九之一。今京不度，非制也[③]。君將不堪[④]。"公曰："姜氏欲之，焉辟害[⑤]?"對曰："姜氏何厭之有[⑥]? 不如早爲之所[⑦]，無使滋蔓[⑧]，蔓難圖也[⑨]；蔓草猶不可除[⑩]，况君之寵弟乎?"公曰："多行不義，必自斃[⑪]，子姑待之[⑫]。"

既而大叔命西鄙北鄙貳於己[⑬]。公子吕曰[⑭]："國不堪貳[⑮]，君將若之何[⑯]? 欲與大叔，臣請事之[⑰]；若弗與[⑱]，則請除之。無生民心[⑲]。"公曰："無庸，將自及[⑳]。"大叔又收貳以爲己邑㉑，至於廩延㉒。子封曰："可矣。厚將得衆㉓。"公曰："不義不暱，厚將崩㉔。"

【注釋】

①祭（zhài）仲，又稱祭仲足、祭足，春秋時鄭國大夫。都，王侯子弟的封邑稱爲都。城，指城墻。雉，面積單位，長三丈高一丈爲一雉。國，國家。都邑城牆超過三百丈（不合法度），是國家的禍害。

②參，三。國，國都。參國之一，國都的三分之一。先王之制，侯伯之國都城墻爲三百雉，三分之一就是百雉。

③不度，不合法度。非制，不是先王的制度。

④堪，是承受，源於"坎"，坎能承水。"不堪"是承受不了。比如"不堪回首月明中"，意即在這月明的時刻心裹承受不了回憶故國的痛苦。

⑤焉，疑問副詞，怎麼。辟，後來寫作"避"。這句話的意思是，姜氏要這樣，怎能避開禍害？

⑥厭，滿足，是"欠"的反義。"滿足"無狀可形，無形可描，衹能用"欠"的反義。何厭之有，有什麼能使她滿足。之，代詞，複指前面的賓語"何厭"。

⑦爲，動詞，在這裹是"安排"之類的意思。之，指共叔段。所，處所。不如早爲之所，意指不如早點給他安排個地方，以便於控制。

⑧無，通"毋"，不要。滋，滋長，壯大。蔓，蔓延，擴張。無使滋蔓，意即不要讓他得到滋長擴張。

⑨圖，圖謀。這裹指設法對付。

⑩蔓草，蔓延的野草。猶，尚且，還（hái）。《左傳·僖公二十四年》："竊人之財，猶謂之盜，况貪天之功以爲己力乎。"（偷別人的財物，尚且叫作賊，何况貪圖上天的功勞，拿來當作自己的成績。）

⑪不義，指不義的事情。斃，本義爲倒下，後引申出死的含義。

⑫子姑待之，你暫且等着看他倒霉的時刻到來。子，古代對人的尊稱。姑，暫且。《左傳·桓公十七年》："疆場之事，慎守其一，而備其不虞，姑盡所備焉，事至而戰，又何謁焉?"（邊境上的事情，謹慎地防守自己一邊，并預防發生意外，暫且盡力設防就是了，發現敵情就迎戰，又何必請示呢?）之，代詞，指段自斃事。

⑬既而，不久後。鄙，邊，源於"旁"。城市的旁即遠離市中心，也就是鄉下。"鄙人"就是謙稱自己是"鄉下人"，又説"草民"。"鄙"爲周代地方行政單位，王城郊外以五百家爲"鄙"。貳，兩屬，屬二主。貳於己，一方面屬於莊公，一方面屬於自己。

⑭公子吕，字子封，鄭國大夫。

⑮國不堪貳，一個國家無法忍受領地出現兩屬的情况。

⑯若之何，奈何，怎麽辦。

⑰欲與大叔，臣請事之，意思是：〔如果〕打算〔把兩鄙〕送給太叔，那我就去侍奉他。

⑱若，假如。

⑲無生民心，不要使民衆生二心。

⑳庸，通"用"。無庸，用不着。及，遭到。將自及，〔他〕自己將遭到〔灾難〕。

㉑貳，指前面兩屬的地方。之前這些地方屬於共叔段的同時也屬於鄭莊公，現在共叔段將其收爲己有。

㉒廩延，鄭邑名，在今河南延津縣北。

㉓厚，指領地擴大。衆，百姓，這裏指民心。

㉔暱，通"昵"，黏、親近，籠絡民心。崩，山塌，這裏指權勢分崩離析。這句是説，共叔段既然不行道義，就不能籠住民心，土地占多了權勢就會分崩離析。

大叔完聚，繕甲兵，具卒乘[①]，將襲鄭。夫人將啓之[②]。公聞其期[③]，曰："可矣！"命子封帥車二百乘以伐京[④]。京叛大叔段。段入於鄢[⑤]。公伐諸鄢[⑥]。五月辛丑，大叔出奔共[⑦]。

遂寘姜氏于城潁[⑧]，而誓之曰[⑨]："不及黄泉，無相見也[⑩]！"既而悔之[⑪]。

【注釋】

①完，使完善、完整的意思，如"完整無缺"。這裏是指修城墻。古代城墻一般是土纍和夯成的，時間久了，會有崩缺的地方，需要修葺。聚，這裏指聚集百姓。繕，修理，源於"善"。《説文》："繕，補也。"《左傳·襄公三十年》："聚禾粟，繕城郭。"《莊子·養生主》："善刀而藏之。""善"通"繕"，修治。甲，鎧甲。兵，兵器。具，準備。卒，步兵。乘（shèng），兵車。

②夫人，指武姜。啓之，開城門。意即武姜做段的内應，爲段打開城門。

③期，段襲鄭的日期。

④帥，率領。古制兵車一乘，有甲士三人、步卒七十二人。車二百乘，即有甲士600人，步卒14400人。

⑤入，逃。鄢，西周封國，在今河南鄢陵縣境。入於鄢，逃到鄢這個地方。

⑥諸，"之於"的合音字。公伐諸鄢，公伐之於鄢。

⑦奔，逃跑。出奔，指逃到外國避難。出奔共，即逃到了今河南輝縣避難。

⑧寘（zhì），今作"置"，安頓、安置，這裏有幽禁的意思。城潁，春秋鄭邑，在今河南臨潁縣西北。

⑨誓之，向她發誓。

⑩黄泉，地下的泉水，這裏指墓穴、陰間。這句話的意思是説這輩子不再相見。

⑪之，指將姜氏幽禁於城潁并發誓不再相見的事。

潁考叔爲潁谷封人，聞之[1]，有獻於公[2]。公賜之食。食舍肉[3]。公問之。對曰："小人有母[4]，皆嘗小人之食矣，未嘗君之羹[5]，請以遺之[6]。"公曰："爾有母遺，繄我獨無[7]！"潁考叔曰："敢問何謂也[8]？"公語之故，且告之悔[9]。對曰："君何患焉[10]？若闕地及泉[11]，隧而相見[12]，其誰曰不然[13]？"公從之。公入而賦[14]："大隧之中，其樂也融融[15]。"姜出而賦："大隧之外，其樂也洩洩[16]。"遂爲母子如初[17]。

【注釋】

①潁考叔，鄭大夫。潁谷，春秋鄭國邊邑，在今河南登封市西南。封，疆界。封人，古代官名，是鎮守邊疆的官員。

②有獻，有所獻。藉口有東西奉獻給國君，藉機進諫。

③舍，放着、留下，後來寫作"捨"。

④小人，潁考叔對自己的謙稱。

⑤皆嘗小人之食，我的食物〔她〕都吃過了。嘗，試吃味道，是"食"的陽聲韵，這裏最好解釋爲"吃過"。羹，雖然辭書有"用肉類或菜蔬等製成的帶濃汁的食物"的解釋，但還不是很清楚。前面説"食舍肉"，後又説"未嘗君之羹"，因此，"未嘗君之羹"應解釋爲"未吃過君上賞賜的肉"。冬天的肉汁會凝固，洛陽説"鞏住了"。凝固的"凝"也源於"鞏"。肉汁凝固了，福州説"ŋiʔ 凍"，没有肉的菜是不會凝固的。

如加了一些肉，汁就有些糊狀。所以現在宴會最後一碗是甜湯玉米羹。福建用地瓜粉加某種肉的湯就叫某羹。“硬”源於“鞏”。“愣”了，福州説“凝神”。“笨”，上海説“戇頭”，福州説“ŋoŋ”。

⑥遺（wèi），留給。之，指潁考叔的母親。

⑦爾，你。繄（yī），句首語氣詞。

⑧敢，用作謙辭，冒昧的意思。《左傳・僖公三十三年》：“寡君聞吾子將步師出於敝邑，敢犒從者。”“敢”源於“憨”。憨，從心，敢聲，《説文》作“戇”，本義爲癡呆、傻气。《荀子・大略》：“悍戇好鬥。”何謂，説的話是什麼意思？

⑨語（yù），告訴。語之故，告訴他事情的緣故。告之悔，告訴他心裏的悔恨。“語之故”與“告之悔”都是雙賓語結構，“之”爲間接賓語。

⑩君何患焉，〔在這件事情上〕您有什麼可煩惱的？

⑪闕，通“掘”，挖的意思。

⑫隧，隧道，這裏用如動詞，挖隧道的意思。

⑬其誰曰不然，誰説不是這樣？其，語氣詞，加强反問。然，代詞，這樣，這裏指黄泉相見。

⑭入，與下文的“出”互文，指莊公和姜氏進出隧道。賦，賦詩。

⑮其樂也融融，即喜氣洋洋。“融融”同“洋洋”。“洋”源於“揚”。人不得意時是鬱悶的，得意時氣是抒發出來的，如“洋洋自得”“神采飛揚”。

⑯洩（yì）洩（yì），舒暢，愉快。氣悶在心裏，宣泄出來了表愉快。《正韵》：“以制切，音曳。舒散也。”“洩”也讀 xiè，同“泄”。《漢書・溝洫志》：“獨一川兼受數河之任，雖高增堤防，終不能泄。”班固《東都賦》：“馬踠餘足，士怒未洩。”

⑰遂爲母子如初，意爲姜氏和莊公恢復了母子當初的關係。

君子曰[①]：潁考叔，純孝也[②]。愛其母，施及莊公[③]。詩曰："孝子不匱，永錫爾類[④]。"其是之謂乎[⑤]？

【注釋】

①君子曰，史書中慣用的發表評論的方式。君子，作者的假托。

②純，當"敦"用，敦厚的意思。杜預注："純，猶篤也。"後延伸至敦厚、深厚、厚重、加厚等義。

③施（yì），延伸，擴展，等於説擴大影響。

④見《詩經·大雅·既醉》。匱（kuì），窮盡。錫，賜，給予。

⑤其是之謂乎，大概是説這種情況吧。其，表委婉、測度的語氣詞。是，這個，作"謂"的賓語。之，代詞，複指"是"。

齊桓公伐楚（僖公四年）[①]

四年，春，齊侯以諸侯之師侵蔡[②]。蔡潰[③]，遂伐楚。楚子使與師言曰[④]："君處北海，寡人處南海[⑤]，唯是風馬牛不相及也[⑥]，不虞君之涉吾地也[⑦]，何故？"管仲對曰[⑧]："昔召康公命我先君大公曰[⑨]：'五侯九伯，女實征之，以夾輔周室[⑩]。'賜我先君履[⑪]：東至于海，西至于河，南至于穆陵，北至于無棣[⑫]。爾貢包茅不入[⑬]，王祭不共[⑭]，無以縮酒[⑮]，寡人是徵[⑯]；昭王南征而不復[⑰]，寡人是問[⑱]。"對曰："貢之不入，寡君之罪也[⑲]，敢不共給[⑳]？昭王之不復，君其問諸水濱[㉑]！"

師進，次于陘[㉒]。

【注釋】

①本文寫齊桓公爲稱霸天下而伐楚，楚也先後用外交及軍事手段積極

應對。這場外交鬥争的激烈場面，將齊桓公、管仲、屈完等人的形象描繪得活靈活現。齊桓公，春秋五霸之首。齊屬侯爵，故文中又稱齊桓公爲齊侯。僖公四年即公元前656年。

②以，率領。諸侯之師，指參加這次戰役的魯、宋、陳、衛、鄭等國的軍隊。蔡，國名，姬姓，在今河南的汝南、上蔡一帶。

③潰，潰敗。

④楚子，楚成王。楚屬子爵，故稱楚子。使，使者。

⑤處（chǔ），居住。寡人，多解釋爲“寡德之人”，謙詞，君王自稱。實則有誤。封建帝王都認爲自己是獨一無二的。寡人的“寡”表示獨一的意思，源於“瓜”，瓜是一個一個的。曹操自稱“孤”。孤，孤單，單。《西京雜記》卷六：“幼雛羸鷇，單雄寡雌。”北海，古人稱渤海爲北海。齊臨渤海，但楚境不到南海，這裏的北海、南海猶言極北、極南，相距甚遠。

⑥風，這裏是指公牲口的脹大，勃起。及，是“合”的假借。説即使發情的馬牛也不能相媾和。母牲口發情期生殖部位腫大并流有液體，公牲口嗅了那液體就激情了，就媾和。公的“風”，母的“流”，就構成“風流”。風流是指激情高漲有能力的人。現有“意氣風發”“蓬勃發展”，“蓬”是“風”的假借。長在水裏的草叫“藻”，《説文》：“藻，水艸也。從艸從水，巢聲。《詩》曰：‘于以采藻。’藻，藻或從澡。”《周禮·春官·巾車》：“藻車，藻蔽。”鄭玄注：“藻，水草，蒼色。”又源於“青”。情操的“操”源於“情”。情盛的老公羊叫老騷胡，情盛的婦人叫騷婦。《離騷》是在“罹”流放發出的愛國激情。“離”是“罹”的借字，《韓非子·五蠹》：“夫離法者罪，而諸先生以文學取。”

⑦不虞，不料。“虞”是想的意思，源於“縈”，本義是迴旋纏繞，如：縈縈（掛念）、縈心（牽掛心間）、縈牽（旋繞牽掛）。元高明《琵琶記·牛氏規奴》：“芳心不解亂縈牽，羞見游絲與飛絮。”“想”是思緒碌

碌轉。所有與“想”有关的詞都以有轉義的詞表示。《左傳·宣公十二年》:“内官序當其夜，以待不虞。”(國君左右的近官依照次序值夜班，以防意料不到的事。)涉，進入，在這裏是委婉的辭令。

⑧管仲，姓管，名夷吾，字仲。被齊桓公任爲卿，在齊推行改革，輔佐齊桓公成爲春秋首霸。

⑨召(shào)康公，姓姬名奭(shì)，周文王庶子，武王的弟弟。因其采邑在召(今陝西岐山西南)，故稱召公或召伯，又稱召康公。“康”是他的謚號。先君，後代君臣對本國已故君王的稱呼。大公，即姜太公，名尚，齊之始祖。

⑩五侯，公、侯、伯、子、男。脱胎於周朝的政治等級制度，到戰國後期再發展出封侯制度。九伯，九州之長。“伯”源於“霸”，都是大的意思。五侯九伯,在這裏泛指所有的諸侯。女(rǔ)，你，後來寫作“汝”。實，句中語氣詞，表示命令或期望。征，討伐，這裏指有征伐之權。夾輔，輔佐。

⑪履，踐踏，指足迹所踐踏的地方，此指召康公令齊國此次征伐的範圍。

⑫海，指黄海、渤海。河，黄河。穆陵，地名，即今山東臨朐(qú)縣南的穆陵關。穆陵關，位於濰坊市臨朐縣大關鎮與臨沂市沂水縣馬站鎮交界處，是沂山東麓古齊長城的隘口。早在西周初年，穆陵已是齊國南部邊境。春秋戰國時期，齊於陵上築長城起關隘，稱爲穆陵關。無棣，齊國的北境，在今山東無棣縣附近。

⑬茅，多解爲菁茅，楚地特産。包茅，解爲裹成捆兒的菁茅。但菁茅全國都有，包茅或許是其他某種茅，把“包”解成“裹”也不合情理，衹能説“扎成捆兒”。入，這裏指納貢。

⑭王祭不共，周王的祭祀用品供給不上。共，通“供”，供給。

⑮無以縮酒，没有用來縮酒的東西。據《周禮·天官·甸師》鄭大夫

注，古代祭祀時，束茅立之祭前，沃酒其上，酒滲下去，若神飲之，故謂之縮酒。

⑯是，代詞，指代“無以縮酒”這件事，作“徵”的賓語。徵，應解作“責問”。《左傳·昭公三年》：“楚人日徵敝邑以不朝立王之故，敝邑之往，則畏執事……”（楚國人每天責問敝邑，因爲没有朝賀新立國君的事。敝邑如果前往，那麽畏懼執事……）下文“寡人是問”結構同此。

⑰昭王，姬姓，名瑕，周康王子。即位後致力向南發展，率軍征楚，回師時溺死於漢水，謚號昭。征，征伐。復，回。

⑱問，指責問、追究。曹操《選舉令》：“昔季闡在白馬，有受金取婢之罪，弃而弗問，後以爲濟北相，以其能故。”

⑲寡君，臣子在别國人面前對自己國君的謙稱。

⑳敢，謙詞，豈敢的意思。

㉑君其問諸水濱，您還是到水邊去問吧！其，表委婉的語氣詞。諸，“之於”的合音字。水濱，水邊。“濱”源於“邊”，“鬢”也源於“邊”。

㉒次，軍隊臨時駐扎，源於“止”。古漢語裏，“次”的詞義是停留、止、臨時駐扎。《尚書·泰誓》：“惟戊午，王次于河朔，群后以師畢會。”“次”在陝北話中的解釋爲暫時停留等待，如再次個一陣，咱相跟上。陝北也説“次等”，跟“次”一樣，也是“等”的意思。陘（xíng），楚地名，一説在今河南郾城東南，一説在今河南新鄭西南。

夏，楚子使屈完如師[①]。師退，次于召陵[②]。

齊侯陳諸侯之師[③]，與屈完乘而觀之[④]。齊侯曰：“豈不穀是爲？先君之好是繼[⑤]！與不穀同好[⑥]，如何？”對曰：“君惠徼福於敝邑之社稷[⑦]，辱收寡君[⑧]，寡君之願也。”齊侯曰：“以此衆戰[⑨]，誰能禦之[⑩]！以此攻城，何城不克！”對曰：“君若以德綏諸侯⑪，誰敢不服？君若以力，楚國方城以爲城⑫，漢水以爲池⑬，雖衆，無所用之⑭。”

屈完及諸侯盟⑮。

【注釋】

①屈完，芈姓，屈氏，名完，楚大夫。如，往，到……去。

②召（shào）陵，春秋時楚邑，在今河南漯河東。

③齊侯陳諸侯之師，齊桓公把諸侯的軍隊都列陣排布出來，即向楚顯示兵力强大，以此施壓。

④乘（chéng），乘車。

⑤“豈不”兩句的意思是：〔這次出兵征伐〕難道爲了我？〔是爲了〕繼承與先君的友好關係。不穀，不善，諸侯對自己的謙稱。兩個“是”字都是代詞，複指提前的賓語。“賓語+是+動詞”爲古漢語裏一種固定的修辭格式。

⑥同好（hào），共同友好。

⑦君惠徼福於敝邑之社稷，承蒙您的恩惠，向我國社稷之神求福。徼（yāo），求。敝邑，謙稱自己的國家。社，土地神。稷，穀神。

⑧辱，謙詞，意思是這樣做使您蒙受了耻辱。

⑨衆，名詞，指衆將士。

⑩禦，抵擋，源於“拒”。《孟子·梁惠王》：“民歸之，由水之就下，沛然誰能禦之？”（百姓歸服他，如水往下流，誰能抵擋得了呢？）

⑪綏（suí），安撫，源於“旋”，“糸”表絲織品、繩索，搓繩索以表旋。徐鍇《説文解字繫傳》曰：“禮，升車必正立執綏，所以安也。”執綏的“綏”，就是設在車上的繩索。《儀禮·士昏禮》：“壻御婦車，授綏。”

⑫楚國方城以爲城，楚國以楚長城爲屏障城池抵抗。方城爲春秋時期楚國修建的長城。《漢書·地理志》：“葉，楚葉公邑，有長城，號曰方城。”

⑬池，護城河，也指爲抵抗的屏障。

⑭所，能的意思。《論語·述而》:“子所雅言，《詩》、《書》、執禮，皆雅言也。”《國語·晋語四》:“若無所濟，余未知死所，誰能與豺狼争食？若克有成，公子無亦晋之柔嘉，是以甘食?”（如果大事不能成功，我還不知死在哪裏，誰還能與豺狼争着吃我的肉？如果大事成功了，公子你不也就有了晋國的柔脆嘉美的食品？那纔是你愛吃的。）用，服的意思。

⑮盟，簽訂盟約。

宫之奇諫假道（僖公五年）①

晋侯復假道於虞以伐虢②。宫之奇諫曰③:“虢，虞之表也④。虢亡，虞必從之。晋不可啓，寇不可翫⑤。一之謂甚，其可再乎⑥？諺所謂‘輔車相依，脣亡齒寒’者⑦，其虞、虢之謂也。”

【注釋】

①本文選自《左傳·僖公五年》，寫晋侯向虞國借道，宫之奇識破晋的陰謀，力諫虞公拒之。宫之奇分别從虞公的宗族論、神靈論兩點來駁斥虞公。諫言有理有據，堪稱經典，反映了當時的民本思想。同時爲後人留下“皇天無親，惟德是輔”“輔車相依”“脣亡齒寒”等經典成語。

②晋侯，指晋獻公。復，又。假，借。假道，借路，這裏指軍隊通過别國領土。虞，周武王時分封的諸侯國，開國君主是古公亶父子仲庸之後虞仲，故址在今山西平陸縣北。虢（guó），西周初封國，又稱北虢，開國君主是西周季歷子虢仲之後，故址在今河南三門峽及山西平陸縣南一帶。

③諫，源於“勸”，“勸”源於“環”，使人轉變的意思。諫，古晏切，客家話（海陸豐腔）: kian5。“勸”的發音在南北朝時期是 jwən，隋唐時期爲 k^{h}juɐn。“勸、圓、全、環、諫”都是同源詞。《左傳·僖公五

年》："陳轅宣仲怨鄭申侯之反己於召陵，故勸之城其賜邑。"（陳國轅濤塗怨恨鄭國申侯在召陵出賣了自己，所以故意勸他在賜給的封邑上築城。）

④表，外表、周邊，這裏指屏障。

⑤啓，啓發，這裏指啓發晋的貪心。寇，發兵對内爲亂，於外爲寇。翫，滿足，使……滿足。《説文》："翫，習厭也。"段注："厭，飽也。"

⑥"一之"兩句的意思是：一次已經算是過分了，還可以借第二次嗎？之，指借道伐虢。一之，借道一次。謂，通"爲"（依王念孫説，見《經傳釋詞》引）。甚，過分。其，反詰副詞，加强語氣。再，第二次。

⑦輔，古代夾在車輪外旁的直木，每輪二木，用以增加車輪載重支力。車必須有車輔纔能載東西。一説"輔"爲面頰，"車"爲牙床骨。此説法不確。

公曰："晋，吾宗也①，豈害我哉？"對曰："大伯、虞仲，大王之昭也②。大伯不從，是以不嗣③。虢仲、虢叔，王季之穆也④；爲文王卿士⑤，勛在王室，藏於盟府⑥。將虢是滅，何愛於虞⑦？且虞能親於桓、莊乎，其愛之也⑧？桓、莊之族何罪，而以爲戮⑨？不唯偪乎⑩？親以寵偪⑪，猶尚害之，况以國乎⑫？"

【注釋】

①宗，同姓，同一宗族。晋、虞、虢都是姬姓國，同一祖先。

②大（tài）伯、虞仲，大王的長子、次子。大王，古公亶父，周文王的祖父。古代宗廟中先祖之位以昭穆爲次，昭居左，穆居右，始祖居中。大王於周爲穆，穆生昭，故大王之子大伯和虞仲爲昭。

③不從，指不從父命。大伯知道大王要傳位給他的小弟弟王季，所以和虞仲一起出走。是以，因此。嗣，繼承王位。宫之奇認爲大伯

没繼承王位是不從父命的結果。

④虢仲、虢叔，虢的開國祖，王季的次子和三子，文王的弟弟。王季於周爲昭，昭生穆，故虢仲、虢叔爲穆。

⑤卿士，執掌國政的大臣。

⑥勛在王室，藏於盟府，意思是：在王室有功勛，因功受封時的典册藏在盟府中。盟府，收藏盟書、典册的地方，相當於檔案館。《説文》："府，文書臧（藏）也。"段注："文書所藏之處曰府。"宫之奇以上幾句話是針對虞公的"晋，吾宗也"説的，意思是：如果説到同宗的關係，那麽虢在姬姓中的地位比虞高，虢晋之間比虞晋之間親，因爲虢這一支是從王季那裏分出來的，王季做了周君，而虞的祖先虞仲并没做周君，而且虢還是周的功臣。

⑦"將虢"兩句的意思是：〔晋〕都要將虢滅了，對虞又有什麽愛惜的呢？將虢是滅，即將要滅虢，賓語前置。是，代詞，複指提前的賓語"虢"。

⑧"且虞"二句，意思是在與晋的親近方面，虞能比桓、莊之族更親嗎？即桓、莊之族與晋的關係更親近，虞與晋的關係不如桓、莊之族。桓、莊，桓叔與莊伯，這裏指桓、莊之族。桓叔是獻公的曾祖，莊伯是獻公的祖父，桓、莊之族是獻公的同祖兄弟。這句話是一種特殊的倒裝句法。其，指晋。之，指虞。全句等於説："晋對虞國之親近，能比得過對桓、莊之親近嗎？"

⑨"桓、莊"兩句的意思是：桓、莊之族有什麽罪而把他們殺了？以爲戮，拿〔他們〕當作殺戮的對象，等於説"把他們殺了"。以，介詞，後面的賓語省略。戮，動詞，殺。

⑩不唯偪乎，不是因爲〔他們對晋構成〕威脅嗎？偪，通"逼"，逼近，這裏應解釋爲威脅。

⑪親以寵偪，至親而以寵勢相逼。寵，在尊位。寵，從宀從龍，"龍"表"隆"義。

⑫“以國”後面承上省略了“偪”字。

公曰：“吾享祀豐絜[①]，神必據我[②]。”對曰：“臣聞之[③]：鬼神非人實親，惟德是依[④]。故《周書》曰：‘皇天無親，惟德是輔[⑤]。’又曰：‘黍稷非馨，明德惟馨[⑥]。’又曰：‘民不易物，惟德緊物[⑦]。’如是，則非德民不和，神不享矣。神所馮依[⑧]，將在德矣。若晋取虞[⑨]，而明德以薦馨香[⑩]，神其吐之乎[⑪]？”

【注釋】

①享，把食物獻給鬼神。享祀，泛指祭祀。“祀”源於“食”，使鬼神食。“吃”，閩廣都説“食”，廣西粵語説 hek，粵語陽江發音爲 ʃik54，閩語（閩東語）福州發音爲 siʔ。《左傳・襄公九年》：“古之火正，或食於心，或食於咮。”（古代的火正，祭火星時或者用心宿配祭，或者用柳宿配祭。）豐，豐富，指祭品多。絜，通“潔”。

②據，依，憑依。與下文中的“惟德是依”及“神所馮依”的“依”同義。據、依、憑，皆爲依附於的意思。據我，即依附於我，保佑我的意思。

③之，指下面要説的話。

④“鬼神”兩句的意思是：鬼神不親近某個人，祇保佑有德行之人。實、是，都是代詞，複指提前的賓語“人”“德”。下文“惟德是輔”結構同此。一説“實”“是”爲助詞，做賓語前置的標志。惟，祇。德，指有德行的人。

⑤《周書》，《漢書・藝文志》著録有《周書》七十一篇，班固自注爲“周史記”，顔師古引劉向云：“周時誥誓號令也，蓋孔子所論百篇之餘也。”已逸。這兩句今見於僞古文《尚書・蔡仲之命》，大意是：上天對人

是没有親疏之别的，祇有有德行的人纔能得到上天的輔佑。皇，大。輔，輔佐，這裏指保佑。

⑥這兩句也引自《周書》，今見於僞古文《尚書·君陳》，大意是：黍稷的香氣并不能散播到遠處，祇有光明的德行纔能散播到遠處。黍，黄黏米。稷，不黏的黍子。黍稷，在這裏泛指五穀，爲祭祀的物品。馨，遠處可以聞到的香氣。古人認爲祭祀時鬼神前來享用祭品的香氣。惟，“是”的意思，并非語氣詞。《尚書·泰誓上》：“惟天地萬物父母，惟人萬物之靈。”（天地是萬物的父母，人是萬物中的靈物。）

⑦這兩句也引自《周書》。今本《尚書·旅獒》有“人不易物，惟德其物”。大意是：人們并不改换祭品，〔但是〕祇有有德之人的祭品纔算〔真正的〕祭品。緊，在這裏是“是”的意思。《國語·周語》：“夫亡者豈緊無寵？皆黄、炎之後也。”（那些衰亡的難道是因爲不受寵嗎？他們都是黄帝、炎帝的後代啊。）《國語·吴語》：“君王之於越也，緊起死人而肉白骨也。”（吴王您對越國來説，真是再生恩人。）

⑧馮（píng），即後來的“憑”，“馮依”爲同義連用。

⑨取，取得，指消滅、奪取虞國。

⑩明德，使德明，使德行發揚。薦，獻，這裏指向神奉獻。馨香，指祭品。

⑪其，語氣詞，加强反問。吐，指不食所祭之物。宫之奇的意思是，晋國如果修明德行，以豐潔的祭物供奉神，神也會保佑晋的。也就是説，虞公對神供奉祭祀并不能使虞幸免於難。

弗聽，許晋使。宫之奇以其族行[①]，曰：“虞不臘矣[②]。在此行也，晋不更舉矣[③]。”

冬，十二月丙子朔[④]，晋滅虢，虢公醜奔京師[⑤]。師還，館于虞[⑥]。遂襲虞，滅之。

【注釋】

①以其族行，指帶領全族離開虞。

②虞不臘矣，虞國不能舉行臘祭了，意指虞國不到歲末就會亡國。臘，年終舉行的一種祭祀，這裏用如動詞。

③更（gèng），副詞，“再”的意思。文言表示動作行爲的重複，相當於再、又。《左傳·僖公五年》：“在此行也，晉不更舉矣。”王維《送元二使安西》：“勸君更盡一杯酒，西出陽關無故人。”“再”，閩南説 koʔ，是“更”的入聲。“更”也有交替、輪流義。《史記·李斯列傳》：“周德未衰，故五伯迭興，更尊周室。”“更”又與轉有關，有“换”義。《左傳·襄公二十八年》：“公膳日雙鷄，饔人竊更之以鶩。”（公卿大夫的伙食，每天兩隻鷄，做飯的人暗地裏换成了鴨。）舉，指舉兵。宫之奇斷言，虞等不到歲末就會亡國。晉會以滅虢之兵滅虞，都不需要再舉兵。

④丙子朔，該月初一正逢干支的丙子。朔，農曆每月初一。

⑤醜，虢公名。京師，周的都城。

⑥還，回來。館，用如動詞，駐扎的意思。

燭之武退秦師（僖公三十年）[①]

晉侯、秦伯圍鄭[②]，以其無禮於晉[③]，且貳於楚也[④]。晉軍函陵，秦軍氾南[⑤]。佚之狐言於鄭伯曰[⑥]：“國危矣！若使燭之武見秦君，師必退。”公從之。辭曰：“臣之壯也[⑦]，猶不如人；今老矣，無能爲也已[⑧]。”公曰：“吾不能早用子，今急而求子，是寡人之過也[⑨]。然鄭亡[⑩]，子亦有不利焉！”許之[⑪]。

【注釋】

①燭之武，鄭大夫。

②晋侯，指晋文公。秦伯，指秦穆公。

③以，因爲，連詞。其，人稱代詞，代鄭。無禮於晋，倒裝句，即於晋無禮。據《左傳·僖公二十三年》載，晋文公即位前曾流亡國外，經過鄭國時，鄭文公没有以禮待他。

④貳，副詞，指一邊與晋結盟，一邊暗助楚攻晋。

⑤軍，用如動詞，屯兵，駐扎。函陵，地名，在今河南新鄭市北。氾，水名，指東氾水。氾南，氾水的南面，也屬鄭地，今已乾涸，其故道在今河南中牟縣南。函陵與氾南兩地相距不遠。

⑥佚之狐，鄭大夫。鄭伯，指鄭文公。

⑦辭，推辭。壯，壯年。

⑧無能爲也已，不能做什麽了，即無能爲力。也已，語氣詞連用，相當於“矣”。

⑨是，指示代詞，指代上文“吾不能早用子，今急而求子”。過，過錯。

⑩然，然而，連詞，表轉折。

⑪許，應允，答應。許之，〔燭之武〕答應了鄭文公的請求。答應人家，福州話爲應 he。“許”的粤語爲 heoi2。有許人（應允與人），許字、許配、許婚、許嫁（都指允婚），許肯（應允）等用法。《史記·廉頗藺相如列傳》：“秦王度之，終不可强奪，遂許齋五日。”

夜縋而出①。見秦伯曰：“秦、晋圍鄭，鄭既知亡矣②。若亡鄭而有益於君，敢以煩執事③。越國以鄙遠④，君知其難也⑤，焉用亡鄭以陪鄰⑥？鄰之厚，君之薄也。若舍鄭以爲東道主⑦，行李之往來⑧，共其乏困⑨，君亦無所害。且君嘗爲晋君賜矣⑩，許君焦、瑕，朝濟而夕設版焉⑪，君之所知也。夫晋何厭之有？既東封鄭⑫，又欲肆其西封⑬；不闕秦，將焉取之⑭？闕秦以利晋，惟君圖之⑮。”秦伯説⑯，與鄭人盟。使杞子、逢孫、楊孫戍之⑰，乃還。

【注釋】

①縋（zhuì），用繩子吊着人或重物從上往下送，這裏指用繩子縛住燭之武，把他從城墻上送下來。

②既，已經。

③敢以煩執事，冒昧地拿〔因亡鄭而勸秦退兵〕這件事麻煩您。敢，表謙敬的副詞。煩，麻煩。執事，辦事的官吏，這裏是對對方的敬稱，指秦伯本人。

④越，超越。以，表目的的連詞。鄙，邊邑，用如動詞，以……为邊邑。秦在西，鄭在東，晋在秦、鄭兩國之間，所以説秦是越過别國（晋國），以遠地（鄭國）作爲邊邑。

⑤其，指“越國以鄙遠”事。

⑥“焉用”句，哪裏用得着用滅亡鄭國來增加晋國的土地。陪，通“倍”，增加〔土地〕。鄰，指晋國。

⑦舍，捨弃，放弃攻打，後來寫作“捨”。東道主，東方道上的主人（鄭在秦東）。“以”字後省略了賓語“鄭”。

⑧行李，外交使者。“李”是“履”的替换字。

⑨共，通“供”，供應。乏困，指〔物資方面有什麼〕缺乏的。

⑩嘗，曾經。賜，恩惠。爲……賜，施恩。且君嘗爲晋君賜矣，秦君曾經給予晋君恩惠（秦穆公曾派兵護送晋惠公回國）。

⑪焦，周初封國，春秋屬晋，在今河南三門峽市西。瑕，春秋鄭邑，後屬晋，在今河南靈寶市西北。濟，渡河〔歸國〕。設版，修築防禦工事。古代在兩邊的夾板中間填以磚石泥土，修築土墻及防禦工事。朝、夕，形容兩件事短時間内相繼而至。

⑫東封鄭，以鄭爲東面的疆界。封，疆界，用如動詞。

⑬肆，延伸，擴展。

⑭“不闕秦”兩句的意思是：〔晋〕如果不使秦受到虧損（侵占），將從哪裏得到它所要的土地呢？闕，缺口，此處指虧損。“闕”源於“决”。“闕”字的粤語注音爲 kyut3。“缺”指器皿有缺口；“决”指水有了缺口；“玦”是有缺口的圓形玉佩；“闕”是宫殿、祠庙等門前兩邊的樓，中間有通道。這四個字同源，都指有缺口。

⑮惟，表希望的語氣詞。圖，考慮。之，指“闕秦以利晋”這件事情的後果。

⑯説，喜悦、高興，後來寫作“悦”。

⑰杞子、逢孫、楊孫，三人都是秦大夫。戍（shù），駐扎，防守。

子犯請擊之①。公曰：“不可。微夫人之力不及此②。因人之力而敝之③，不仁；失其所與，不知④；以亂易整，不武⑤。吾其還也⑥。”亦去之⑦。

【注釋】

①子犯，即狐偃，春秋時期晋國大夫，晋文公的舅父。

②微，帶有假設語氣的否定副詞，假如没有的意思。夫（fú），指示代詞。夫人，那人，指秦穆公。

③因，憑藉。敝，壞，這裏指損害。

④所與，盟國，指秦。知（zhì），後來寫作“智”。

⑤亂，武力，《左傳·隱公四年》："臣聞以德和民，不聞以亂。"（我聽説施行德政能團結人民，没有聽説用武力能團結人民。）此處指晋與秦相戰。整，指秦晋已爲同盟。以亂易整，即秦晋相戰破壞秦晋同盟。武，武德，和上文的"仁"都是古時的道德觀念。

⑥其，表示委婉的語氣詞，還是。

⑦去，離開。之，指鄭。

蹇叔哭師（僖公三十二年）①

冬，晋文公卒。庚辰②，將殯于曲沃③。出絳④，柩有聲如牛⑤。卜偃使大夫拜⑥，曰："君命大事⑦，將有西師過軼我⑧。擊之，必大捷焉。"

【注釋】

①本文記録了著名的秦晋殽（xiáo）之戰的一部分。文章記叙了秦國老臣蹇（jiǎn）叔在大軍出征鄭國之前勸阻的一篇哭諫。蹇叔預見到勞師以襲遠必然失敗，痛哀愛子也即將葬身淆地，但秦穆公一意孤行，結果終不出其所料，秦軍兵敗殽山。蹇叔，春秋時秦國大夫，有賢名，秦穆公任爲上大夫。

②庚辰，魯僖公三十二年十二月十日。

③殯（bìn），停柩待葬。古代風俗，人死先停柩以供憑吊，待擇日安葬。曲沃，晋國舊都，是晋宗廟所在地，在今山西聞喜縣東。

④絳（jiàng），春秋晋都，在今山西翼城縣東南。晋穆侯自曲沃遷都於此。

⑤柩（jiù），裝有尸體的棺材。有尸曰柩，無尸曰棺。《禮記·曲禮下》："在床曰尸，在棺曰柩。"

⑥卜偃，掌管晋卜筮的官員，姓郭，名偃。拜，源於“僕”，古代表示敬服的一種禮節。行禮時兩膝跪地，拱手胸前，頭俯於手；或兩膝跪地，拱手至地，頭俯於地。後又作爲行禮的通稱。《論語·子罕》：“拜下，禮也。”

⑦君，指晋文公。大事，《左傳·成公十三年》：“國之大事，在祀與戎。”古時祭祀和戰争是大事，這裏是指戎（軍事）。

⑧西師，西方的軍隊，指秦軍。軼（yì），超車。《説文》：“軼，車相出也。”段注：“車之後者，突出於前也。”過軼，這裏是越過的意思。晋地處秦、鄭之間，秦襲鄭，必定要取道於晋。

杞子自鄭使告于秦曰①：“鄭人使我掌其北門之管②，若潛師以來③，國可得也。”穆公訪諸蹇叔④。蹇叔曰：“勞師以襲遠，非所聞也⑤。師勞力竭，遠主備之，無乃不可乎⑥？師之所爲，鄭必知之。勤而無所，必有悖心⑦。且行千里，其誰不知⑧？”公辭焉⑨。召孟明、西乞、白乙⑩，使出師于東門之外。蹇叔哭之⑪，曰：“孟子，吾見師之出而不見其入也⑫。”公使謂之曰⑬：“爾何知！中壽，爾墓之木拱矣⑭！”

【注釋】

①杞子，秦大夫。公元前630年，秦晋兩國聯合伐鄭，秦軍被鄭國老臣燭之武勸退，秦留杞子、逢孫、楊孫三人帶兵駐守鄭國。使，使人。

②掌，掌管。管，類似於現代的鎖鑰。

③潛，這裏指秘密行動。潛師，指秘密行軍。

④訪，咨詢，徵求意見。《左傳·哀公十一年》：“孔文子之將攻大叔也，訪于仲尼。”（孔文子要攻打太叔疾的時候，去徵求孔子的意見。）諸，之於。

⑤勞師，使軍隊疲勞。遠，指鄭，下文“遠主”指鄭君。非所聞，不是我所聽説過的，這是委婉的説法，實際上是説“我不贊成”。

⑥無乃，副詞，表委婉的測度語氣，大概、恐怕的意思。

⑦勤，勞苦。無所，指無所得。悖（bèi），有釋爲“悖逆”，此説法不確，這裏的“悖心”應解釋爲錯誤的想法。《戰國策·魏策一》：“公叔痤死，公孫鞅聞之，已葬，西之秦，孝公受而用之，秦果日以强，魏日以削。此非公叔之悖也，惠王之悖也。”（公叔痤死了，公孫鞅聽到後埋葬完公叔痤，就向西去到了秦國。秦孝公接納并重用了他。秦國果然一天比一天强盛，魏國一天比一天削弱。這不是公叔痤的錯誤，而是魏惠王的錯誤。）

⑧其，語氣詞，加强反問。

⑨辭，不接受。

⑩孟明，姜姓，百里氏，名視，字孟明。秦國元老百里奚之子。西乞，名術，一作“遂”。白乙，名丙。據《東周列國志》載，西乞術、白乙丙皆爲秦國元老蹇叔之子。孟明、西乞、白乙三人都是秦國大將。

⑪之，指“師”，即軍隊。

⑫之，介詞。其，等於前面的“師之”。

⑬公，秦穆公。使，使人。謂，對……説。

⑭墓，墳墓，源於“蒙”（土掩平）。隆封突起的稱墳；無封土隆起，與地面齊平稱墓。殷時墓地上是不築墳堆的。到了周代，開始在墓上築墳堆，但僅限於貴族階層，而且要“以爵等爲丘封之度”（《周禮·春官·冢人》）。丘是王公之墳，封是諸臣之墳，墳堆的大小取决於爵位的高低，同時墳上要種樹，作爲墓的標識。秦穆公説：蹇叔你知道什麽！你如果在中壽的年齡死去，你墓上的樹也該長到兩手合抱那麽粗了。這是駡蹇叔早就該死了。中壽，指活到六七十歲。此時的蹇叔應該已經過了中壽的年齡。木，樹。拱，兩手合抱。

蹇叔之子與師[①]。哭而送之，曰："晋人禦師必於殽[②]。殽有二陵焉[③]：其南陵，夏后皋之墓也[④]；其北陵，文王之所辟風雨也[⑤]。必死是間[⑥]，余收爾骨焉[⑦]。"秦師遂東[⑧]。

【注釋】

①與（yù），參與，參加。

②殽，同"崤"，山名，在今河南洛寧縣西北，地勢險峻，是晋國的要塞，秦往鄭必經之地。

③陵，大山。殽爲秦嶺東段支脉，西南—東北走向，分東西兩殽，東殽長坂竣阜，車不能并行；西殽多石坂，亦險絶。下文的"南陵"即西殽，"北陵"即東殽。

④夏，夏朝。后，君主。皋，夏朝第十五任君主。

⑤北陵是周文王避風雨的地方。文王，周文王。《公羊傳·僖公三十三年》："殽之嶔巖，是文王之所辟風雨者也。"

⑥是，代詞，這，指二陵。間，當中。

⑦焉，在那裏。

⑧遂，副詞，接着就。東，用如動詞，向東〔進發〕。

晋靈公不君（宣公二年）[①]

晋靈公不君：厚斂以彫墻[②]；從臺上彈人，而觀其辟丸也[③]；宰夫胹熊蹯不熟[④]，殺之，寘諸畚[⑤]，使婦人載以過朝[⑥]。趙盾、士季見其手[⑦]，問其故而患之[⑧]。將諫，士季曰："諫而不入[⑨]，則莫之繼也[⑩]。會請先[⑪]，不入，則子繼之[⑫]。"三進及溜，而後視之[⑬]，曰："吾知所過矣[⑭]，將改之。"稽首而對曰[⑮]："人誰無過？過而能改[⑯]，善莫大焉[⑰]。《詩》曰：'靡不有初，鮮克有終[18]。’夫如是[19]，則能補過者鮮矣。君能有終，則社稷之固也[20]，豈惟群臣賴之[21]。又曰：‘衮職有闕，惟仲山甫補之[22]。’能補過也。君能補過，衮不廢矣[23]。”

【注釋】

①本文記載了晋靈公殘暴荒誕的行爲，以及趙盾敢於直諫、忠於國事却引來殺身之禍的事。晋靈公，名夷臯，晋襄公之子，文公之孫，是歷史上有名的暴君。君，用如動詞。不君，不行君道。宣公二年即公元前607年。

②厚，重。斂，徵收賦税。厚斂，加重賦税徵收。彫，畫，一本作“雕”。

③彈人，用彈弓射人。辟（bì），躲避，後來寫作“避”。丸，彈子。

④宰夫，厨師。宰夫的“宰”源於“灼”。宰相的“宰”源於“裁”。胹（ér），炖，源於“然”。然，燒也。熊蹯（fán），熊掌。

⑤寘，安排、放置，同“置”。畚（běn），柳條編成的筐子一類的器物，用來裝土。

⑥載，這裏是“抬”的意思。過朝，經過朝廷。把尸體分解了放在筐子裏，叫宫女抬着經過朝廷送出去。《公羊傳·宣公六年》：“……有人荷畚自閨而出者。趙盾曰：‘彼何也？夫畚曷爲出乎閨？’呼之，不至，曰：‘子，大夫也，欲視之，則就而視之。’趙盾就而視之，則赫然死人也。趙盾曰：‘是何也？’曰：‘膳宰也。熊蹯不熟，公怒，以斗摮而殺之，支解，將使我弃之。’”“荷”就是抬或扛。

⑦趙盾，謚號宣子，又稱宣孟、趙孟，晋國執政。士季，名會，字季，又稱隨武子、范武子，晋大夫。其手，宰夫的手。

⑧問其故而患之，問宰夫被殺的原因，并爲這件事憂慮。

⑨不入，不納，不受。這裏指不接納諫言。“入”“内”同源。

⑩莫，否定性的無指代詞，等於説“没有誰”。之，代詞，等於説

“您”（先秦“之”字可以活用），在這裏做“繼”的前置賓語，稱代趙盾。

⑪先，這裏用如動詞，先諫。

⑫之，等於説“我”。

⑬三進，往前走了三次。及，到。溜，通“霤”，房頂瓦壟滴水處，指屋檐下，源於“流”。這兩句的意思是，士季往前走一段路，就伏到地上行禮，靈公知道他要進諫，所以假裝没看見，士季衹好又往前走，再行禮，這樣往前走了三次，已到檐下，靈公無可回避了，纔理他。

⑭所過，所犯的錯誤，爲名詞性結構。靈公預知士會將因宰夫之事進諫，所以搶先承認錯誤，以絶其口。

⑮稽（qǐ）首，指古代跪拜禮，爲九拜中最隆重的一種。常爲臣子拜見君主時所用。行禮時雙膝跪地并拱手至地，頭也至地。“稽”是停留、拖延的意思，“稽首”的意思就是頭觸碰在地上且停留一會兒。《周禮·春官·大祝》賈公彦疏：“一曰稽首，其稽，稽留之字；頭至地多時，則爲稽首也。”

⑯前一“過”字是名詞，指過錯；後一“過”字是動詞，指犯錯誤。

⑰善莫大焉，没有任何善事能比這個更大的了。

⑱引自《詩經·大雅·蕩》。大意是：没有誰向善没有一個開始，但很少能堅持到底。靡，没有誰，作用同“莫”。初，開始。鮮（xiǎn），少。克，能。終，結束。

⑲夫，句首語氣詞。

⑳之，介詞。固，由險要轉爲根基、保障。《左傳·襄公二十一年》：“夫謀而鮮過、惠訓不倦者，叔向有焉，社稷之固也，猶將十世宥之。”（謀劃而少有過錯，不倦地賜給別人恩惠，叔向具備這樣的素質，他是國家的柱石，即使是他的十代子孫有過錯還要寬宥〔，以此來勉勵有能力的人〕。）

㉑賴，有解釋爲依靠，不確，此處應解釋爲好處。有依賴義，也有利義，源於“利”。《左傳・昭公十一年》：“齊桓公城穀而寘管仲焉，至于今賴之。”（齊桓公在穀地築城安置管仲，穀地人到現在還得到好處。）之，指“君能有終”。這句話的意思是，〔君能有終，〕豈止群臣得到好處。

㉒引自《詩經・大雅・烝民》。大意是：周宣王有没盡職的地方，祇有仲山甫來彌補。衮，天子之服，《周禮・春官・司服》“享先王，則衮冕。”（祭享先王的時候就穿繡卷龍的衮服，頭戴王冕。）這裏代指天子。職，職責。闕，通“缺”，源於“决”，過失。仲山甫，周宣王的大臣。

㉓這話有雙關的意思。您能補救您的過失，您的衮袍就可以不被廢掉了，意思是您的君位就丢不了了。

猶不改[①]。宣子驟諫[②]。公患之，使鉏麑賊之[③]。晨往，寢門闢矣[④]。盛服將朝[⑤]，尚早，坐而假寐[⑥]。麑退，嘆而言曰：“不忘恭敬[⑦]，民之主也。賊民之主，不忠；弃君之命，不信[⑧]。有一於此[⑨]，不如死也。”觸槐而死[⑩]。

【注釋】

①猶，還（hái），仍。

②驟，多次，源於“擻”。

③患，厭惡。鉏（chú）麑（ní），晋力士。賊，源於“刺”，刺殺，再引申爲暗殺。《左傳・閔公二年》：“共仲使卜齮賊公于武闈。”（慶父讓卜齮在武闈刺殺閔公。）《戰國策・東周策》：“嚴氏爲賊，而陽竪與焉。”（嚴仲子指使聶政暗殺了韓國的相國俠累，陽竪也參與了這件事。）前“之”字指驟諫，後“之”字指趙盾。

④寢門，卧室的門。闢，開。

⑤盛服，正其衣冠，也就是穿戴整齊的意思。

⑥假寐（mèi），不脱衣冠睡覺。

⑦恭敬，“敬”源於“驚”，此處爲認真於職守。

⑧信，源於“實”，真的。《葉公子高論白公勝必亂楚國》：“聞子召王孫勝，信乎？”（聽説您要召回王孫勝，真的嗎？）此處的“信”爲守信用。《論語・顔淵》：“人而無信，不知其可。”（如果一個人不講信用，人們就不知怎麽對待他了。）

⑨有一於此，在不忠不信中有一樣。

⑩觸，撞，表行爲。牛抵架，閩語説“觸”。

秋九月，晉侯飲趙盾酒①，伏甲，將攻之②。其右提彌明知之③，趨登④，曰：“臣侍君宴，過三爵⑤，非禮也。”遂扶以下⑥。公嗾夫獒焉⑦，明搏而殺之⑧。盾曰：“弃人用犬，雖猛何爲⑨！”鬥且出⑩。提彌明死之⑪。

【注釋】

①晉侯賜酒給趙盾喝。飲（yìn），使……喝，也就是給……喝。

②伏，埋伏。甲，和“介”同源，後引申爲鎧甲，這裏指穿鎧甲的武士。

③右，車右，又稱驂乘。古制，一車乘三人，尊者在左，御者在中，驂乘居右；兵車則主帥居中，御者在左。車右都是勇武之士，負責保護主帥以及行車途中的力役之事。提彌明，人名，趙盾的車右。

④趨，表示快，源於“促”。這裏是説提彌明快步走上堂。

⑤爵，古代飲酒器，源於“勺”。古代酒勺很淺，用像勺的淺瓢從桶裏舀。

⑥遂扶以下，緊接着就扶着〔趙盾〕走下堂去。

⑦嗾（sǒu），唤狗的聲音，用如動詞，嗾使。夫（fú），指示代詞，那個。獒（áo），猛犬。“獒”是“咬”的零聲母。《尚書·旅獒》：“西旅獻獒。”孔傳：“西戎遠國貢大犬。”今叫“藏獒”。

⑧搏，徒手打，搏鬥。

⑨何爲，做什麽？也就是頂什麽用，或有什麽用？

⑩鬥且出，〔提彌明〕與伏甲一邊打一邊出去。且，連詞，一邊……一邊……。《左傳·成公十三年》：“狄應且憎，是用告我。”（狄人一邊答應一邊又憎恨，所以就來告訴我。）

⑪死之，爲趙盾死了，即護主殉難。

初，宣子田于首山①，舍于翳桑②，見靈輒餓③，問其病。曰：“不食三日矣。”食之④，舍其半⑤。問之。曰：“宦三年矣⑥，未知母之存否。今近焉，請以遺之⑦。”使盡之⑧，而爲之簞食與肉⑨，寘諸橐以與之⑩。既而與爲公介⑪，倒戟以禦公徒而免之⑫。問何故。對曰：“翳桑之餓人也。”問其名居⑬，不告而退，遂自亡也⑭。

【注釋】

①田，打獵，後來寫作“畋”。首山，又名首陽山，在今山西永濟市南。

②舍，住一宿。翳桑，地名。

③靈輒，人名。餓，指因挨餓而病倒。

④食（sì）之，給他東西吃。食，給……吃。

⑤舍其半，〔靈輒〕留下食物的一半没吃。

⑥宦（huàn），一般解釋爲當貴族的僕隸，不確，這裏是學習做官的

禮儀。《禮記·曲禮上》:“宦學事師,非禮不親;班朝治軍,莅官行法,非禮威嚴不行。”(從師學習爲吏之道和學業,不依據禮,師生之間關係就不能親密;確定朝列位置,整頓軍隊,擔任各種官職,執行法令,不依據禮,威嚴就不能樹立。)

⑦遺(wèi),給。請以遺之,請允許我把〔這一半〕給她吃。

⑧盡,用如動詞,吃完。

⑨爲,做,這裏有“預備”的意思。簞,有解釋作“盛飯用的竹筐”,不確,這裏應是竹葉或葦子葉包的飯團。食,飯。

⑩橐(tuó),口袋。今天的“袋”就是源於“橐”。以,連詞。

⑪既而,不久。與(yù),參加。介,與“甲”同源,後指甲士,引申爲士兵。

⑫倒戟,即倒戈,指調轉兵器攻擊己方的人,也就是擋住靈公手下的人來保護趙盾。免之,使趙盾免於難。

⑬名,名字。居,住處。

⑭亡,逃走,指趙盾逃亡。

乙丑[①],趙穿殺靈公於桃園[②]。宣子未出山而復[③]。大史書曰[④],“趙盾弑其君[⑤]”,以示於朝[⑥]。宣子曰:“不然[⑦]。”對曰:“子爲正卿,亡不越竟[⑧],反不討賊[⑨],非子而誰?”宣子曰:“烏呼[⑩]!《詩》曰‘我之懷矣,自詒伊戚[⑪]’,其我之謂矣!”

【注釋】

①乙丑,宣公二年九月二十六日。

②趙穿,晋國大夫,趙盾族親。桃園,靈公的園囿。

③山,晋國國界處的山。復,回來。

④大（tài）史，後來寫作“太史”，官名，專管記載國家大事，這裏是指晋太史董狐。大即太，d、t發音位置相同，泰山即大山，因其在平原處尤其高大，故名泰山。書，寫，指記事。

⑤弑（shì），古時稱子殺父、臣殺君爲“弑”。趙穿弑君，大史認爲責在趙盾，因此在史册寫“趙盾弑其君”。

⑥以示於朝，把“趙盾弑其君”拿到朝廷上公布。

⑦不然，不是這樣。然，代詞。

⑧竟，源於“環”，國境，邊境，後來寫作“境”。

⑨反，回來，後作“返”。討，討伐。趙穿殺靈公，那是要誅殺的，不是聲討了事。賊，大逆不道的人，這裏指趙穿。《左傳·隱公七年》：“公伐邾，爲宋討也。”（隱公攻打邾國，是爲宋國而去討伐的。）《左傳·襄公十八年》：“曾臣彪將率諸侯以討焉。”（末臣彪將要率領諸侯去討伐他。）

⑩烏呼，即“嗚呼”，感嘆詞。

⑪這兩句詩引自《詩經·邶風·雄雉》，今本《詩經》“伊戚”作“伊阻”。趙盾引這兩句詩的意思是：由於我眷戀祖國，反而自己找來了憂患。之，介詞。懷，眷戀。詒，通“貽”，遺留。伊，指示代詞，此。戚，憂愁。

孔子曰：“董狐，古之良史也①，書法不隱②。趙宣子，古之良大夫也，爲法受惡③。惜也，越竟乃免④。”

【注釋】

①良史，好史官。

②書法，記録史實的原則。法，源於“範”，後引申爲規則、原則。隱，隱諱。

③爲（wèi），爲了。法，指書法。惡，指惡名。

④惜也，越竟乃免，意思是：可惜啊，如果他出了國境，就會避免弑君之名了。

齊晉鞌之戰（成公二年）①

癸酉②，師陳于鞌③。邴夏御齊侯④，逢丑父爲右⑤。晉解張御郤克，鄭丘緩爲右⑥。齊侯曰："余姑翦滅此而朝食⑦！"不介馬而馳之⑧。郤克傷於矢⑨，流血及屨，未絶鼓音⑩，曰："余病矣⑪！"張侯曰："自始合⑫，而矢貫余手及肘⑬；余折以御，左輪朱殷⑭。豈敢言病？吾子忍之⑮。"緩曰："自始合，苟有險⑯，余必下推車。子豈識之⑰？然子病矣⑱。"張侯曰："師之耳目，在吾旗鼓，進退從之⑲。此車一人殿之，可以集事⑳。若之何其以病敗君之大事也㉑？擐甲執兵，固即死也㉒；病未及死，吾子勉之㉓！"左并轡㉔，右援枹而鼓㉕，馬逸不能止㉖，師從之㉗。齊師敗績㉘。逐之，三周華不注㉙。

【注釋】

①鞌之戰（齊晉相争）是中國歷史上著名的以少勝多的戰役。晉軍同仇敵愾，最終擊潰了驕傲輕敵的齊軍。鞌，齊地名，在今濟南附近。成公二年即公元前589年。

②癸酉，成公二年六月十七日。

③師，指齊晉雙方的軍隊。陳，列開陣勢，後來寫作"陣"。

④邴夏，齊大夫。齊侯，指齊頃公，桓公之孫，名無野。御，給……趕車。

⑤逢丑父，齊大夫。右，車右。

⑥解（xiè）張，下文又稱張侯，晉大夫。郤（xì）克，又稱郤獻子，

晋大夫，是晋鞌之戰中晋軍的主帥。鄭丘緩，晋大夫，姓鄭丘。

⑦姑，在這裏是“先”的意思。《韓非子·説林上》：“將欲敗之，必姑輔之。將欲取之，必姑予之。”翦滅，剪除消滅。此，指晋軍。朝食，勝利後的會餐，“朝”是“會”的意思。《禮記·王制》：“耆老皆朝於庠。”（選擇吉日，讓鄉里的老人都到學校聚會。）《左傳·昭公十四年》：“二子因民之欲叛也，請朝衆而盟。”（兩上人想要依靠民衆叛南蒯，就要求集合他們一起結盟。）

⑧介，甲，這裏用如動詞。不介馬，不給馬披上甲。古代車戰，馬要披甲。馳之，使勁趕馬使之快跑，指驅馬進擊。

⑨傷於矢，被箭所傷。

⑩流血及屨，未絶鼓音，意即血一直流到鞋上，仍然擊鼓不息。古代車戰，主帥居車當中，自掌旗鼓，指揮三軍。鼓聲是前進的號令。

⑪病，這裏指受傷很重。古代的“病”多指現代醫學中的外科創傷，“疾”多泛指現代醫學的内科疾病。

⑫合，交戰。

⑬矢貫余手及肘，是中兩支箭，一支射進手，一支射到肘。

⑭余折以御，左輪朱殷，意思是：我折斷箭繼續駕車，左邊的車輪都〔被血染〕成了深紅色。朱，紅色。殷（yān），紅中帶黑。

⑮吾子，尊稱，比“子”更親熱。

⑯苟，如果，表示假設。險，險阻，這裏指難走的路。

⑰子豈識之，你難道知道這些嗎？豈，副詞，難道。

⑱然，然而，但是。子，指郤克。

⑲“師之”三句的大意是，全軍都注意着我們車上的旗的揮動和鼓聲，前進和後退都聽從旗鼓的指揮。

⑳殿，鎮守。集事，成事。

㉑若之何，奈何。其，語氣詞。以，因。敗，壞。君，指國君。

㉒“擐甲”兩句的意思是：穿上鎧甲，拿起武器（指參加戰鬥），本來就抱定了必死的决心。擐（huàn），穿，源於“貫”，穿過去就是貫過去。固，副詞，本來。即，動詞，走向。

㉓勉，努力。

㉔并，動詞。轡（pèi），繮繩。御者本雙手執轡，這時解張把繮繩并在左手。

㉕援，抓過來。抓東西時手掌要捲起來，“援”源於“捲”。“嫂溺不援”就是没有抓嫂子的手。猿手會抓東西，所以叫“猿”。枹（fú），鼓槌，也寫作“桴”，源於“欛”，今説“把兒”。它的動詞是“秉”。鼓，動詞，打鼓。

㉖逸，狂奔。止，使馬停下。

㉗師從之，軍隊隨着主帥的車趕上去。

㉘敗績，大敗。“績”源於“織”。“成績”是織成織物或網。“敗績”就是整個織的東西都毀了。

㉙晋師追趕齊師，圍着華不注山繞了三圈。逐，追趕。周，動詞，繞。華不注，山名，在今濟南東北。

韓厥夢子輿謂己曰[①]：“旦辟左右[②]。”故中御而從齊侯[③]。邴夏曰：“射其御者，君子也。”公曰：“謂之君子而射之，非禮也[④]。”射其左，越於車下[⑤]；射其右，斃于車中[⑥]。綦毋張喪車[⑦]，從韓厥曰：“請寓乘[⑧]。”從左右，皆肘之[⑨]，使立於後。韓厥俛，定其右[⑩]。

【注釋】

①韓厥，晋大夫，在這次戰役中任司馬（掌管祭祀、賞罰等軍政）。

後任晋國正卿，一生侍奉晋靈公、晋成公、晋景公、晋厲公、晋悼公五朝。子輿，韓厥的父親。

②旦，早晨，此處爲明晨。辟，避開，後來寫作“避”。左右，指兵車左右兩側。韓厥夢到子輿告訴他，第二天早上作戰時要避免站在兵車的左右兩邊。子輿當時已去世，此爲托夢。

③中御，指韓厥聽從子輿的話，代替御者站在車的中央駕車。“御”表駕車，源於“握”轡。韓厥非主帥，本應居左。從，追趕。

④“謂之”二句，意即稱他爲君子又去射他，這不合於禮。

⑤越，墜。“越”與“隕”“殞”同源。

⑥斃，倒下。

⑦綦（qí）毋張，晋大夫，姓綦毋，名張。喪，丢掉。

⑧請寓乘，請允許我搭你的車。寓，寄，指附搭。

⑨從左右，皆肘之，意思是：站在左邊和右邊，〔韓厥〕都用肘制止。因爲綦毋張是寄乘，所以説是“從”。肘，用如動詞。肘能轉動，“肘”源於“周”，後有“軸”。之，指綦毋張。

⑩俛（fǔ），“俯”的异體字，彎下身子。定，放穩當。其右，指原來在右邊被射倒的人。

逢丑父與公易位[①]。將及華泉[②]，驂絓於木而止[③]。丑父寢於轏中[④]，蛇出於其下，以肱擊之[⑤]，傷而匿之[⑥]，故不能推車而及[⑦]。韓厥執縶馬前[⑧]，再拜稽首[⑨]，奉觴加璧以進[⑩]，曰：“寡君使群臣爲魯、衛請[⑪]，曰無令輿師陷入君地[⑫]。下臣不幸，屬當戎行[⑬]，無所逃隱[⑭]，且懼奔辟而忝兩君[⑮]。臣辱戎士[⑯]，敢告，不敏攝官承乏[⑰]。”丑父使公下，如華泉取飲[⑱]。鄭周父御佐車，宛茷爲右[⑲]，載齊侯以免[⑳]。韓厥獻丑父，郤獻子將戮之。呼曰[㉑]：

“自今無有代其君任患者㉒，有一於此，將爲戮乎㉓？”郤子曰：“人不難以死免其君，我戮之，不祥。赦之，以勸事君者㉔。”乃免之㉕。

【注釋】

①易位，交換位置。丑父知道齊侯可能被擒，所以和齊侯交換位置。

②華泉，泉名，在華不注山下，流入濟水。

③驂（cān），古代用三馬駕車，兩旁的馬叫驂。絓，通“挂”，絆住，福州説 kuang，即杜甫《茅屋爲秋風所破歌》“高者挂罥長林梢，下者飄轉沉塘坳”裏的“罥”。

④轏（zhàn），棧車，即用竹木條編成車箱，没有鋪什麽的輕便車子。騎不裝鞍的馬叫驏騎。

⑤肱（gōng），源於“弓”，這裏指整條手臂。

⑥傷，丑父手臂受傷。匿，藏，指隱瞞。之，指所受的傷。從“丑父寢於轏中”至此，是作者插叙頭天夜裏的事。

⑦及，被〔韓厥〕趕上了。

⑧韓厥執縶馬前，韓厥握着絆馬繩站在齊侯馬前。縶，絆馬繩。

⑨再拜稽首，比稽首更重的一種禮，先拜，然後稽首。

⑩奉，捧。觴，一種盛酒器，功用如後代的酒杯，源於“勺”。璧，玉環的一種，源於“餅”。進，奉獻。這三句是寫韓厥對齊侯修“殞命”之禮（即俘獲敵國國君時的禮儀）。

⑪鞌之戰的前奏是齊伐魯、衛侵齊。魯、衛敗，到晋國請救兵，所以韓厥説是替魯、衛請求。這以下韓厥所説的話，都是委婉的外交辭令。

⑫無令輿師陷入君地，不要讓許多軍隊深入您的國土，即不要讓晋軍進一步攻進齊境。無，通“毋”，不要。輿，衆多，許多。

⑬下臣，韓厥自稱。這是人臣對别國國君的自謙之辭。屬，恰巧。

當，遇。戎行（háng），兵車的行列，指齊軍。

⑭無所逃隱，没有逃走躲藏的地方。隱，躲藏。

⑮奔辟，奔走逃避。忝（tiǎn），辱，源於“點”。

⑯臣辱戎士，〔因爲我在軍隊裏，〕使戎士受辱，這裏是説自己充數當個士兵。

⑰“敢告”兩句，大意是：我冒昧地向您禀告，我是個不會辦事的人，人材缺乏，我衹好承擔充數。意即我要履行職責，俘擄你。敏，聰明。攝官，任職。承，承擔。“不敏（我是不會辦事的人）”是主語，所以應斷爲“敢告，不敏攝官承乏”。

⑱如，往，動詞。飲，用如名詞，指水。

⑲佐車，副車。鄭周父、宛茷，都是齊臣。

⑳丑父已冒充爲齊侯，這時讓齊侯藉着取水的工夫逃走。免，免於被俘（即避免受辱）。

㉑呼曰，丑父喊道。

㉒自今，從現在追溯到以前。任，承擔。這句話的意思是，以前没有能代替自己國君承擔患難的人。

㉓“有一”兩句，意思是：〔現在〕這裏有了一個〔能代替自己國君承擔患難的人〕，將要被殺掉嗎？爲，被。

㉔難，有解釋爲把……看作難事，不確，這裏應是“憚”的意思，怕。《戰國策·東周策》：“秦知趙之難與齊戰也，將恐齊、趙之合也，必陰勁之。”（秦國知道趙國害怕同齊國作戰，秦國又唯恐齊、趙聯合一起，那必定會在暗地裏支持援助趙國。）《晏子春秋》：“吾細人也，猶將難死，而况公乎！”（我們是微不足道的人，還害怕死去，何况君王呢！）免，使〔其君〕脱身。勸，鼓勵。郤子這段話的意思是：這個人不怕用死來解除他的國君的危難，我殺他，不祥。赦免他，用來鼓勵那些侍奉君主的臣子。

㉕免，釋放。

楚歸晉知罃（成公三年）[①]

晉人歸楚公子穀臣與連尹襄老之尸于楚[②]，以求知罃[③]。於是荀首佐中軍矣，故楚人許之[④]。

【注釋】

①本文記載了楚王臨行前對知（zhì）罃（yīng）的逼問及其對答，體現知罃深陷敵國仍忠君愛國、對楚不卑不亢的精神。歸，送還。知罃，亦稱荀罃、知武子，晉國大夫荀首之子。公元前597年晉楚邲之戰中知罃被楚軍俘虜，被囚九年，後被交换回國。荀首是晉國望族六卿之一知氏家族的奠基人。

②穀臣，楚莊王的兒子。連尹，楚官名。襄老，楚臣。宣公十二年（前597）晉楚邲（地名，在今河南鄭州市東）之戰時，晉知罃被俘，晉却擒獲了穀臣，射死了襄老，把尸首運回晉國。現在晉要用穀臣和襄老的尸體换回知罃。

③求，索取。

④於是，在這時候。中軍，古代出師分爲上中下（或左中右）三軍，主帥親率中軍。佐中軍，即當了副元帥。許，答應。

王送知罃曰[①]：“子其怨我乎？”對曰：“二國治戎[②]，臣不才，不勝其任[③]，以爲俘馘[④]。執事不以釁鼓[⑤]，使歸即戮[⑥]，君之惠也。臣實不才，又誰敢怨[⑦]？”王曰：“然則德我乎[⑧]？”對曰：“二國圖其社稷，而求紓其民[⑨]，各懲其忿以相宥也[⑩]，兩釋纍囚以成其好[⑪]。二國有好，臣不與及[⑫]，其誰敢德[⑬]？”王曰：“子歸，何以報我[⑭]？”對曰：“臣不任受怨，君亦不任受德[⑮]，無怨無德，不知所報⑯。”王曰：“雖然，必告不穀⑰。”對曰：“以君之靈⑱，纍臣得歸骨於晋⑲，寡君之以爲戮⑳，死且不朽㉑。若從君之惠而免之，以賜君之外臣首㉒，首其請於寡君而以戮於宗㉓，亦死且不朽。若不獲命㉔，而使嗣宗職㉕，次及於事㉖，而帥偏師以修封疆㉗，雖遇執事，其弗敢違㉘；其竭力致死㉙，無有二心，以盡臣禮㉚，所以報也。”王曰：“晋未可與争。”重爲之禮而歸之㉛。

【注釋】

①王，指楚共王。

②戎，軍旅。治戎，治兵、整頓軍備。這裏以“治戎”代替“交戰”，是一種外交辭令。

③不才，無能。勝（舊讀 shēng），擔當得起。任，職務。

④俘，戰爭時生俘的人。馘（guó），割取敵方戰死者左耳，源於“獲”。俘馘,在這裏指俘虜。

⑤執事，辦事人員，這裏指楚共王本人。釁（xìn），源於“血”，上古的一種祭禮，殺牲以血塗鐘鼓，這裏指以戰俘代牲釁鼓。不以釁鼓，等於説不把我處死。

⑥即戮，接受殺戮。

⑦又誰敢怨，又敢怨誰呢？這裏“誰”是“怨”的賓語，下文“誰敢德”結構同此。

⑧然則，〔既然〕如此，那麽……。然，代詞。則，連詞。德，用如動詞，感恩。

⑨“二國”兩句，意思是：兩國都爲自己的國家考慮，設法解除人民的痛苦。圖，圖謀，考慮。紓，緩和，解除。

⑩各懲其忿以相宥也，各自克制一時的怒氣，而互相原諒。懲（chéng），克制，制止。忿，怒氣，怨恨。宥（yòu），寬赦，這裏當原諒講。

⑪釋，釋放。纍，繩索，用作動詞，捆綁。囚，囚犯。纍囚，被捆綁起來的俘虜。成，全。好，友好。

⑫與（yù），參與其中。及，趕上。與及，没有趕上參與其中，即和此事不相關。

⑬其，語氣詞，加强反問。知罃的意思是：你并不是爲了我而釋放我，我憑什麽對你感恩？

⑭何以，用什麽。

⑮“臣不任”兩句，意思是：我心裏不懷恨，也不懷感恩之情。任，這裏是“懷”的意思。有解釋爲“擔當”者，不確。“任”有懷孕義。《大戴禮記·保傅》：“周后妃任成王於身，立而不跂，坐而不差，獨處而不倨，雖怒而不詈，胎教之謂也。”盧辯注：“大任孕文王，目不視惡色，耳不聽淫聲，口不起惡言，故君子謂大任爲能胎教也。”

⑯不知所報，不知道報答什麽。

⑰“雖然”兩句，意思是：雖然這樣，〔也〕一定得告訴我。雖，連詞，等於現代的“雖然”。然，代詞，這樣。不穀，不善，諸侯的謙稱。

⑱以，靠。靈，有解作“福”者，未有用例。“靈”是靈通，解作“聰明，通曉事理”更妥，今用來形容人的智慧。《莊子·天地》：“大惑者終身不解，大愚者終身不靈。”

⑲纍臣，知罃自稱。纍，是繩子捆綁的。歸骨，把骨頭帶回去，指回到晋國。這是客氣話。

⑳寡君之以爲戮，〔假若〕我的國君把我殺掉。寡君，對外邦人稱自己的國君。戮，用如名詞，指殺的對象。

㉑死且不朽，意即死了將很光榮。

㉒以賜君之外臣首，把我賜給您的外臣荀首。外臣，臣子對别國君主稱呼本國的臣。

㉓其，將。請，請求。宗，祖廟。

㉔若不獲命，如果没有得到〔晋君〕准許，即晋君不准我父親這樣做。

㉕嗣，源於"子"，作動詞用，表示繼承。宗職，宗子（宗族首領，世襲）的職務。

㉖次及於事，按次序擔任軍事的職務。次，按照次序。及，趕上、碰上，任職的委婉辭。事，古之事唯戎與祀，這裏指戎，即軍事。

㉗帥，通"率"。偏師，副帥副將所屬的軍隊，非主力部隊，這裏是客氣的説法。修，源於"習"，訓練。《吕氏春秋·本生》："譬之若修兵者，以備寇也。今修兵而反以自攻，則亦失所爲修之矣。"（譬如訓練軍隊，是用以防備敵寇的。可是如今訓練軍隊反而用以攻殺自己，那就失去了訓練軍隊的本來意義了。）封疆，邊界。"封"和"疆"在這裏是同義詞。修封疆，指訓練軍隊以保衛邊疆。

㉘其，將。下句"其"字同。違，躲避。弗敢違，這是委婉的説法，暗指我將跟您打起來。

㉙竭，盡。致死，效死，即獻出生命。

㉚以盡臣禮，用〔這個〕來盡到臣對君應有的義務。臣禮，指人臣應盡的義務。這裏的"臣禮"是對晋君説的。竭力致死，無有二心，就是臣禮的表現。知罃的意思是，忠晋即所以報楚。

㉛重，隆重。爲，在這裏有"行"的意思。歸之，使之歸。

祁奚薦賢（襄公三年）[①]

祁奚請老[②]，晋侯問嗣焉[③]。稱解狐[④]，其讎也[⑤]，將立之而卒[⑥]。又問焉。對曰："午也可[⑦]。"於是羊舌職死矣[⑧]。晋侯曰：

“孰可以代之[⑨]？”對曰：“赤也可[⑩]。”於是使祁午爲中軍尉[⑪]，羊舌赤佐之。

【注釋】

①祁奚，晋人，成公十八年（前573）任中軍尉。薦，推舉。賢，指賢者，品德高尚而且有才能的人。襄公三年，即公元前570年。

②請老，告老，請求退休。

③晋侯，指晋悼公。嗣，源於“子”，引申爲繼任者，指接替中軍尉職務的人。焉，指示代詞兼語氣詞。問嗣焉，等於説“問嗣於祁奚”。

④稱，舉。解（xiè）狐，晋臣。

⑤讎（chóu），仇敵。“仇”源於“角”。“讎”，《廣韵》市流切，平尤禪。齒音。這是“仇”發音部件前移的結果。“仇”在閩語中也念齒音。“齒”在閩語中説k‘i，是齒音後移的結果。

⑥將立之而卒，正要立解狐，解狐死了。卒，死。

⑦午，祁午，祁奚之子。也，句中語氣詞。

⑧於是，在這時候。羊舌職，晋臣，姓羊舌，名職，任中軍尉佐之職（即副中軍尉）。

⑨孰，誰。

⑩赤，羊舌赤，字伯華，羊舌職之子。

⑪於是，略等於現代的“於是”。

君子謂祁奚於是能舉善矣[①]。稱其讎，不爲諂[②]；立其子，不爲比[③]；舉其偏，不爲黨[④]。《商書》曰“無偏無黨，王道蕩蕩[⑤]”，其祁奚之謂矣。解狐得舉，祁午得位，伯華得官[⑥]：建一官而三物成，能舉善也[⑦]。夫唯善，故能舉其類[⑧]。《詩》云“惟其有之，是以似之[⑨]”，祁奚有焉。

【注釋】

①於是，在這件事情上。舉，推薦。善，指賢才。

②諂（chǎn），諂媚，討好。不爲諂，不算是諂媚。

③比（舊讀 bì），偏愛，偏袒，這裏是指偏愛自己的親人。

④偏，直屬的下級。黨，動詞，和上文的“比”意思相近，這裏指袒護自己的同類。

⑤見《尚書・洪範》。相傳《洪範》爲商代箕子所作，所以稱爲《商書》。無偏，没有偏向自己親人的事。無黨，没有袒護自己同類的事。王道，古代統治者治理國家的一種理想的政治思想。蕩蕩，平坦開闊的樣子，這裏指公正無私。

⑥得舉，因解狐未得官而死，所以衹説得舉。得位、得官，同義。

⑦“建一官”兩句，意思是：立了一個中軍尉而成就了三件〔好〕事，是由於能舉薦賢才啊。

⑧夫（fú），句首語氣詞。善，這裏指賢德。這兩句的意思是，正因爲〔自己〕有賢德，所以能舉薦跟自己一樣的人。

⑨見《詩經・小雅・裳裳者華》。在這裏的意思是：衹有有賢德的人，纔能舉薦像自己一樣的人。

子産不毁鄉校（襄公三十一年）[①]

鄭人游于鄉校，以論執政[②]。然明謂子産曰[③]：“毁鄉校，何如[④]？”子産曰：“何爲[⑤]？夫人朝夕退而游焉[⑥]，以議執政之善否[⑦]。其所善者，吾則行之；其所惡者，吾則改之。是吾師也，若之何毁之？我聞忠善以損怨[⑧]，不聞作威以防怨[⑨]。豈不遽止[⑩]？

然猶防川[11]：大决所犯[12]，傷人必多，吾不克救也；不如小决使道[13]，不如吾聞而藥之也[14]。”然明曰：“蔑也今而後知吾子之信可事也[15]，小人實不才[16]。若果行此，其鄭國實賴之[17]，豈唯二三臣[18]？”仲尼聞是語也[19]，曰：“以是觀之，人謂子産不仁，吾不信也。”

【注釋】

①子産，鄭大夫，名僑，字子産，鄭穆公之孫。子産在鄭執政期間鋭意改革，將鄭國的刑法鑄在象徵諸侯權位的鼎上，向所有人公布。在此之前，中國從來没有公布過法律，也没有公布過其他制度文書。子産的這次“鑄刑書”是中國歷史上第一次公布成文法的活動，也是中國政治史上的里程碑式的事件。子産的改革招致一些人的不滿、批評，甚至攻擊。有人建議毁廢人們聚集論事的鄉校，子産堅决反對。鄉校，鄉間的公共場所，既是學校，又是鄉人聚會議事的地方。《子産不毁鄉校》是《左傳》中的著名篇章。

②執政，“執”與“掌”同源，指掌握政權的人。

③然明，鄭大夫，姓鬷（zōng），名蔑，字然明。

④何如，如何，等於説怎麽樣。

⑤何爲，幹什麽？

⑥夫，句首語氣詞，引起議論。退，指工作完畢回來。游，聚會。

⑦議，談論。善否，好和不好。

⑧忠善，用如動詞，爲忠善。損，源於“環”的反義，〔旋〕减少。《尚書·大禹謨》：“滿招損，謙受益。”《易·損》：“損下益上，其道上行。”《孟子·滕文公下》：“請損之，月攘一鷄，以待來年，然後已。”（請讓我减少一些，先每月偷一隻鷄，等到明年，然後完全不偷。）損怨，减少怨恨。

⑨防，堵住。“防”源於“封”，國界的土堆，後有防綫義。

⑩豈不遽止，難道不能很快地制止？遽（jù），急，迅速。“遽”是驛車。驛車到達驛站，不等馬吃飽就换一匹繼續跑，就像今天火車换車頭。“驛”源於“易”，是换的意思。《左傳·昭公二年》：“子產在鄙聞之，懼弗及，乘遽而至。”（子產在邊境聽到了這件事，怕來不及制止，乘坐驛車到達。）

⑪然猶防川，但是就像堵大川一樣。川，河流。

⑫大决所犯，大决所造成的灾害。决，堤防潰决。

⑬不如小决使道，不如開個小口子讓〔河流〕暢通。道，同“導”。

⑭不如吾聞而藥之也，不如我聽取〔他們的議論〕并且把它當作苦口良藥。藥，用如動詞，以……爲藥。之，指鄭人的議論。

⑮今而後，從今以後。信，誠然，的確。可事，可以成事。

⑯小人，然明自謙之稱。

⑰其，語氣詞。

⑱豈唯二三臣，豈祇是我們這些做官的〔賴之得利〕。二三，泛指複數。

⑲仲尼，孔子的字。是，這。下文“以是觀之”的“是”同此。

第二單元

文選：《戰國策》

《戰國策》又稱《國策》，是一部戰國時代的史料彙編，作者已無可考。流傳到現在的版本由西漢劉向整理，分爲東周、西周、秦、齊、楚、趙、魏、韓、燕、宋、衛、中山十二國，共三十三篇，書名亦爲劉向擬定。

《戰國策》主要記述了戰國時期游説之士的政治主張和言行策略，亦是游説之士的實戰演習手册，同時展示了東周戰國時代的歷史特點和社會風貌，是研究戰國歷史的重要典籍。

春秋戰國時期，以農業手工業爲主的社會經濟基礎快速發展，推動了上層建築的變革。以周王室爲中心的國家聯盟逐漸解體，奴隸制度開始向封建制度過渡。争霸戰争頻繁，各諸侯國也相繼進行了或大或小的政治改革，同時出現了中國歷史上第一次大範圍的思想解放運動。各流派講學興盛，著書立説、談論政治、闡述哲理，各家之間相互批判辯論，形成良好的學術氛圍，政治、軍事、外交等思想達到空前繁榮。其中，合縱連横（簡稱“縱横”）極具代表性，是當時縱横家所宣揚并推行的外交和軍事政策。

《戰國策》善於叙事明理，行文流暢犀利，各家觀點針鋒相對、邏輯縝密、徐徐展開，是論辯文的典型寫作手法。《戰國策》也是一部優秀的散文集，對兩漢以來史傳文、政論文的發展有相當影響，其中大量運用寓言、譬喻等寫作手法，語言生動，富於文采，刻畫人物形象、事件場景尤其生動。駢辭儷句的語言特色使得詞鋒更爲犀利，詞情更爲濃郁，有學者稱其爲“辯麗横肆，亦文辭之最”。

秦興師臨周求九鼎（東周策）①

秦興師臨周而求九鼎②，周君患之，以告顔率。顔率曰：“大王勿憂，臣請東借救於齊。”顔率至齊，謂齊王曰：“夫秦之爲無道也，欲興兵臨周而求九鼎，周之君臣，内自畫計③，與秦④，不若歸之大國⑤。夫存危國，美名也；得九鼎，厚實也。願大王圖之⑥。”齊王大悦，發師五萬人，使陳臣思將以救周，而秦兵罷。

【注釋】

①《戰國策》原文無小標題，此爲注釋者所加，以下各篇同。

②臨，逼。求，要。

③計，劃。《管子·權脩》：“一年之計，莫如樹穀；十年之計，莫如樹木；終身之計，莫如樹人。”

④與，給。

⑤歸，通“饋”，送，贈送。《左傳·閔公二年》：“歸公乘馬，祭服五稱。”（贈送給戴公駕車的馬匹，祭服五套。）

⑥圖，考慮。

齊將求九鼎，周君又患之。顔率曰：“大王勿憂，臣請東解之。”顔率至齊，謂齊王曰：“周賴大國之義，得君臣父子相保也，願獻九鼎，不識大國何塗之從而致之齊？”齊王曰：“寡人將寄徑於梁。”顏率曰：“不可。夫梁之君臣欲得九鼎，謀之暉臺之下[①]，少海之上，其日久矣。鼎入梁，必不出。”齊王曰：“寡人將寄徑於楚。”對曰：“不可。楚之君臣欲得九鼎，謀之於葉庭之中，其日久矣。若入楚，鼎必不出。”王曰：“寡人終何塗之從而致之齊？”顏率曰：“弊邑固竊爲大王患之。夫鼎者，非效醯壺醬甀耳[②]，可懷挾提挈以至齊者[③]；非效鳥集烏飛、兔興馬逝[④]，灕然止於齊者[⑤]。昔周之伐殷，得九鼎，凡一鼎而九萬人挽之，九九八十一萬人，士卒師徒，器械被具，所以備者稱此。今大王縱有其人，何塗之從而出？臣竊爲大王私憂之。”齊王曰：“子之數來者，猶無與耳。”顏率曰：“不敢欺大國，疾定所從出，弊邑遷鼎以待命。”齊王乃止。

【注釋】

①謀，策劃。

②醯（xī），醋。甀（zhuì），罍、瓮之類的陶器。

③挈，携帶。“挈”“携”同源。

④興，跳。逝，跑。《史記・項羽本紀》：“力拔山兮氣蓋世，時不利兮騅不逝。”

⑤灕，很快就走了，源於“溜”。

馮諼客孟嘗君（齊策）[①]

齊人有馮諼者[②]，貧乏不能自存[③]，使人屬孟嘗君[④]，願寄食門下[⑤]。孟嘗君曰：“客何好[⑥]？”曰：“客無好也。”曰：“客何能？”曰：“客無能也。”孟嘗君笑而受之，曰：“諾[⑦]。”左右以君賤之也[⑧]，食以草具[⑨]。居有頃[⑩]，倚柱彈其劍，歌曰：“長鋏歸來乎[11]，食無魚!”左右以告[12]。孟嘗君曰：“食之，比門下之客[13]。”居有頃，復彈其鋏，歌曰：“長鋏歸來乎，出無車!”左右皆笑之，以告。孟嘗君曰：“爲之駕[14]，比門下之車客[15]。”於是乘其車，揭其劍[16]，過其友曰[17]：“孟嘗君客我[18]!”後有頃，復彈其劍鋏，歌曰：“長鋏歸來乎，無以爲家[19]!”左右皆惡之[20]，以爲貪而不知足。孟嘗君問：“馮公有親乎?”對曰：“有老母。”孟嘗君使人給其食用[21]，無使乏。於是馮諼不復歌。

【注釋】

①諼（xuān），一本作“煖”，《史記·孟嘗君列傳》作“驩”。客，用如動詞，這裏當作客講。孟嘗君，即田文，齊國貴族，封於薛（故城在今山東滕縣東南），孟嘗君是他的封號。“好客喜士”爲孟嘗君一大性格特徵，門下有食客數千人。本文描寫孟嘗君善待門客馮諼，依靠馮諼的謀略鞏固其政治地位的故事。

②者，語氣詞，表提頓。

③存，有解釋爲生存、生活，不確，這裏是“養”的意思。不能自存，就是不能自己養活自己。

④屬（zhǔ），托也，付也，交待的意思。《左傳·隱公三年》：“宋穆公疾，召大司馬孔父，而屬殤公焉。”（宋穆公病，召見大司馬孔父，向他托付殤公。）《史記·留侯世家》：“而漢王之將，獨韓信可屬大事，當一面。”（然而漢王劉邦手下將領中衹有韓信可以囑托大事，獨當一面。）

⑤寄食，就是依靠別人吃飯，這裏指到孟嘗君門下作食客。

⑥何好（hào），有何愛好。

⑦諾（nuò），答應的聲音。

⑧左右，指在孟嘗君身邊爲他辦事的人。以，因爲。賤，用如動詞，

意動用法。賤之，以之爲賤，等於説看不起他。

⑨食（sì），給……吃。草具，粗劣的飲食。“具”是飯食，源於“顎”。《史記·刺客列傳》“太子日造門下，供太牢具，异物間進，車騎美女恣荆軻所欲，以順適其意。”“具”還表示筵席。《史記·魏其武安侯列傳》：“將軍昨日幸許過魏其，魏其夫婦治具，自旦至今，未敢嘗食。”《韓非子·内儲説》：“因令之爲具於郄宛之家。”（便叫費無極到郄宛的家裏去置辦酒席。）

⑩居有頃，呆了不久。

⑪鋏（jiá），這裏指劍左右兩刃。“劍”源於“兼”。彈的是劍刃，纔能響；彈劍把，不能産生振動，不能作響。《漢語大詞典》：“鋏，劍。一説劍把。《管子·問第》：‘衣夾鋏……其厲何若?’尹知章注：‘鋏，兩刃鈹也。’《楚辭·涉江》：‘帶長鋏之陸離兮，冠切雲之崔嵬。’朱熹集注：‘鋏，劍把。或曰刀身劍鋒也。’”此處朱熹也搞錯其字義。“夾”源於“兼”。比如，夾竹桃呈桃花色，葉子形狀像竹葉，所以叫夾竹桃，是兼有桃和竹的特點。

⑫以告，把〔馮諼彈劍而歌的事〕告訴〔孟嘗君〕。“以”是介詞，賓語“之”省略。

⑬比門下之客，比照一般門客。

⑭爲之駕，給他準備車馬。這是雙賓語結構。

⑮車客，可以坐車的門客。

⑯揭，有釋爲“高舉”者。錯。探訪朋友路上爲何要高舉起劍?應解爲携帶。《莊子·庚桑楚》：“若規規然若喪父母，揭竿而求諸海也。”（你失魂落魄像死了父母，拿着竹竿到大海去打撈。）《史記·滑稽列傳》：“昔者，齊王使淳于髡獻鵠於楚。出邑門，道飛其鵠，徒揭空籠，造詐成辭，往見楚王。”《後漢書·馮衍傳》：“懷金垂紫，揭節奉使。”（〔馮衍〕懷揣金印，腰垂紫綬，拿着符書，出使他邦。）

⑰過，這裏指拜訪。“過”又有跨進義，源於“跨”。《國語·周語》：“無過亂人之門。”（不要跨進狂悖怨亂之人的門。）

⑱客我，以我爲客，也就是把我當客。客，用如動詞。

⑲無以爲家，没有用來養家的東西，等於説没法養家。爲，動詞。

⑳惡（wù），厭惡。

㉑給，供應，使足。

後孟嘗君出記①，問門下諸客：“誰習計會②，能爲文收責於薛者乎③？”馮諼署曰④：“能。”孟嘗君怪之，曰：“此誰也？”左右曰：“乃歌夫‘長鋏歸來’者也⑤。”孟嘗君笑曰：“客果有能也！吾負之⑥，未嘗見也。”請而見之，謝曰⑦：“文倦於事⑧，憒於憂⑨，而性懧愚⑩，沉於國家之事⑪，開罪於先生⑫。先生不羞⑬，乃有意欲爲收責於薛乎⑭？”馮諼曰：“願之⑮。”於是約車治裝⑯，載券契而行⑰。辭曰：“責畢收⑱，以何市而反⑲？”孟嘗君曰：“視吾家所寡有者。”

【注釋】

①記，布告。

②習，熟習。計會（kuài），就是會計。會計的“會”是“合”的意思，會計是合起來計算。

③責（zhài），債務，債款，後來寫作“債”。“債”源於“借”，借了成債。

④署，就是寫上名字。

⑤乃，就是。夫，指示代詞，當“那”講。

⑥吾負之，我對不住他。負，辜負，對不起。

⑦謝，道歉。

⑧文倦於事，我被瑣事搞得疲勞。於，介詞，表被動。下句的“於”同。事，指瑣事。

⑨憒（kuì），有解釋爲心亂，不確，應爲糊塗，源於“昏”。《莊子·大宗師》：“彼又惡能憒憒然爲世俗之禮，以觀衆人之耳目哉！”（他們又怎麽會稀裏糊塗地去炮製世俗的禮儀，而故意在衆人面前炫耀呢！）

⑩懧（nuò），《漢語大字典》釋“懧”同“懦”，“懦”字有膽小軟弱、柔軟兩個義項。《漢語大詞典》“懦”有畏怯軟弱、懦夫、柔軟三個義項。《説文》“懦，駑弱者也”，説的是駑弱，後人不明其義，理解爲膽小、畏怯。這裏的“懧”實則是做事拖拉、慢的意思。繩子繃不緊，福州語系説 nøyng，陽去。古人造“弱”，表鬆弛的弓。“弱”是指事字，表弓弛。繩子繃不緊就如弓弛。做事慢，福州語系説 nung，河南、河北話説“肉”。“懦”就是“肉”。“駑”是跑不快的馬，是很“肉”的馬。孟嘗君向馮諼説他自己“性懧”，是説他生性拖拉，而不是膽小。

⑪沉，沉溺。

⑫開罪，得罪。

⑬不羞，不以此事爲羞。

⑭乃，却，竟。爲（wèi），介詞。

⑮之，代詞，指“爲收責於薛”。

⑯約車，套車。約，束。治裝，整理行裝。

⑰券（quàn）契，“券”“契”同源。借貸雙方各持一份竹木做成的書牘，刻齒其旁，以便合齒驗證。所以下文説“合券”。

⑱責畢收，債收完了。

⑲以何市而反，用收的債款買什麽回來？以，介詞。市，買。反，返回，這個意義後來寫作“返”。

驅而之薛[①]，使吏召諸民當償者[②]，悉來合券[③]。券徧合[④]，起，矯命以責賜諸民[⑤]，因燒其券[⑥]，民稱萬歲。

長驅到齊[⑦]，晨而求見[⑧]。孟嘗君怪其疾也[⑨]，衣冠而見之[⑩]，曰："責畢收乎？來何疾也？"曰："收畢矣。""以何市而反？"馮諼曰："君云'視吾家所寡有者'，臣竊計君宫中積珍寶[⑪]，狗馬實外厩[⑫]，美人充下陳[⑬]，君家所寡有者以義耳[⑭]。竊以爲君市義[⑮]。"孟嘗君曰："市義奈何[⑯]？"曰："今君有區區之薛[⑰]，不拊愛子其民[⑱]，因而賈利之[⑲]。臣竊矯君命，以責賜諸民，因燒其券，民稱萬歲，乃臣所以爲君市義也[⑳]。"孟嘗君不説[㉑]，曰："諾。先生休矣[㉒]！"

【注釋】

①驅，本爲趕馬，這裏指駕車。之，往。這裏"之"的意思源於"適"。表結構助詞的"之"與"的"同源。

②當償者，應當還債的人。"借"了要還，"還"用"借"的鼻尾韵"償"。

③悉，都、全。表示"都"的"悉"源於"束"。

④徧，同"遍"。徧合，普遍地合過了。

⑤起，站起來。矯命，假托命令。"矯"源於"曲"。《公羊傳・僖公三十三年》："矯以鄭伯之命而犒師焉。"《史記・魏公子列傳》："至鄴，矯魏王令代晋鄙。"以責賜諸民，把債款賜給老百姓。

⑥因，於是，順着的意思，源於"沿"。《晏子春秋・内篇問上》："謀度於義者必得，事因於民者必成。"（謀劃事情符合於義就一定能實現，辦事情順從人意的就一定成功。）

⑦長驅，一直趕着車，指毫不停留。

⑧晨而求見，清晨就求見孟嘗君。

⑨疾，快。尖的東西刺入快，因此常將帶尖的物體與快聯繫。表快的“疾”源於“蒺”，蒺藜葉子和莖枝都有大刺。

⑩衣冠而見之，穿好衣服戴好帽子來接見他，以表示恭敬。衣、冠，都是名詞用如動詞。

⑪竊，私自，謙詞。計，考慮。

⑫實，和下句的“充”是同義詞，都當充實講。厩（jiù），馬房。

⑬充下陳，堂下到門廳的通道都站滿了。

⑭以，有説“疑是衍文”，實則不是。這裏的“以”是“因”的意思。《韓非子·有度》：“莊王之氓社稷也，而荆以亡。”（楚莊王丢下國家逃亡以後，楚國便因此而衰微了。）《韓非子·奸劫弑臣》：“孝公得商君，地以廣，兵以强。”（秦孝公得到了商君，領土因此而擴大，兵力因此而强大。）

⑮竊以爲君市義，我用債款替你買了義。以，用，介詞。爲，介詞。

⑯奈何，怎麽樣。

⑰區區，小小的。“區”源於“格”。分了格，格内的面積就小了。

⑱拊（fǔ），就是“撫”，撫摸，表示疼愛。子其民，以其民爲子，就是把薛地的人民看成自己的子女。子，用如動詞。

⑲賈（gǔ）利之，用商賈之道從百姓身上牟利。“賈”是做買賣，是交换，源於“互”，今天説“交易”。做買賣的人叫“賈”，如“商賈雲集”；買賣的價錢叫“價”。

⑳乃臣所以爲君市義也，這就是我用來替你買義的方式啊。所，代詞。以，介詞。這裏的“所以”意思是“用來……的方式”，不同於現代漢語的“所以”。

㉑説（yuè），喜悦、高興，這個意義後來寫作“悦”。

㉒休，停止。休矣，意爲算了吧。“休”源於“哮”，是人幹活幹累了

靠着樹幹喘氣，也就是暫停幹活，所以有停止義。

後期年[①]，齊王謂孟嘗君曰[②]："寡人不敢以先王之臣爲臣[③]！"孟嘗君就國於薛[④]。未至百里[⑤]，民扶老携幼，迎君道中[⑥]。孟嘗君顧謂馮諼："先生所爲文市義者，乃今日見之[⑦]！"

【注釋】

①期（jī）年，一周年。古代單説"期"，也指一周年。

②齊王，指齊湣（mǐn）王。

③我不敢把先王的臣作爲我的臣。這是委婉語，實際上是撤他的職。先王，指齊宣王。

④就國，前往自己的封邑。

⑤未至百里，還差百里没到。

⑥君，指孟嘗君。

⑦乃今日見之，在今天看到了。《史記·魯仲連鄒陽列傳》："吾始以君爲天下之賢公子也，吾乃今然後知君非天下之賢公子也。"

馮諼曰："狡兔有三窟，僅得免其死耳[①]；今君有一窟，未得高枕而卧也[②]。請爲君復鑿二窟！"孟嘗君予車五十乘[③]，金五百斤，西游於梁[④]，謂惠王曰[⑤]："齊放其大臣孟嘗君於諸侯[⑥]，諸侯先迎之者，富而兵强。"於是梁王虚上位[⑦]，以故相爲上將軍[⑧]，遣使者黄金千斤[⑨]，車百乘，往聘孟嘗君。馮諼先驅[⑩]，誡孟嘗君曰[⑪]："千金，重幣也[⑫]；百乘，顯使也[⑬]。齊其聞之矣[⑭]。"梁使三反[⑮]，孟嘗君固辭不往也[⑯]。

【注釋】

①僅,祇。耳,語氣詞,同“而已”,相當於現代漢語的“罷了”。

②高枕而卧,把枕頭墊得高高的躺着,比喻没有憂慮。高,用如動詞。

③予,給。

④梁,就是魏國。魏原都安邑,惠王遷都大梁(今河南開封),所以也叫梁。

⑤惠王,即梁惠王。

⑥放,有解釋爲“放逐”者,不確,應是摒弃,不用了。《論語·衛靈公》:“放鄭聲,遠佞人。鄭聲淫,佞人殆。”(捨弃鄭國的音樂,排斥小人。鄭國的音樂淫靡,小人危險。)

⑦虚上位,就是把上位(指相位)空出來。虚,用如動詞,使……虚。

⑧以故相爲上將軍,把原來的宰相調爲上將軍。故,原來。

⑨遣使者黄金千斤,“黄金”前省略了介詞“以”。

⑩先驅,先趕車回去。

⑪誡,告誡。“誡”和“戒”都有禁止行事義,如“戒嚴”的“戒”是“械”,是在路當中横一木杆不讓通行。

⑫千金,即金千斤。幣,這裏指聘幣,是古代聘請人時送的禮物。

⑬顯使,顯貴的使臣。

⑭齊其聞之矣,齊國大概聽説了。其,句中語氣詞,表示委婉語氣。

⑮梁使三反,梁國的使臣往返三次。

⑯固辭,堅决推辭。

齊王聞之,君臣恐懼,遣太傅賫黄金千斤[①],文車二駟[②],服劍一[③],封書謝孟嘗君曰[④]:“寡人不祥[⑤],被於宗廟之祟[⑥],沉於諂諛之臣[⑦]，開罪於君。寡人不足爲也[⑧]；願君顧先王之宗廟[⑨]，姑反國統萬人乎[⑩]！”馮諼誡孟嘗君曰：“願請先王之祭器，立宗廟於薛[⑪]！”廟成，還報孟嘗君曰：“三窟已就[⑫]，君姑高枕爲樂矣！”

孟嘗君爲相數十年，無纖介之禍者[⑬]，馮諼之計也。

【注釋】

①太傅，官名。賫（jī），拿東西送人，源於“贈”。《戰國策·西周策》：“王何不以地賫周最以爲太子也？”（大王爲什麼不把土地封贈給周最，幫助他成爲周王朝的太子？）《荀子·大略》：“非其人而教之，賫盜糧，借賊兵也。”（不該教的人而教他，等於把糧食送給賊，把武器交給大盜。）

②文車二駟，繪有文彩的四馬車兩輛。駟，這裏指四匹馬拉的一輛車。

③服劍，佩帶的劍。劍是挂在身上的，就像衣服挂在身上。上衣，北京話叫“褂子”。“服”有穿的用法。《晏子春秋·外篇第七》：“寡人有此二，將欲服之，今夫子不受，寡人不敢服。”（我有這樣的白狐裘兩件，剛打算穿它，現在先生不接受，我也不敢穿了。）也有佩帶之義。銀雀山漢墓竹簡《孫臏兵法·勢備》：“何以知劍之爲陣也？旦暮服之，未必用也。”

④封書，封好了書信。謝孟嘗君，向孟嘗君道歉。

⑤不祥，這裏的“祥”是吉祥，“不祥”是晦氣的意思。劉知幾《史通·書事》：“故德彌少而瑞彌多，政逾劣而祥逾盛。”

⑥被於宗廟之祟，遭受祖宗降下的灾禍。被，遭受。宗廟，這裏借指祖宗。祟（suì），神禍。

⑦諂諛（yú），巴結逢迎。

⑧寡人不足爲也，我是不值得您幫助的。不足，不值得。爲，指幫助。

⑨顧，顧念。

⑩姑，暫且，副詞。統，治理。萬人，衆人，指全國的百姓。

⑪“願請”兩句，意思是：希望你向齊王請求先王傳下來的祭器，在薛建立宗廟。按：古人重視宗廟，在薛地建立了宗廟，就可以使孟嘗君的地位更加鞏固。

⑫就，完成。

⑬纖（xiān），細。介，通“芥”，小草。纖介，是細小的意思。“纖”的小義源於“尖”，針尖兒最小。“介”源於“甲”，魚鱗是魚的甲，魚鱗是最小的甲。《莊子》裏的“芥爲之舟”是一片小草的葉就成了舟。“芥”是小草的一片葉子，比整株小草小得多。無纖介之禍，指没有一點禍患。

趙威后問齊使（齊策）[1]

齊王使使者問趙威后[2]。書未發[3]，威后問使者曰：“歲亦無恙耶[4]？民亦無恙耶？王亦無恙耶？”使者不説，曰：“臣奉使使威后[5]，今不問王而先問歲與民，豈先賤而後尊貴者乎[6]？”威后曰：“不然[7]。苟無歲[8]，何以有民[9]？苟無民，何以有君？故有問，舍本而問末者耶[10]？”

【注釋】

①趙威后，趙惠文王的妻，趙孝成王的母親，又稱趙惠文后、孝威太后。趙惠文王去世後，她曾一度臨朝聽政。本文委婉地批評齊君治國失當，贊揚趙威后突出民本思想政治理念。

②齊王，指襄王的兒子，名建。使者，奉命出使的人。問，聘問，是

當時諸侯之間的一種禮節。

③書，指齊王給趙威后的書信。發，啓封。

④歲，收成。古人種莊稼一年一季，所以收成説成“歲”。恙，憂患，灾害。耶，表疑問的語氣詞。

⑤第一個“使”是名詞，當使命講；第二個“使”是動詞，當出使講。使威后，出使到威后這裏來。兩個“使”字舊讀去聲（shì）。

⑥豈先賤而後尊貴者乎，意思是：難道把賤的放在前頭，把尊貴的放在後頭嗎？先、後，都用如動詞，使動用法。賤，指民衆。

⑦不然，不是這樣。

⑧苟，假如，假設連詞。

⑨何以，靠什麽。

⑩本，根本，指歲與民。末，末節，指君。

乃進而問之曰：“齊有處士曰鍾離子①，無恙耶？是其爲人也②，有糧者亦食③，無糧者亦食；有衣者亦衣④，無衣者亦衣。是助王養其民也⑤，何以至今不業也⑥？葉陽子無恙乎⑦？是其爲人，哀鰥寡⑧，恤孤獨⑨，振困窮⑩，補不足⑪。是助王息其民者也⑫，何以至今不業也？北宫之女嬰兒子無恙耶⑬？徹其環瑱⑭，至老不嫁，以養父母。是皆率民而出於孝情者也⑮，胡爲至今不朝也⑯？此二士弗業，一女不朝，何以王齊國、子萬民乎⑰？於陵子仲尚存乎⑱？是其爲人也，上不臣於王⑲，下不治其家，中不索交諸侯⑳。此率民而出於無用者㉑，何爲至今不殺乎？”

【注釋】

①處士，有才能而隱居不出來做官的人。鍾離，是複姓。

②是，指示代詞，指鍾離子，這裏當這個人講。

③食（sì），給食物吃。下句的“食”同此。

④第一個“衣”（yī）是名詞，當衣服講；第二個“衣”（yì）用如動詞，給衣服穿。下句的兩個“衣”字分别同此處兩“衣”字。

⑤是，指以上的行爲。

⑥何以，因爲什麽。不業，不使他成就功業，意思是不用他。業，用如動詞。

⑦葉（舊讀 shè）陽子，齊國的處士。葉陽，複姓。

⑧哀，憐憫。鰥（guān），年老無妻或喪妻的人。寡，寡婦。

⑨恤（xù），顧念。孤，年少無父。獨，年老無子。

⑩振，救濟。

⑪不足，指缺少衣食。

⑫息，動詞，蕃殖。鰥寡孤獨窮困的人得到救濟，不至於死亡，就是使民蕃殖。

⑬北宫，複姓。嬰兒子，姓北宫的女子的名字。

⑭徹，通“撤”，拿掉。環，指耳環。瑱（tiàn），作耳飾的玉。環瑱，泛指女子的飾物。

⑮率，勸勉的意思。此處“率”不應解釋爲率領。孝情，孝心。

⑯胡爲，爲什麽。“胡”是疑問代詞，當“什麽”講。不朝，不上朝。古代婦女有封號的纔能上朝，所以這裏的“不朝”實際上是指不加封號。

⑰何以，以何，憑什麽。王齊國，爲齊國之王。王（wàng），動詞，當成爲王講。子萬民，把人民看成自己的子女。這和統治階級所説的“爲民父母”是同樣的意思。子，用如動詞。

⑱於（wū）陵，齊邑名，在今山東鄒平西南。子仲，齊國的隱士。

⑲不臣於王，不向王稱臣，就是不做官。臣，用如動詞，當稱臣講。

⑳索交，索求。索交諸侯，與諸侯交往。

㉑無用，没有作用，等於説同君王不合作。

江乙對荆宣王（楚策）①

荆宣王問群臣曰："吾聞北方之畏昭奚恤也②，果誠何如③？"群臣莫對④。江乙對曰："虎求百獸而食之⑤，得狐。狐曰：'子無敢食我也⑥！天帝使我長百獸⑦，今子食我，是逆天帝命也。子以我爲不信⑧，吾爲子先行⑨，子隨我後，觀百獸之見我而敢不走乎⑩？'虎以爲然⑪，故遂與之行，獸見之皆走。虎不知獸畏己而走也，以爲畏狐也。今王之地方五千里⑫，帶甲百萬⑬，而專屬之昭奚恤⑭。故北方之畏奚恤也，其實畏王之甲兵也⑮，猶百獸之畏虎也⑯。"

【注釋】

①江乙，一本作"江一"，魏人，以智謀見長，在楚國做官。荆宣王，就是楚宣王，名良夫。楚肅王去世，無子，其弟楚宣王繼位。

②北方，當時指中原各諸侯之國。昭奚恤，楚國貴族，權傾一時，曾爲楚令尹，專國政，以威勢聞於中原諸侯。之，介詞，作用在於取消"北方畏昭奚恤"的獨立性，使它作爲"聞"的賓語。

③果誠何如，真正怎麽樣呢？"果"和"誠"是同義詞，都是真正的意思。何如，怎麽樣。

④莫，否定性無定代詞，相當於現代漢語的"没有誰"或"没有人"。

⑤求，尋找。

⑥無敢，不敢。"幻、换、化、貨、狐"同源。狐狸很難逮住，因此古人以爲它有幻術。古人將魔術説成幻術，也説化。貨幣可以兑换任何東西。化學就是變化的科學。

⑦長（zhǎng），首領，這裏用如動詞。長百獸，做群獸的首領。

⑧信，源於“實”。不信，所言不實，指説謊。

⑨吾爲子先行，我在你前邊走。爲（wèi），介詞。行，相當於現代漢語的“走”。

⑩走，相當於現代漢語的“跑”，這裏指逃跑。

⑪以爲，認爲，覺得。然，對，不錯。

⑫地，領地。今王之地，如今大王的領地。方，即“範”。方五千里，五千里見方的範圍。

⑬帶甲，披鎧甲，這裏指披鎧甲的戰士。

⑭專，源於“團”，進而引申爲全部義。《管子·任法》：“專聽其大臣者，危主也。”（祇憑大臣的喜惡來論斷賞罰的，是即將危亡的君主。）此處解釋爲全部更準確。屬（zhǔ），委托。之，指百萬軍隊。這句的意思是，把百萬軍隊全部托付給昭奚恤。

⑮其實，這件事（指北方之畏昭奚恤）的實情。甲兵，這裏指軍隊。

⑯猶，好像。

莊辛説楚襄王（楚策）①

莊辛謂楚襄王曰：“君王左州侯，右夏侯②，輦從鄢陵君與壽陵君③，專淫逸侈靡④，不顧國政，郢都必危矣⑤！”襄王曰：“先生老悖乎⑥？將以爲楚國袄祥乎⑦？”莊辛曰：“臣誠見其必然者也⑧，非敢以爲國袄祥也。君王卒幸四子者不衰⑨，楚國必亡矣！臣請辟於趙⑩，淹留以觀之⑪。”

【注釋】

①莊辛，戰國時楚國大臣，楚莊王之後，因而以莊爲姓。説（shuì），

勸説，説服。楚襄王，就是楚頃襄王，懷王之子，名橫。懷王入秦被扣留，襄王即位後親信小人，荒淫自恣，結果遭到秦國連年進攻，疆土日削，國勢益衰。本文寫莊辛的兩次諫諍。文中用層層比喻、層層遞進的方式勸諫警醒楚襄王，如果一味沉溺奢靡，没有憂患意識，勢必陷於危亡之勢。

②州侯、夏侯，都是襄王的寵臣。這句話的意思是，州侯、夏侯整天不離你的左右。

③輦（niǎn），古時用人拉的車子，秦漢以後專指君王坐的車子。從（舊讀 zòng），跟隨，侍從。鄢陵君、壽陵君，都是襄王的寵臣，他們也整日跟隨着襄王。

④專淫逸侈靡，一味地放蕩奢侈。淫，越過常度。逸，放縱。侈，源於"大"，奢侈，花費大。《韓非子·解老》："多費之謂侈。"《左傳·莊公二十四年》："儉，德之共也；侈，惡之大也。"（節儉，是善行中的大德；奢侈，是邪惡中的大惡。）靡，浪費。"淫逸"指行爲放蕩，"侈靡"指生活上浪費。

⑤郢（yǐng）都，楚國的國都郢，在今湖北江陵縣北。

⑥老悖（bèi），年老而糊塗。"悖"源於"脖"，"脖"是轉。"頸"，北方説脖子；手腕、脚踝，河南話説成手脖、脚脖。"悖"是糊塗，就如頭暈。《管子·度地》："寡人悖，不知四害之服，奈何?"（我糊塗，不知道怎麽制服其他的四害，怎麽辦?）

⑦將以爲楚國祆祥乎，還是認爲我這種行爲是楚國不祥之兆呢？將，還是，有圜義，選擇連詞。潮州話讀 ziang1（chiang），ziang3（chiang）。《詩經·小雅·谷風》："將恐將懼。"（既恐慌，又害怕。）"將"的這個用法源於"扎"，"將"的陰聲韵是"扎"。"扎"的本義是捆，纏束，如"扎辮子""扎腿"；引申指把兒、捆兒，如"一扎綫"。《莊子·至樂》："夫子貪生失理，而爲此乎？將子有亡國之事，斧鉞之誅，而爲此乎?"

(先生是貪求生存，丢失真理，從而成爲這樣呢？還是你遇上了亡國大事，犯了大罪，因而成爲這樣呢？）祆，同“妖”，這裏是指謡言。《大戴禮記·保傅》：“忠諫者謂之誹謗，深爲計者謂之訞誣。”祥，吉凶的預兆。

⑧臣誠見其必然者也，我的的確確看到你這種行爲的必然結果啊。

⑨卒幸，始終寵愛。者，代詞，用在主謂結構後面，組成一個名詞性片語。衰，減。

⑩辟，躲避，這個意義後來寫作“避”。

⑪淹，這裏是藏匿的意思。《國語·魯語上》：“毁則者爲賊，掩賊者爲藏。”韋昭注：“掩，匿也。”

莊辛去之趙①，留五月，秦果舉鄢、郢、巫、上蔡、陳之地②。襄王流揜於城陽③。於是使人發騶徵莊辛於趙④。莊辛曰：“諾。”

莊辛至。襄王曰：“寡人不能用先生之言，今事至於此，爲之奈何⑤？”莊辛對曰：“臣聞鄙語曰⑥：‘見兔而顧犬⑦，未爲晚也；亡羊而補牢⑧，未爲遲也。’臣聞昔湯武以百里昌⑨，桀紂以天下亡⑩。今楚國雖小，絶長續短⑪，猶以數千里⑫，豈特百里哉⑬？

【注釋】

①去，離開，指離開楚國。之，往。

②舉，攻下。鄢（yān），屬今湖北宜城。巫，今四川巫山縣。上蔡，今河南上蔡縣。陳，今河南淮陽。

③流揜於城陽，流亡藏匿於城陽。揜（yǎn），這裏是藏匿的意思。城陽，就是成陽，在今河南息縣西北。

④發，派遣。騶（zōu），騎士。徵，召。

⑤爲之奈何，對這怎麼辦？

⑥鄙語，俗語。

⑦見兔而顧犬，見到兔子纔想到犬。顧，這裏是想到的意思。

⑧亡，失掉，丢了。牢，這裏指羊圈，源於“櫪”“籬”。

⑨湯，商代開國之君。武，武王，周代開國之君。以，介詞。昌，興盛。

⑩桀，夏代最後的國君；紂，商代最後的國君。兩人都是歷史上有名的暴君。

⑪絶長續短，等於説截長補短。絶，截。

⑫猶，尚，還（hái）。以，有。《漢書·婁敬傳》：“吕后泣曰：‘妾唯以一太子一女，奈何弃之匈奴！’”

⑬豈特，豈但，豈止。

“王獨不見夫蜻蛉乎①？六足四翼，飛翔乎天地之間②，俛啄蚊虻而食之③，仰承甘露而飲之④。自以爲無患，與人無争也；不知夫五尺童子，方將調飴膠絲⑤，加己乎四仞之上⑥，而下爲螻蟻食也⑦。

【注釋】

①獨，副詞，表示反問，略等於現代漢語的“難道”。夫（fú），那，指示代詞。下文“不知夫”的“夫”同此。蜻蛉（líng），即蜻蜓。

②翼，翅膀。翔，有解釋爲“盤旋地飛而不扇動翅膀”，不確。“翔”就是飛，源於“漾”，翅膀一直扇動。乎，於，介詞。

③俛，同“俯”，這裏指向下。啄，鳥用嘴取食。這裏用的是擴大義，

因蜻蜓不是鳥類。虻，嚙人飛蟲。

④承，接。甘，甜美。

⑤方將，正要。調飴膠絲，“絲”字疑有誤，這裏要表達的意思應是把飴糖附在杆頭，用來黏取飛蟲。飴（yí），糖漿。膠，黏。

⑥加己乎四仞之上，在四仞的高度上被粘住。加己，加在自己身上。仞，周尺八尺，一説七尺。

⑦而下爲螻蟻食也，其下場就是被螻蛄螞蟻啃食。螻，螻蛄。蟻，螞蟻。

“蜻蛉其小者也①，黄雀因是以②。俯噣白粒③，仰棲茂樹④，鼓翅奮翼⑤。自以爲無患，與人無争也；不知夫公子王孫⑥，左挾彈⑦，右攝丸⑧，將加己乎十仞之上，以其類爲招⑨。晝游乎茂樹，夕調乎酸鹹⑩。倏忽之間，墜於公子之手⑪。

【注釋】

①蜻蛉其小者也，蜻蛉〔的事〕是其中的小事啊。其，其中的，指代衹圖享樂、喪失警惕以致遭遇不幸的事。

②因是以，如同這樣呢。因，猶，如同。是，這樣，指示代詞。以，通“已”，句末語氣詞。

③噣，通“啄”。白粒，指米粒。

④棲，止息，源於“止”。

⑤鼓，鼓動。奮，振動。

⑥公子，最初用來稱諸侯的子女，後來用以稱官宦人家的兒子。王孫，貴族的子孫。

⑦左挾彈（dàn），左手拿着彈弓。“拿”有兩種表示法：一是手掌捲

起來，如前面説的“援”；二是用“夾”的義表示，即用拇指和其他手指夾住，有“攝”“挾”“執”“鑷”等。

⑧右攝丸，右手捏彈丸。

⑨以其類爲招，把黄雀的頸作爲彈射的目標（依王念孫説，見《讀書雜志》）。類，當爲“頸”字之誤。招，射的目標。“招”源於“的”，即靶子。

⑩酸醎，指調味的作料。醎，同“鹹”。

⑪倏，源於“速”，表示快。孟浩然《宿業師山房待丁大不至》：“夕陽度西嶺，群壑倏已暝。”（夕陽過了西嶺，群山很快進入黄昏。）

“夫黄雀其小者也，黄鵠因是以①。游於江海，淹乎大沼②，俯噣鱔鯉③，仰嚙蔆衡④，奮其六翮⑤，而凌清風⑥，飄摇乎高翔⑦，自以爲無患，與人無争也；不知夫射者，方將脩其碆盧⑧，治其矰繳⑨，將加己乎百仞之上，被劙磻⑩，引微繳⑪，折清風而抎矣⑫。故晝游乎江河，夕調乎鼎鼐⑬。

【注釋】

①黄鵠（hú），俗名天鵝，像雁，但比雁大。

②淹，藏匿。沼（zhǎo），池，沼澤地。

③鱔（shàn），即鱔魚，一般説“黄鱔”，源於“旋”。

④嚙（niè），咬。蔆，同“菱”，菱兩頭尖，源於“戮”。衡，就是荇（xìng），一種水草。“荇”源於“杭”，浮的意思。

⑤翮（hé），羽毛的莖，這裏指鳥的大羽毛。六翮，指翅膀，鳥翅一般有六根大羽毛。“翮”就是源於“莖”。

⑥凌，衝上。《世説新語·言語》：“既有凌霄之姿，何肯爲人作耳目

近玩!”(既然有直衝雲霄的資質，又怎麼肯給人作愉悦耳目的玩物呢!)

⑦乎，在這裏作狀語。

⑧脩，整治。碆（bō），石製的箭頭。盧，黑弓。

⑨治，和上文的“脩”同義。矰（zēng），弋（yì）射的箭。繳(zhuó)，繫在箭上的生絲綫，箭發出去，可以靠它收回來。

⑩被，遭受。劆（jiàn），鋭利，一本作“礛”。磻（bō），同“碆”。

⑪引，拖着。微，細。

⑫折，指翅膀射斷了。抎，通“隕”，墜落。

⑬鼎鼐（nài），都是古代烹煮的器具。鼐，大鼎。

“夫黄鵠其小者也，蔡靈侯之事因是以[①]。南游乎高陂[②]，北陵乎巫山[③]，飲茹溪之流[④]，食湘波之魚[⑤]，左抱幼妾，右擁嬖女[⑥]，與之馳騁乎高蔡之中[⑦]，而不以國家爲事；不知夫子發方受命乎靈王[⑧]，繫己以朱絲而見之也[⑨]。

【注釋】

①蔡靈侯，蔡國的國君，名般，弑父景侯，自立爲君。蔡國在今河南上蔡縣。

②高陂（beī），高丘。

③陵，升，登。巫山，在今四川巫山縣。

④茹溪，水名，在巫山縣北。流，指水。

⑤湘波，就是湘水，在湖南。

⑥嬖（bì），寵愛的。“嬖”源於“旁”，首先是親近的，常在身旁就是所寵愛的。

⑦馳騁（chěng），快馬加鞭地趕車。“馳”和“騁”都是源於“騰”。

高蔡，今河南上蔡縣。

⑧子發，楚大夫。

⑨己，指蔡靈侯。朱絲，紅繩。見（xiàn），使……見。這裏指解送蔡靈侯去見楚靈王。之，指楚靈王。

"蔡靈侯之事其小者也，君王之事因是以。左州侯，右夏侯，輦從鄢陵君與壽陵君，飯封禄之粟[①]，而載方府之金[②]，與之馳騁乎雲夢之中[③]，而不以天下國家爲事；不知夫穰侯方受命乎秦王[④]，填黽塞之内[⑤]，而投己乎黽塞之外[⑥]。"

襄王聞之，顔色變作[⑦]，身體戰栗[⑧]。於是乃以執珪而授之爲陽陵君[⑨]，與淮北之地也[⑩]。

【注釋】

①飯，吃。封，在這裏宜作"大"講。《逸周書·寤儆》："致王禱，赦有罪，懷庶有，兹封福。"（王要祈禱，赦免有罪之人，安撫衆人，這就是大福。）《新序·節士》："吴爲無道，行封豕長蛇，蠶食天下，征上國，始於楚，寡君失社稷，越在草莽，使下臣告急。"（吴國貪殘暴虐，幹的事就像大野猪大長蛇，想一口一口地把天下都吃掉，對中原國家用兵，首先攻打楚國，敝國國君喪失了國家，流亡在草野之中，派卑職來報告急難。）禄，俸給，源於"糧"。粟，這裏泛指穀物。

②載，用車裝載。方府之金，即四方所貢，納於國庫之金。

③雲夢，雲夢澤，位於今湖北江漢平原區域。

④穰（ráng）侯，即魏冉，秦昭王母宣太后之弟，封在穰（在今河南鄧州市），號穰侯。秦王，指秦昭王。

⑤填，指布滿軍隊。黽（méng）塞，就是平靖關，在今河南信陽西

南。内，秦將白起攻破鄢郢，在黽塞之南，所以説“内”。

⑥投，抛擲。外，楚王被迫出奔城陽，在黽塞之北，所以説“外”。

⑦變作，就是改變。這裏的“作”源於“搓”，轉的意思。《莊子·天地》：“謂己諛人，則怫然作色。”（説自己阿諛别人，就憤然變了臉色。）

⑧戰栗，哆嗦。戰，通“顫”，源於“彈”。弓弦一彈會反復地彈。人在寒冷中會顫抖，在冷水中游泳時皮膚會感覺像針刺。栗果全身都是刺，“栗”表示刺。“不寒而栗”就是不寒而顫抖。

⑨執珪（guī），楚國的爵位名。陽陵君，給莊辛的封號。

⑩與，有釋爲“通‘舉’，攻下”者，不確，這裏的“與”應是連詞。

魯仲連義不帝秦（趙策）①

秦圍趙之邯鄲②。魏安釐王使將軍晋鄙救趙③，畏秦，止於蕩陰④，不進。

魏王使客將軍辛垣衍間入邯鄲⑤，因平原君謂趙王曰⑥：“秦所以急圍趙者，前與齊湣王争强爲帝⑦，已而復歸帝，以齊故⑧；今齊湣王已益弱⑨，方今唯秦雄天下⑩，此非必貪邯鄲，其意欲求爲帝。趙誠發使尊秦昭王爲帝⑪，秦必喜，罷兵去⑫。”平原君猶豫未有所决。

【注釋】

①魯仲連，齊人，口才超群、談鋒機警，多爲國事而辯，以高超的論辯爲齊國屢建奇功。義，根據正義，名詞用作狀語。不帝秦，不尊秦王爲帝。帝，用如動詞。本文生動刻畫了無畏正直、急公好義的魯仲連，頹廢無能、優柔寡斷的平原君和卑劣短視的辛垣衍。

②邯鄲，趙國國都，今河北邯鄲市。趙孝成王六年（前260），秦將白起帥軍在長平之戰（故址在今山西高平市西北）擊殺趙國四十餘萬士兵，繼而大軍東進包圍了趙國都城邯鄲，趙孝成王陷入惶恐。

③魏安釐（xī）王，魏昭王的兒子，名圉（yǔ）。釐，通“僖”。晋鄙，魏國的大將。

④蕩陰，今河南湯陰縣，是趙魏兩國交界的地方。

⑤客將軍，别國人在魏做將軍，所以稱客將軍。辛垣衍，又作“新垣衍”，辛垣爲複姓。間（jiàn）入，指偷偷地進入。

⑥因，靠，通過。平原君，趙孝成王的叔父，名勝，封平原君，與齊孟嘗君、楚春申君、魏信陵君齊名（時稱戰國四公子），當時爲趙相。平原君的妻子也是信陵君的姐姐。趙王，指趙孝成王，名丹，趙惠文王之子。

⑦公元前288年，齊湣王（宣王子，名地）稱東帝，秦昭王（名稷）稱西帝。兩强稱帝，暴露了他們吞并五國、瓜分天下的企圖，使五國十分惶恐，導致了五國攻秦和六國攻齊兩大事件。

⑧已而，過了不久。歸帝，歸還帝號（秦、齊自稱帝，在周制已屬僭越，實質的帝應是當時的周王，即周赧王），也就是取消了帝號。以，因。蘇代勸齊湣王取消了帝號，秦昭王因此也取消帝號，所以説“以齊故”。

⑨此句疑有誤。秦圍邯鄲時，齊湣王已死二十餘年。這句的意思可能是今之齊比湣王時益弱。益，更加。

⑩方今，現在。雄，稱雄，用如動詞。

⑪誠，真，這裏含有假設的意思。

⑫去，離開，指撤離邯鄲。

此時魯仲連適游趙①，會秦圍趙②，聞魏將欲令趙尊秦爲帝，乃見平原君曰：“事將奈何矣③？”平原君曰：“勝也何敢言事？百萬之衆折於外[4]，今又内圍邯鄲而不去[5]。魏王使客將軍辛垣衍令趙帝秦，今其人在是[6]。勝也何敢言事？”魯連曰[7]：“始吾以君爲天下之賢公子也[8]，吾乃今然後知君非天下之賢公子也[9]。梁客辛垣衍安在[10]？吾請爲君責而歸之[11]！”平原君曰：“勝請爲紹介而見之於先生[12]。”

平原君遂見辛垣衍曰：“東國有魯連先生[13]，其人在此，勝請爲紹介而見之於將軍。”辛垣衍曰：“吾聞魯連先生，齊國之高士也[14]。衍，人臣也，使事有職[15]，吾不願見魯連先生也。”平原君曰：“勝已泄之矣[16]。”辛垣衍許諾[17]。

【注釋】

①適，副詞，正巧，恰在這時。

②會，副詞，正巧碰上。

③奈何，怎麼辦。

④百萬之衆折於外，指秦趙長平之戰，趙四十餘萬人被坑殺。百萬之衆，指人數之多。折，挫敗。

⑤内，狀語，指深入國内。去，離開，使動用法，指打敗秦軍使之離開。

⑥其人，那個人。是，指示代詞，等於説“這裏”。

⑦魯連，即魯仲連。

⑧始，當初。

⑨乃，這纔，副詞。

⑩梁，指代魏國。安在，在哪裏。安，疑問代詞。

⑪歸之，使之歸，就是叫他回去。

⑫紹介，即介紹。原文作“勝請爲召而見之於先生”，今據《史記·

魯仲連列傳》校正。見（xiàn）之，使之見。

⑬東國，指齊國。因齊在趙的東方，所以稱東國。

⑭高士，品行高尚而不做官的人。

⑮使事有職，意即使臣的事，有一定的職守。

⑯泄，泄露。源於“宣”，本義排出、排泄。《漢書·溝洫志》：“獨一川兼受數河之任，雖高增堤防，終不能泄。如有霖雨，旬日不霽，必盈溢。”後有泄露義。《管子·君臣下》：“墻有耳者，微謀外泄之謂也。”《戰國策·秦策》“王怒於犀首之泄也，乃逐之。”（秦武王對犀首泄露這一消息很是惱怒，便把他趕走了。）《韓非子·説難》：“夫事以密成，語以泄敗。”

⑰許諾，答應。

魯連見辛垣衍而無言。辛垣衍曰：“吾視居此圍城之中者，皆有求於平原君者也；今吾視先生之玉貌，非有求於平原君者，曷爲久居此圍城之中而不去也[①]？”魯連曰：“世以鮑焦無從容而死者，皆非也[②]。今衆人不知，則爲一身[③]。彼秦者[④]，弃禮義而上首功之國也[⑤]，權使其士[⑥]，虜使其民[⑦]；彼則肆然而爲帝[⑧]，過而遂正於天下[⑨]，則連有赴東海而死耳[⑩]，吾不忍爲之民也[⑪]！所爲見將軍者，欲以助趙也[⑫]。”辛垣衍曰：“先生助之奈何[⑬]？”魯連曰：“吾將使梁及燕助之，齊楚則固助之矣。”辛垣衍曰：“燕，則吾請以從矣[⑭]；若乃梁[⑮]，則吾乃梁人也，先生惡能使梁助之耶[⑯]？”魯連曰：“梁未睹秦稱帝之害故也[⑰]；使梁睹秦稱帝之害[⑱]，則必助趙矣。”辛垣衍曰：“秦稱帝之害將奈何？”魯仲連曰：“昔齊威王嘗爲仁義矣[⑲]，率天下諸侯而朝周。周貧且微[⑳]，諸侯莫朝，而齊獨朝之。居歲餘[㉑]，周烈王崩，諸侯皆吊，齊後往。周怒，赴於齊曰[22]：‘天崩地坼[23]，天子下席[24]，東藩之臣田嬰齊後至[25]，則斮之[26]！’威王勃然怒曰[27]：‘叱嗟[28]！而母[29]，婢也！’卒爲天下笑[30]。故生則朝周[31]，死則叱之[32]，誠不忍其求也[33]。彼天子固然[34]，其無足怪[35]。”

【注釋】

①曷（hé）爲，爲什麽。曷，何，疑問代詞。

②以，以爲，認爲。鮑焦，周隱士，相傳因不滿當時政治，抱木餓死。從容，指胸襟寬大。無從容，指心地狹隘。這句的意思是，那些認爲鮑焦由於心胸狹隘而死的人都錯了。

③今衆人不知，則爲一身，意思是：一般人不瞭解鮑焦，以爲他是爲個人打算。隱喻魯仲連不是爲個人打算。

④彼，指示代詞，那個。者，語氣詞，表提頓。

⑤上，通“尚”，崇尚。首功，斬首之功。秦變法實行軍功爵制：爵二十級，作戰時斬得敵人的首級越多，爵位越高。獎勵作戰時多殺敵人。

⑥權使其士，以權詐之術來使用他的士。權，詐術，名詞用作狀語。“權”源於“詭”。

⑦虜使其民，把他的人民當作奴隸來使用。“虜”，這裏當奴隸講，名詞用作狀語。“虜”源於“掠”。

⑧則，假如，假設連詞。肆然，是“如願地”的意思，不應解釋爲放肆地、毫無忌憚地。《左傳·昭公十二年》：“昔穆王欲肆其心，周行天下。”《莊子·繕性》：“故不爲軒冕肆志，不爲窮約趨俗。”《史記·魯仲連鄒陽列傳》：“彼即肆然而爲帝。”司馬貞索隱：“肆然猶肆志也。”

⑨正，應爲“政”，執政。進而執政天下。

⑩有，含“祇有”的意思。赴，奔向，此處爲跳海而死。耳，原作

“矣”，今從《史記》。

⑪忍，這裏是甘心的意思，由“願意”轉來。表“願意”，《戰國策·趙策三》：“即有所取者，是商賈之人也，仲連不忍爲也。”（如果有所索取的話，那就是做買賣的人了，我魯仲連不願意幹這種事。）《潛夫論·忠貴》：“寧見朽貫千萬，而不忍賜人一錢。”轉表“甘心”。“吾不忍爲之民也”，是我不甘心給他當百姓。原句是雙賓語句。

⑫“所爲”兩句，意思是我見你的原因，就是想藉此幫助趙國。爲（wèi），介詞。所爲，表示原因。以，介詞。

⑬奈何，如何。助之奈何，如何幫助？

⑭這句的意思是，燕嗎，我就同意你的看法。以，以爲，認爲。

⑮若乃，至於。

⑯惡（wū），怎麼，疑問代詞做狀語。

⑰睹（dǔ），看見。

⑱使，假如，假設連詞。

⑲齊威王，名嬰齊，宣王的父親。爲仁義，等於説行仁義。

⑳微，弱小。

㉑居歲餘，等於説過了一年多的時間。歲，年，一歲代表一年。

㉒赴，使人奔告喪事，即報喪。後代寫作“訃”。

㉓天崩地坼（chè），比喻天子死。坼，裂開。

㉔天子，這裏指繼承烈王的新君顯王（名扁）。下席，指孝子離開原來的宫室，寢在苫（shān，草墊子）上守喪。

㉕東藩，指齊國。藩，本義是籬笆，引申爲遮罩的意思。古代封建諸侯，爲的是屏藩王室，所以稱諸侯爲藩國。齊國在東方，故稱東藩。

㉖斮（zhuó），斬殺，源於“斫”。

㉗勃然，生氣時變了色的樣子。人生氣，血衝向頭部，臉漲紅。“勃”是漲的意思。然，表狀態，……的樣子，不是詞尾。

㉘叱嗟，這裏是罵的意思，動詞。“叱”和“嗟”都源於“刺”，今天河南話説“考他娘”。比方“操”，去聲，源於“刺”。“叱”在“嗟”前，受“嗟”影響，聲母變成舌尖尾。

㉙而，代詞，你的。

㉚卒，終於。爲，介詞，表被動。

㉛生，指周烈王活着的時候。

㉜死，指周烈王死後。叱，大聲斥駡。

㉝忍，忍受。求，指苛求。

㉞固然，本來這樣，指憑自己是天子，隨便作威作福。

㉟其無足怪，不值得奇怪。其，語氣詞，表示委婉語氣。

辛垣衍曰:“先生獨未見夫僕乎①？十人而從一人者，寧力不勝、智不若耶②？畏之也。”魯仲連曰:“然梁之比於秦③，若僕耶④？”辛垣衍曰:“然⑤。”魯仲連曰:“然則吾將使秦王烹醢梁王⑥!”辛垣衍怏然不悦⑦，曰:“嘻⑧！亦太甚矣，先生之言也⑨！先生又惡能使秦王烹醢梁王?”魯仲連曰:“固也⑩！待吾言之:昔者鬼侯、鄂侯、文王⑪，紂之三公也⑫。鬼侯有子而好⑬，故入之於紂⑭。紂以爲惡⑮，醢鬼侯。鄂侯争之急，辨之疾⑯，故脯鄂侯⑰。文王聞之，喟然而嘆⑱，故拘之於牖里之庫百日⑲，而欲令之死。曷爲與人俱稱帝王，卒就脯醢之地也?

【注釋】

①獨，源於“軸”，難道。《晏子春秋・内篇諫下》:“君獨不知死者之不可以生邪?”(君主難道不知道死了的人不可能再活嗎?)僕，奴僕。

②寧，難道，疑問副詞。若，及，動詞。不若，比不上。

③比於秦，跟秦國比。

④若，像。

⑤然，副詞，表示同意，等於説“是的”。

⑥然則，既然這樣，那麼。烹醢（hǎi），都是古代的酷刑。醢，剁成肉醬。

⑦快（yàng）然，不高興的樣子。

⑧嘻，驚嘆聲。

⑨甚，源於“深”，後表程度，厲害，過分。“先生之言”是主語部分，“亦太甚”是謂語部分，謂語部分前置，表示的感嘆語氣比較强烈。

⑩固，本來，當然。

⑪鬼侯，又稱九侯。鄂侯，又稱翼侯。文王，就是周文王。三者都是商紂王時的諸侯。

⑫公，這裏指諸侯。

⑬子，這裏指女兒。在上古時代，子本是男女的通稱。好，貌美。

⑭入，進獻，源於“納”。

⑮惡（è），醜。

⑯辨，通“辯”。疾，這裏是極力的意思。

⑰脯（fǔ），乾肉，這裏作動詞用，做成肉乾。“脯”源於“曝”。

⑱喟（kuì）然，嘆氣的樣子。喟，源於“氣”，《説文》：“喟，大息也。從口，胃聲（丘貴切）。”嘆氣是舒大氣。斷氣，閩語説“斷 k^hui5”。氣，隋唐音 k^hjei，潮州話説 ki3。

⑲牖（yǒu）里，一作“羑里”，在今河南湯陰縣北。

秦將聞之，爲却軍五十里[①]。適會魏公子無忌奪晋鄙軍以救趙擊秦[②]，秦軍引而去[③]。

於是平原君欲封魯仲連，魯仲連辭讓者三[④]，終不肯受。平原君乃置酒[5]，酒酣[6]，起，前[7]，以千金爲魯連壽[8]。魯連笑曰："所貴於天下之士者，爲人排患、釋難、解紛亂而無所取也[9]；即有所取者[10]，是商賈之人也[11]。仲連不忍爲也。"遂辭平原君而去，終身不復見。

【注釋】

①卻軍，退兵。

②魏公子無忌，魏昭王少子，安釐王的异母弟，封信陵君，戰國四公子之一。他托魏王的愛姬如姬盗出兵符，假傳魏王的命令奪得晋鄙軍去救趙。事詳《史記·魏公子列傳》。

③引，向後退。

④三，多次。

⑤置酒，設置酒宴。

⑥酒酣，酒喝得很暢快的時候。

⑦前，動詞，指走到魯仲連面前。

⑧壽，是"醻"之省，酬金的意思，并非祝壽。

⑨排，排除。釋，消除。解，解開，也有除去的意思。三者在這裏是同義詞。

⑩即，假如。

⑪是，指示代詞，做主語。商賈，商人的統稱。

觸讋説趙太后（趙策）[1]

趙太后新用事[2]，秦急攻之。趙氏求救於齊。齊曰："必以長安君爲質[3]，兵乃出[4]。"太后不肯，大臣强諫[5]。太后明謂左右[6]："有復言令長安君爲質者[7]，老婦必唾其面[8]。"

【注釋】

①此事發生在趙孝成王元年（前265）。觸讋（zhé），趙國左師（官名），《史記·趙世家》、長沙馬王堆帛書《戰國策》寫作“觸龍”。趙太后，就是趙威后，孝成王母親。本文講述觸讋用“父母之愛子，則爲之計深遠”的道理，巧妙地説服了趙太后。

②新，剛開始。用事，這裏指執政。公元前266年，趙惠文王死，子孝成王立，年幼，所以由趙太后執政。

③長安君，趙太后最小的兒子的封號。質（zhì），留作抵押的人。當時諸侯間結盟，常常把自己的子孫交給對方做抵押，以取得信任。

④乃，這裏當“纔”講，副詞。

⑤强（qiǎng）諫，竭力諫諍。

⑥明謂，明明白白地説給。

⑦者，代詞，這裏代人，相當於“的人”。

⑧老婦，趙太后自稱。唾其面，吐口水在他的臉上。

左師觸讋願見太后，太后盛氣而揖之[①]。入而徐趨[②]，至而自謝曰：“老臣病足[③]，曾不能疾走[④]，不得見久矣，竊自恕[⑤]，而恐太后玉體之有所郄也[⑥]，故願望見太后。”太后曰：“老婦恃輦而行[⑦]。”曰：“日食飲得無衰乎[⑧]？”曰：“恃粥耳。”曰：“老臣今者殊不欲食[⑨]，乃自强步[⑩]，日三四里，少益耆食[⑪]，和於身[⑫]。”太后曰：“老婦不能。”太后之色少解[⑬]。

【注釋】

①揖，《史記·趙世家》作“胥”。“揖”當是“胥”字傳寫之誤。

“胥”通“須”，等待。

②徐，慢慢地。趨，快步走。當時臣見君，按禮當快步走，觸讋因脚上有毛病，所以祇能徐趨，即努力做出快步走的姿態。

③病足，脚上有毛病。

④曾，這裏是“竟”的意思。《論語·先進》：“吾以子爲异之問，曾由與求之問。”（我以爲你問的是别人，竟是問仲由和冉求。）《戰國策·楚策三》：“今先生乃不遠千里而臨寡人，曾不肯留，願聞其説。”（如今先生不遠千里來會見寡人，竟然不肯停留，希望聽到您不肯留下的原因。）疾走，快走。後“乃自强步”中，“步”意爲走，不能快而已。

⑤自恕，原諒自己。恕，寬恕，原諒。

⑥玉體，等於説貴體。古人把玉看成貴重的寶物，所以用來比喻趙后的身體。郄（xì），不舒適。

⑦恃，依靠，憑藉。

⑧得無，類似現代漢語的“該不會”。衰，减少。

⑨今者，這裏當“近來”講。殊，很。

⑩乃，這裏當“却”講。步，動詞，慢慢走，和“趨”有區别。

⑪日，每日。少（shǎo），副詞，稍稍。益，副詞，更加。耆，通“嗜”，喜愛。

⑫和，這裏指舒適。

⑬太后之色少解，太后的怒色稍稍地消了一些。解，消。

左師公曰：“老臣賤息舒祺①，最少，不肖②；而臣衰③，竊愛憐之④，願令得補黑衣之數⑤，以衛王宫。没死以聞⑥。”太后曰：“敬諾⑦！年幾何矣⑧？”對曰：“十五歲矣。雖少，願及未填溝壑而托之⑨。”太后曰：“丈夫亦愛憐其少子乎⑩？”對曰：“甚於婦人[⑪]。”太后笑曰：“婦人异甚[⑫]！”對曰：“老臣竊以爲媪之愛燕后[⑬]，賢於長安君[⑭]。”曰：“君過矣[⑮]！不若長安君之甚[⑯]！”左師公曰：“父母之愛子，則爲之計深遠[⑰]。媪之送燕后也，持其踵爲之泣[⑱]，念悲其遠也[⑲]，亦哀之矣[⑳]。已行，非弗思也，祭祀必祝之，祝曰：‘必勿使反[㉑]！’豈非計久長，有子孫相繼爲王也哉[㉒]？”太后曰：“然。”

【注釋】

①賤息，對人謙稱自己的兒子。息，源於“子”。利息就是本金産生的子。媳婦就是結婚後成爲生孩子的人。舒祺，觸讋兒子的名字。

②不肖，“肖”與“像”同源，不肖就是不像長輩那樣賢德，後引申爲没出息，一般用於自謙的説法。

③衰，衰老。

④“愛”“憐”同源，是同義詞。

⑤願令得補黑衣之數，希望讓他得以補充衛士的數目。這是客氣的説法，意思就是請求讓他當一名保衛王宫的衛士。得，表示客觀情况的容許。黑衣，衛士的代稱，因當時趙國王宫的衛士都穿黑衣。

⑥没死以聞，冒着死罪把這話告訴你。没死，就是昧死、冒死（“昧”通“冒”），表謙卑之意。聞，使聞，即稟告的意思。

⑦敬諾，等於説“遵命”。

⑧幾何，多少。

⑨及，趁。填溝壑（hè），指死後没人埋葬，尸體被扔在山溝裏，這裏是對自己死亡的謙卑説法。

⑩丈夫，古時候對男子的通稱。

⑪甚於婦人，超過婦人。

⑫异甚，程度更深。“异”是狀語。

⑬媪（ǎo），對年老婦人的尊稱。燕后，趙太后的女兒，嫁到燕國爲后，所以稱爲燕后。

⑭賢，勝，超越。

⑮過，動詞，錯。

⑯不若長安君之甚，不像〔愛〕長安君那樣厲害。

⑰爲之計深遠，替他考慮得深遠。計，動詞，打算，考慮。

⑱持其踵爲之泣，握着她的脚後跟爲她〔遠嫁〕而哭。持，握。踵（zhǒng），脚後跟。燕后上了車，趙太后在車下還要握着她的脚後跟，捨不得她離去。

⑲念悲其遠也，想到她遠嫁於外而感到悲痛。念，想到。

⑳亦哀之矣，也算是〔够〕愛她了。哀，愛也。王念孫《讀書雜志》説：“哀者，愛也。”

㉑必勿使反，一定别讓她回來。古代諸侯的女兒遠嫁給他國國君，衹有被廢黜或亡國纔回到本國，所以趙太后祭祀時祝女兒别回來。反，回來，這個意義後來寫作“返”。

㉒“豈非”兩句，意思是〔這〕難道不是作長遠打算，希望燕后有子孫世世代代相繼爲王嗎？也哉，都是語氣詞，“也”表判斷，“哉”表反問。

左師公曰：“今三世以前①，至於趙之爲趙②，趙主之子孫侯者，其繼有在者乎③？”曰：“無有。”曰：“微獨趙④，諸侯有在者乎⑤？”曰：“老婦不聞也⑥。”“此其近者禍及身，遠者及其子孫。豈人主之子孫則必不善哉？位尊而無功，奉厚而無勞⑦，而挾重器多也⑧。今媪尊長安君之位⑨，而封之以膏腴之地⑩，多予之重器⑪，而不及今令有功於國⑫；一旦山陵崩⑬，長安君何以自托於趙⑭？老臣以媪爲長安君計短也⑮，故以爲其愛不若燕后⑯。”太后曰：“諾，恣君之所使之⑰！”於是爲長安君約車百乘，質於齊，齊兵乃出。

【注釋】

①三世，就是三代，父子相繼爲一世。這裏的“三世以前”，指趙肅侯時。

②至於趙之爲趙，上推到趙氏開始建成趙國的時候。指趙烈侯由晉國的一個大夫成爲萬乘之國的國君。

③繼，指繼承人，就是後嗣。從現在算起往上推三代，一直到趙氏建立趙國的時候，趙王的子孫凡被封侯的，他們的子孫還有能繼承爵位的嗎?

④微獨，不僅，不但。微，不，否定副詞。獨，僅，副詞。

⑤諸侯有在者乎，此句是指“諸侯之子孫侯者，其繼有在者乎”。

⑥不聞，即未聞，没有聽説過。

⑦奉，通“俸”，指俸禄。勞，功勞。

⑧挾，持。重器，貴重的寶物，指金玉珍寶鐘鼎等。

⑨尊長安君之位，使長安君的地位很高。尊，使……尊貴，使動用法。

⑩膏腴（yú），比喻土地肥沃。

⑪予，給。

⑫及今，趁現在〔，您在世間〕。

⑬山陵崩，比喻君死，像山陵崩塌那樣嚴重。是一種委婉的説法。這裏比喻趙太后死去。

⑭托，保全。長安君憑什麼在趙國保全自身呢？

⑮以，認爲。

⑯其愛，指對長安君的愛。

⑰恣君之所使之，任憑你怎樣支使他。恣，任憑。使，安排，支使。

子義聞之[①]，曰："人主之子也，骨肉之親也，猶不能恃無功之尊[②]，無勞之奉，而守金玉之重也；而況人臣乎！"

【注釋】

①子義，趙國的賢士。

②猶，還。尊，指尊貴的地位。

第三單元
文選：《論語》

《論語》是儒家學派的經典著作，由孔子門人及其再傳弟子集成，書中輯録了孔子及其弟子的言行。漢初所傳《論語》有古論、齊論、魯論三種。古論二十一篇，出自孔子舊宅壁中，用古文字寫成，孔安國曾爲之作訓解，但已失傳。齊論二十二篇，爲齊人所學；魯論二十篇，爲魯人所傳。東漢鄭玄就魯論篇章，參考齊論、古論，爲之作注。魏時的何晏集漢儒以來各家之説，成《論語集解》。之後，《論語》逐漸被人重視，研究的人也衆多。至唐文宗時，被列入經書。宋朱熹又把它與《大學》《中庸》《孟子》合爲“四書”，并爲《論語》《孟子》作集注，成爲官定讀本，《論語》從此更爲世人重視。

今通行《論語》共二十篇，包括政治主張、教育原則、倫理觀念、品德修養等方面内容。語言通俗簡潔而寓意深刻，爲語録典範。其中很多總結社會生活經驗的言論，後來逐步發展爲格言和成語，對後世文學有很大的影響。

學　而①

子曰②：“學而時習之③，不亦説乎④？有朋自遠方來⑤，不亦樂乎？人不知而不愠[6]，不亦君子乎？”

【注釋】

①學而，《論語》第一篇篇名。《論語》本無篇名，後人以各篇除“子曰”外的頭兩字爲篇名（個别以人名爲篇名的是三個字）。

②子，古時對男子的尊稱。《論語》中的“子”，都是孔子學生對孔子的稱呼。曰，表達説話之意，古人也説“謂”“云”等。不吐物，河南話説成“乾噦”，“噦”是吐，“曰”是説出話。“謂”是“曰”的陰聲韵，“子曰詩云”的“云”是“曰”的陽聲韵。今粤語“説”説wa。“話”是名詞。“聊天”山東説“拉瓜”，“拉”是“聊”之省。頻繁地説，古人説“聒”。“言”多用作名詞。“諺”是有教育意義的俗語。“諭”是説的話，“手諭”就是寫下來的話。“唁”是特指對喪者家屬進行慰問。“曰、謂、話、哇、拉瓜、聒、蟈蟈兒、云、言、諺、諭、唁、噦”都是同源詞。

③時，以時，按時。習，應解釋爲演練。孔子當時的教學内容是禮、樂、射、御、書、數六類，老師教了就要演練。

④説，借爲“悦”。“説”是把話“泄”出來；“悦”是心裏舒暢，喜溢於表；所以古時“説”通“悦”，“説”等同於“悦”“泄”。

⑤朋，與“友”同義。

⑥愠，有解爲“惱怒”者，但孔子説“不患人之不己知，患不知人也”（《論語・學而》），又怎會因别人不理解自己就發怒？“愠”是“鬱”的陽聲韵，是鬱悶的意思。“鬱”源於“彎”的意思，不順心，今北方説“窩心”。使彎成弧形，福州話説uo。

曾子曰[1]：“吾日三省吾身[2]：爲人謀而不忠乎[3]？與朋友交而不信乎[4]？傳不習乎[5]？”

【注釋】

①曾子，名參（shēn），字子輿，孔子的弟子。

②日，每天。省（xǐng），看，檢查。

③謀，考慮事情。而，是不是。忠，誠心誠意。

④朋友，有解釋認爲："上古朋和友是有區别的：同門（師）爲朋，同志爲友。"未見文獻有此區别用法。"朋"和"友"同義。

⑤傳，傳授的知識。習，指演練，源於鳥拍翅膀飛。鳥飛時拍的次數多，習含多次演練之意。

子曰："道千乘之國①，敬事而信②，節用而愛人③，使民以時④。"

【注釋】

①道，治理。

②敬，認真，源於"驚"。敬是由於對人有些怕，不敢隨便，怕把工作做壞了就會認真做。

③人，古代"人"有廣狹兩義：廣義的"人"指人民大衆；狹義的"人"指士大夫及其以上各階層的人。

④民，指老百姓，源於"晚"。老百姓不戴冠，衆人站在一起，都披一頭黑髮，顯得一片黑。黎民百姓的"黎"就是黑的意思。"黎明"是將明未明的時刻，長沙人説"黑早"。使民以時，意思是役使百姓要看時間（不要動用農時）。

子曰："君子不重則不威，學則不固。主忠信①；無友不如己者[2]; 過則勿憚改[3]。”

【注釋】

①主忠信, 專注於“忠”和“信”。“主”是“篤”的意思, “忠”是誠心誠意, “信”是信用。

②無, 同“毋”。

③憚, 怕, 源於“彈”。人害怕時心會怦怦跳, 像彈弓彈動。

有子曰:“禮之用[1], 和爲貴[2]。先王之道斯爲美, 小大由之。有所不行, 知和而和, 不以禮節之, 亦不可行也。”

【注釋】

①用, 實施。

②和, 楊伯峻先生在《論語譯注》中有詳細的解釋。“和”按構擬上古音的人歸歌部, 那任何一個義項都無法解釋好。“和”源於“合”, 楊伯峻先生解作“恰當”, 是正確的。禮的實施, 要因時因事做到恰當。

有子曰:“信近於義, 言可復也[1]; 恭近於禮[2], 遠耻辱也; 因不失其親, 亦可宗也[3]。”

【注釋】

①復, 楊伯峻先生取朱熹《集注》:“復, 踐言也。”這一解釋正確。《左傳·哀公十六年》:“吾聞勝也好復言, 而求死士, 殆有私乎?”(我聽説勝這個人務求實踐諾言, 又遍求不怕死的人, 恐怕是有私心吧?)《國語·楚語下》:“復言而不謀身, 展也。”(説到做到, 不考慮自身的利害,

叫展。)《論語·顏淵》:“顏淵問仁。子曰:‘克己復禮爲仁。一日克己復禮,天下歸仁焉。爲仁由己,而由人乎哉?’”“克己復禮”是克制自己的言行去實踐禮。這裏的“復”源於“步”,於是有“因裔”義。《史記·秦始皇本紀》:“五帝不相復,三代不相襲。”(五帝的王制不相承,三代的制度不相襲。)還有“停止”義,那是“步”的反義。《搜神記·平常生復生》:“復雨,水五日必止。”

②恭,義近“敬”,源於“恪”,恪守。“恪”又源於“格”,在框框格格裏,嚴肅認真,小心謹慎。《荀子·解蔽》:“仁者之思也,恭;聖人之思也,樂。”(仁人在思考時小心謹慎;聖人在思考時輕鬆愉快。)

③宗,尊崇。《國語·晋語四》:“不能修身而又不能宗人,人將焉依?”(如果不能修養品德,又不能尊奉周天子,别人怎麽會依附?)

子曰:“君子食無求飽,居無求安,敏於事①而慎於言②,就有道而正焉,可謂好學也已③。”

【注釋】

①敏於事,“敏”與黽勉的“勉”同義,是勤勉的意思。可以要人家勤勉,很難要求人家快。《論語·公冶長》:“敏而好學,不耻下問。”(既勤奮努力學習,又不以下問爲耻辱。)《管子·小匡》:“人君唯優與不敏不可。”(國君就是不能優柔寡斷和不勤勉。)《漢書·東方朔傳》:“此士所以日夜孳孳,敏行而不敢怠也。”

②慎於言,“慎”不是謹慎,而是真誠。《論語·學而》:“慎終,追遠,民德歸厚矣。”(要誠心辦理父母的喪事,誠心誠意地祭祀祖先,這樣做了,老百姓就會受到感化,他們的道德就會趨於篤厚。)《荀子·君子》:“故仁者,仁此者也;義者,分此者也;節者,死生此者也;忠者,惇慎此者也。”(所以仁人,他的仁就在於〔尚賢使能、等貴賤、分親疏、序長

幼〕這四件事上；有道義的人，他的道義就在於區別這四件事；有名節的人，他的死和生都是爲了維護這四件事；有忠心的人，他的忠心就在於能忠實真誠地實行這四件事。)

③就有道而正焉，可謂好學也已，意即向品德好的人請教糾正自己的錯誤，那可以説是好學的了。就，凑近。

爲　政

子曰："道之以政①，齊之以刑②，民免而無耻③；道之以德，齊之以禮，有耻且格④。"

【注釋】

①道之以政，即用法令來引導他們。道，引導。

②齊之以刑，用刑罰來告戒他們。齊，通"敕"，告戒的意思。後面"齊之以禮"的"齊"與修身齊家的"齊"同義，整治的意思。

③免，免於刑罰。古代天子、諸侯、卿、大夫等行朝儀、祭禮時所戴的禮帽稱"冕"，源於"幔"，脱去冕稱"免"。《禮記·曲禮上》："冠毋免。""娩"是胎兒離開母體。"嬔"(fàn)是母鷄生蛋。

④齊之以禮，有耻且格，意即用禮來整治他們，這樣他們不但知廉耻，而且知道規矩。格，楊伯峻解爲"歸服"，這裏應解爲規矩更合適，源於"匡"。

孟武伯問孝①。子曰："父母唯其疾之憂②。"

【注釋】

①孟武伯，即仲孫彘，孟懿子的兒子，"武"是謚號。孝，是孝順老人。

老人背駝了，所以稱“考”。金文“考”“孝”通用。《易・蠱》：“幹父之蠱，有子考。”（繼承父業，有一個孝順的兒子。）“考”和“孝”都是舌根音，發音方法不同罷了。“老”是“考”用 L 聲母造的詞。《説文》：“老，考也。”“考，老也。”六書（造字法）稱此爲“轉注”。許慎《〈説文解字〉叙》：“轉注者，建類一首，同意相受，考、老是也。”就是 A 字的意思就是 B 字的意思，B 字的意思就是 A 字的意思；它們是同源詞、同義詞。

②其，到底代誰，楊伯峻介紹了王充、高誘、馬融三位的意見。我們認爲，“父母唯其疾之憂”是指父母擔心他們老時的疾病，“其”是指父母自己。孝子應該瞭解這個。

子曰：“學而不思則罔①，思而不學則殆②。”

【注釋】

①罔，通“惘”，迷惑，罔然無知。源於“蒙”。

②殆，一般解爲“疑惑”，這裏應是笨的意思，呆，不懂。《論語・爲政》：“多見闕殆，慎行其餘，則寡悔。”（要多看，有不懂的地方予以保留，其餘有把握的地方謹慎地去做，就可以減少錯誤。）《莊子・秋水》：“吾非至於子之門則殆矣。”（我要不是到你這裏請教，那就太無知了。）《黄帝内經・素問・著至教論篇》：“而道上知天文，下知地理，中知人事，可以長久，以教衆庶，亦不疑殆。”（就醫學而言，必須上通天文，下通地理，中知人事，纔能長久流傳下去，用以教導群衆，也不致發生似懂非懂。）“學而不思則罔，思而不學則殆”，意思是衹學習而不思考，就會罔然無知；衹思考而不學習那是太笨了。

子曰：“由①，誨女知之乎②？知之爲知之，不知爲不知，是知也③。”

【注釋】

①由，仲由，字子路。

②誨，教導。“誨”與“訓”是陰陽對轉本義詞。女，第二人稱代詞，後來寫作“汝”。

③爲，“謂”的假借字，在這裏是“説”的意思。《墨子·魯問》：“子墨子爲魯陽文君曰。”（墨子對魯陽文君説。）這幾句的大意是：知道就説知道，不知道就説不知道，這纔是真正的“知”。

子張學干禄[①]。子曰：“多聞闕疑[②]，慎言其餘，則寡尤[③]；多見闕殆，慎行其餘，則寡悔[④]。言寡尤，行寡悔，禄在其中矣。”

【注釋】

①干，求，源於“乞”。《墨子·節葬下》：“欲以干上帝鬼神之福，又得禍焉。”（想用它求取上帝鬼神的賜福，反而又得禍。）《韓非子·説難》：“伊尹爲宰，百里奚爲虜，皆所以干其上也。”（伊尹當厨師，百里奚做奴隸，都不過是一種求取他們君主重用的手段。）《論衡·逢遇》：“夫以大才干小才，小才不能受，不遇固宜。”（才能大的去求才能小的，并任用他，才能小的不可能接受，因此不受賞識重用是理所當然的事。）禄，官職，源於“糧”。有官職就吃皇糧。還有用“食”表示“禄”的。《周禮·天官·醫師》：“歲終則稽其醫事，以制其食。”鄭玄注：“食，禄也。”

②闕，通“缺”。

③尤，過錯，源於“咎”。“咎”又源於“曲”。《左傳·僖公二十四年》：“尤而效之，罪又甚焉。”（明知那是錯的而又去仿效，罪過就更嚴重了。）

④悔，過錯，源於“違”。《管子·匡君》：“令鮑叔進大夫，勸國家，

得之成而不悔，爲上舉。”（命鮑叔推薦大夫，爲國家效力，有功而無過錯的，是上等人才。）

哀公問曰：“何爲則民服？”孔子對曰：“舉直錯諸枉[①]，則民服；舉枉錯諸直，則民不服。”

【注釋】

①錯（cù），通“措”，放的意思。比如“手足無所措”，就是手不知怎麽擺放。《易・繫辭上》：“藉用白茅，無咎。子曰：‘苟錯諸地而可矣，藉之用茅，何咎之有？’”孔穎達疏：“錯，置也。”“舉直錯諸枉，則民服”，意思就是把正直的人提拔出來，放在不正直的人之上，老百姓就服了。

季康子問：“使民敬、忠以勸[①]，如之何？”子曰：“臨之以莊則敬，孝慈則忠，舉善而教不能則勸。”

【注釋】

①勸，勤勉，源於“勤”。《墨子・尚賢下》：“有力者疾以助人，有財者勉以分人，有道者勸以教人。”（有力氣的人趕快助人，有錢財的儘量分給人，有道的人努力教人。）

子曰：“人而無信，不知其可也[①]。大車無輗，小車無軏[②]，其何以行之哉！”

【注釋】

①而，連詞，這裏含有假設的意思，等於説“如果”。可，這裏是

“何”的假借。《石鼓文·汧殹》：“其魚隹可？隹鱮隹鯉。可以橐之？隹楊及柳。”（那魚是什麽魚？是鰱魚是鯉魚。拿什麽去裝它？用楊枝柳枝編的東西。）《左傳·定公五年》：“國亡矣，死者若有知也，可以歆舊祀？”（國家被滅亡了，死者假若有知，怎麽來享受一貫的祭祀？）《國語·晋語四》：“未報楚惠而抗宋，我曲楚直，其衆莫不生氣，不可謂老。”（我們還没報答楚國的恩惠就去救助宋國，是我們理曲而楚國理直，楚軍上下没有不憤慨的，不能認爲他們士氣衰落。）

②大車，指牛車。輗（ní），轅端横木，縛軛以駕牛者。小車，指馬車。軏（yuè），轅端上曲，鈎衡（横木）以駕馬者。衡是倒V型，現在是像游泳圈那樣的套。“軏”源於“芽”。

里　仁

子曰：“君子之於天下也，無適也①，無莫也，義之與比。”

【注釋】

①適，作剛好用，剛好就是尖對尖。《左傳·文公十年》：“止子西，子西縊而縣絶，王使適至，遂止之，使爲商公。”（去阻止子西，子西正在上吊而繩子斷了，楚王派去的人恰好來到，阻止了他的自殺，讓他做商公。）“君子之於天下也，無適也，無莫也，義之與比”，大意就是君子對於天下的人，不説應該怎麽樣，也不説不能怎麽樣，一切以義爲標準。

子曰：“參乎①！吾道一以貫之②。”曾子曰：“唯③！”子出，門人問曰：“何謂也？”曾子曰：“夫子之道，忠恕而已矣④。”

【注釋】

①參，曾參。

②道，這裏是主張的意思，不能解釋爲道理。一，是始終的意思。以，介詞，有“用”或“拿”的意思。吾道一以貫之，意即我的主張都是始終貫徹到底。

③唯，答應的聲音。

④恕，就是孔子所説的“己所不欲，勿施於人”的主張。

子曰：“君子喻於義[①]，小人喻於利。”

【注釋】

①喻，明白，懂得。

子曰：“見賢思齊焉[①]，見不賢而内自省也[②]。”

【注釋】

①思齊，想要和他看齊。齊，用如動詞。

②内，内心。自省（xǐng），自我檢查。見不賢而内自省也，意思是説，看見不賢的人，就要自我反省，看有没有同他一樣的毛病。

公冶長[①]

宰予晝寢[②]。子曰：“朽木不可雕也[③]，糞土之墻不可杇也[④]。於予與何誅[⑤]！”子曰：“始吾於人也[⑥]，聽其言而信其行；今吾於人也，聽其言而觀其行。於予與改是[⑦]。”

【注釋】

①公冶長，孔子的弟子，公冶是複姓。

②宰予，字子我，孔子的弟子。晝寢，白天睡覺。

③朽，腐爛。

④杇（wū），同“圬”，塗墻，這裏指粉刷。

⑤於，介詞，有“對於”的意思。與（yú），語氣詞，下文“與”同。誅，譴責。於予與何誅，意思是説，對於宰予這樣的人，責備什麽呢，即不值得責備的意思。

⑥始，等於説先前、起初。

⑦改是，改變了這個，“是”指代“聽其言而信其行”。

子貢問曰①：“孔文子何以謂之文也②？”子曰：“敏而好學③，不恥下問④，是以謂之文也。”

【注釋】

①子貢，姓端木，名賜，字子貢，孔子的弟子。

②孔文子，名圉（yǔ），衛國大夫，“文”是他的謚號。謂，叫做。

③敏，勤勉努力的意思。詳見《學而》篇“敏於事”注。

④下問，向不如自己的人請教。

季文子三思而後行①。子聞之，曰：“再②，斯可矣③。”

【注釋】

①季文子，名行父（fǔ），魯國大夫，“文”是謚號。三，多表示次數很多，但這裏和“再”相對，應看作確數。

②再，兩次，和“又”“復”等字不同。

③斯，就。

顏淵、季路侍①。子曰：“盍各言爾志②？”子路曰：“願車馬、衣輕裘③，與朋友共④，敝之而無憾⑤。”顏淵曰：“願無伐善⑥，無施勞⑦。”子路曰：“願聞子之志。”子曰：“老者安之，朋友信之，少者懷之⑧。”

【注釋】

①顏淵，名回，字子淵，孔子的弟子。季路，即子路。侍，卑者陪伴在尊者身旁。

②盍（hé），“何不”的合音字。

③裘，皮衣。唐石經初刻本“裘”前無“輕”字（見阮元《論語注疏校勘記》）。

④共，動詞，指共同享用。

⑤敝，破，壞，這裏是使動用法。憾，有解釋爲怨恨，不確，這裏是可惜的意思。敝之而無憾，把它用壞了也不可惜。

⑥伐，誇耀，源於劈開腿的“劈”。“伐”的先秦讀音爲 bjat，唐代讀音爲 b^{h}iæt。“劈”的閩東方言爲 p^{h}iek，閩南、潮汕爲 pek ，中山（石岐）爲 p^{h}iak。《墨子・修身》：“慧者心辯而不繁説，多力而不伐功，此以名譽揚天下。”（聰明人心裏明白而不多説，努力作事而不誇説自己的功勞，因此名揚天下。）

⑦施，是宣揚。《淮南子・詮言訓》：“功蓋天下，不施其美；澤及後世，不有其名。”（所以功蓋天下，不宣揚那個美德；澤被後世，不將這個名聲據爲己有。）勞，是功勞的意思。

⑧這幾句的意思是，對老年人，使他們安逸；對平輩的人（朋友），使他們能信任我；對年輕人，使他們歸依我。懷，歸（依孔安國説）。

雍 也

哀公問[①]："弟子孰爲好學？"孔子對曰："有顔回者好學[②]，不遷怒，不貳過[③]。不幸短命死矣。今也則亡[④]！未聞好學者也。"

【注釋】

①哀公，魯哀公。

②者，語氣詞。

③遷，移。不遷怒，不把怒氣轉移到與那件事無關的人身上。貳，重複一次。不貳過，不重犯同樣的錯誤。

④亡，通"無"。

子曰："賢哉回也！一簞食，一瓢飲[①]，在陋巷[②]，人不堪其憂[③]，回也不改其樂。賢哉回也！"

【注釋】

①簞，是竹葉或葦子葉包的飯團，這裏解釋爲團。飲，用如名詞，蒸飯的湯汁。

②陋巷，是破房子，"巷"指房子。《詩·鄭風·叔于田》："叔于田，巷無居人。"（共叔段前往郊野打獵，住宅内不再有人——都追隨他前去觀看了。）《史記·陳丞相世家》："家乃負郭窮巷，以弊席爲門。"

③不堪，忍受不了。

冉求曰[①]："非不説子之道[②]，力不足也。"子曰："力不足者，中道而廢[③]，今女畫[④]。"

【注釋】

①冉（rǎn）求，字子有，孔子的弟子。

②説（yuè），後來寫作“悦”。道，這裏指孔子的學説。

③中道，半路。廢，停止，這裏指因疲乏而走不動了（參照《禮記·表記》“中道而廢”鄭玄注）。

④畫，指給自己畫定一個界限，不肯前進。

述　而

子曰：“默而識之[①]，學而不厭[②]，誨人不倦，何有於我哉[③]？”

【注釋】

①識（zhì），記住。

②厭，滿足。

③何有於我哉，意即對我來説有什麼呀？也就是説，“默而識之，學而不厭，誨人不倦”這三件事對我來説都不難。

子曰：“德之不脩[①]，學之不講[②]，聞義不能徙[③]，不善不能改，是吾憂也。”

【注釋】

①脩，通“修”，培養。

②講，講習，研究。

③聞義不能徙，大意是聽到了應當做的事（義），却不能放下暫時可

以不做的事，而改從應當做的事。

子曰："飯疏食[①]，飲水，曲肱而枕之，樂亦在其中矣[②]。不義而富且貴，於我如浮雲。"

【注釋】

①飯，舊讀上聲，作動詞，吃。疏食（舊讀 sì），粗糧。

②曲，彎曲，使動用法。肱，《廣韵》古弘切，源自"弓"，指胳膊。《墨子・非命上》："聞文王者皆起而趨之，罷不肖、股肱不利者處而願之。"《禮記・曲禮上》："并坐不橫肱。"（與别人并坐時，不要橫出胳膊。）"飯疏食"至"在其中矣"的意思是：吃粗糧，喝白水，曲着手臂當枕頭，這樣的生活内心也是歡樂的。

葉公問孔子於子路[①]，子路不對。子曰："女奚不曰：'其爲人也，發憤忘食[②]，樂以忘憂，不知老之將至云爾[③]。'"

【注釋】

①葉（舊讀 shè）公，名諸梁，楚國大夫。

②憤，通"奮"。庾信《擬詠懷》十："天亡遭憤戰，日蹙值愁兵。"（上天使梁朝覆滅，遭受這樣猛烈的戰火；國土日漸縮小，而又遇着那樣激憤的敵兵。）

③云爾，如此而已。

子曰："三人行，必有我師焉[①]。擇其善者而從之，其不善者而改之[②]。"

【注釋】

①三人，等於説幾個人，并非確指“三”。行，走路。焉，指示代詞兼語氣詞，這裏指稱人。

②擇其善者而從之，其不善者而改之，意思是選擇他們的優點加以學習，將他們身上的缺點作爲自己的借鑒，藉以改正自己身上與他們相同的缺點。

子曰：“若聖與仁，則吾豈敢？抑爲之不厭①，誨人不倦，則可謂云爾已矣②。”公西華曰③：“正唯弟子不能學也④！”

【注釋】

①抑，轉折連詞，這裏有“不過”的意思。爲之，指學習聖人之道。

②云爾已矣，等於“云爾”。

③公西華，姓公西，名赤，字子華，孔子的弟子。

④唯，句中語氣詞，表示判斷。

泰　伯

曾子曰：“士不可以不弘毅①，任重而道遠：仁以爲己任②，不亦重乎？死而後已③，不亦遠乎？”

【注釋】

①弘，有解釋爲心胸寬廣者。不確。任重而道遠，需要的是堅强的意志，而非“心胸寬廣”。這裏的“弘”是“强”的借字。毅，剛强。

②仁以爲己任，即以仁爲己任。

③已，停止。

子　罕

子在川上曰：“逝者如斯夫①，不舍晝夜②！”

【注釋】

①逝者，消逝的事物。斯，指示代詞，指川水。夫（fú），感嘆語氣詞。

②不舍晝夜，是説川水日夜不停地流。舍，止。

子曰：“三軍可奪帥也①，匹夫不可奪志也。”

【注釋】

①奪，有解釋爲奪取，不確，這裏相當於“脱”，失去的意思。《史記·酈生陸賈列傳》：“方今楚易取而漢反却，自奪其便，臣竊以爲過矣。”

子曰：“歲寒，然後知松柏之後彫也①。”

【注釋】

①彫，通“凋”，凋謝、凋零的意思，就是“掉”的借字。

先　進

子貢問：“師與商也孰賢①？”子曰：“師也過②，商也不及③。”曰：“然則師愈與④？”子曰：“過猶不及⑤。”

【注釋】

①師，顓（zhuān）孫師，字子張。商，卜商，字子夏。兩人都是孔子的弟子。賢，人們以爲是賢明，其實這裏的“賢”源於“堅”，是“强”(更好) 的意思。河南話多用“强”表達“更好”之意，比如站那兒吃比坐那兒吃强。

②過，超過。

③不及，没有達到。

④愈（yù），勝過。與（yú），疑問語氣詞。

⑤猶，像……一樣。過猶不及，意思是超過或没有達到都是不好。孔子以“中庸之道”作爲行爲的準則，所以認爲“過”與“不及”同樣不好。

季氏富於周公①，而求也爲之聚斂而附益之②。子曰：“非吾徒也！小子鳴鼓而攻之可也③！”

【注釋】

①季氏，即季孫氏，魯國“三桓”之一。於，介詞。富於周公，比周公富。

②求，冉求。聚斂（liǎn），指搜刮錢財。附益，增加。

③徒，有解釋爲“徒黨”者，但“徒黨”不詞，這裏應是弟子的意思。小子，是對弟子的稱呼。鳴，這裏是使動用法。

子路、曾皙、冉有、公西華侍坐①。子曰：“以吾一日長乎爾，毋吾以也②。居則曰③：‘不吾知也④。’如或知爾⑤，則何以哉[⑥]？”

子路率爾而對曰[⑦]：“千乘之國[⑧]，攝乎大國之間[⑨]，加之以師旅[⑩]，因之以饑饉[⑪]。由也爲之，比及三年[⑫]，可使有勇，且知方也[⑬]。”

夫子哂之[⑭]。“求，爾何如？”

對曰：“方六七十，如五六十[⑮]，求也爲之，比及三年，可使足民[⑯]。如其禮樂，以俟君子[⑰]。”

“赤，爾何如？”

對曰：“非曰能之，願學焉[⑱]。宗廟之事[⑲]，如會同[⑳]，端章甫[㉑]，願爲小相焉[㉒]。”

“點，爾何如？”鼓瑟希[㉓]，鏗爾，舍瑟而作[㉔]，對曰：“异乎三子者之撰[㉕]。”子曰：“何傷乎[㉖]？亦各言其志也[㉗]！”曰：“莫春者，春服既成[㉘]，冠者五六人[㉙]，童子六七人[㉚]，浴乎沂[㉛]，風乎舞雩[㉜]，詠而歸[㉝]。”夫子喟然嘆曰[㉞]：“吾與點也[㉟]。”

【注釋】

①子路、曾皙、冉有、公西華都是孔子的學生。子路，姓仲名由。曾皙，名點。冉有，名求。侍，本指侍立於尊者之旁。侍坐，陪着〔孔子〕坐着。

②“以吾”兩句，意思是不要因爲我的年紀比你們大，就不敢與我説話。乎，於。爾，你們。

③居，閑呆着，指平時。

④不吾知也，意爲你們平時説不瞭解我。知，瞭解。

⑤如或知爾，意爲如果有人瞭解你們。或，有人，無定代詞。

⑥則何以哉，意爲你們打算做些什麽事情呢？

⑦率爾，有解釋爲“輕率急忙的樣子”，不確，應是帶頭的意思。《戰

國策·趙策》："昔齊威王嘗爲仁義矣，率天下諸侯而朝周。周貧且微，諸侯莫朝，而齊獨朝之。"《説苑·指武》："將師受命者：將率入，軍吏畢入，皆北面再拜稽首受命。"

⑧乘，兵車。千乘之國，意爲一個中等大小的國家。擁有一千輛兵車的國家在當時衹能算中等國家。

⑨攝，有解釋爲"逼近"者，不確，應是夾的意思。攝乎大國之間，意爲處於大國中間不得伸展。

⑩加，加到……上。之，指千乘之國。師旅，軍隊侵略。加之以師旅，意爲有軍队來攻打他。

⑪因之，等於説"繼之"。饑饉，泛指荒年。因之以饑饉，意爲接下來又有饑荒。

⑫比及，等到了。比及三年，〔如果让我來治理,〕等到三年后。

⑬勇，源於"雄"，轉指兵。可使有勇，意爲可使這個國家軍队强大。北魏崔鴻《十六國春秋·前秦録·苻堅》："天錫率勁勇五萬來拒，戰于赤岸，凉師大潰。"唐楊乘《甲子歲書事》："犒功椎萬牛，募勇懸千帛。"方，這裏指方略。且知方也，意爲并且有治國方略。

⑭哂，笑。"哂"被變讀錯了，音 shěn，無源，應是"喜"，發音部位前移。

⑮方六七十，如五六十，意即方圓六七十里或者五六十里的〔小國家〕。方，方圓，範圍。如，或者。

⑯足民，老百姓富足起來。

⑰如，若，至於。俟，等待。如其禮樂，以俟君子，意爲至於禮樂教化，自己的能力是不够的，那就得等待君子來推行了。

⑱能，勝任。我不敢説我能够勝任，但是，我願在這方面學習。

⑲宗廟之事，指諸侯祭祀祖先的事。

⑳會，指諸侯會盟。如果不是按照規定的時間去朝見叫做"會"。同，

指諸侯共同朝見天子。

㉑端，古人用整幅布做的禮服，又叫玄端。章甫，當時貴族通常帶的一種黑色禮帽。端和章甫這裏都用如動詞，即穿着禮服，戴着禮帽。這裏指小相所服（依劉寶楠説）。

㉒相（xiàng），在祭祀或會盟時，主持贊禮和司儀的人。按：卿大夫擔任贊禮工作叫“大相”，士擔任贊禮工作叫“小相”。公西華願爲小相，是謙詞。

㉓希，稀。這裏是説瑟的聲音已近尾聲。

㉔鏗，象聲詞。鏗爾，等於説鏗然，這裏形容推瑟發出的聲音。舍，捨弃，這個意義後來寫作“捨”，這裏指放下。作，起，這裏指站起來。

㉕撰，才幹，志向。

㉖何傷乎，傷害什麽呢？意即有什麽關係呢？

㉗亦，副詞，這裏有衹是、不過是的意思。

㉘莫（mù），“暮”的古字。莫春，指三月。者，語氣詞。春服，夾衣，有夾層的衣服，多爲春秋季節穿着。

㉙冠（guàn）者，成年人。古時，到了二十歲的男子須行冠禮，以示成年，所以用“冠者”稱成年人。

㉚童子，尚未行冠禮的少年。

㉛沂（yí），水名，在今山東曲阜南。

㉜風乎舞雩，在舞雩的臺子上吹吹風。風，用如動詞，吹風，乘涼。舞雩（yú），是古時求雨的壇，在今山東曲阜南。雩，本是求雨的祭名，雩祭時伴以舞蹈，故稱舞雩。

㉝詠，唱歌，歌詠。

㉞喟（kuì）然，長嘆的樣子。

㉟與（yù），贊成，同意。吾與點也，我贊同曾皙啊。

三子者出，曾晳後。曾晳曰："夫三子者之言何如[①]？"子曰："亦各言其志也已矣[②]！"曰："夫子何哂由也？"曰："爲國以禮，其言不讓[③]，是故哂之[④]。""唯求則非邦也與[⑤]？""安見方六七十如五六十而非邦也者[⑥]？""唯赤則非邦也與？""宗廟會同，非諸侯而何[⑦]？赤也爲之小，孰能爲之大[⑧]？"

【注釋】

①夫（fú），那，指示代詞。

②已矣，罷了。

③讓，禮讓，謙讓。這句話的意思是，治國要用禮，可是他（子路）的話毫不謙让。

④是故，等於説"因此"。是故哂之，因此我笑他。

⑤這句的大意是：〔子路談的固然是治理國家的大事，〕難道冉有説的就不是治國大事嗎？唯，句首語氣詞，幫助判斷。邦，國家。

⑥安見，怎見得。者，語氣詞。

⑦非諸侯而何，不是諸侯的事情是什麽？這是説，那也是國家大事啊！

⑧"赤也"兩句，意思是：公西華祇能給諸侯做小相，那誰能給諸侯做大相呢？之，指諸侯。小，小相。爲之小，是雙賓語結構，下句同此。

顔　淵

司馬牛問君子[①]。子曰："君子不憂不懼。"曰："不憂不懼，斯謂之君子已乎？"子曰："内省不疚，夫何憂何懼[②]？"

【注釋】

①司馬牛，名耕，字子牛，孔子的弟子。問君子，問怎樣纔算是君子。

②内省（xǐng），内心反省。疚，病，這裏指有愧於心。這兩句話的意思是，内心反省，無愧於心，那有什麽憂慮和恐懼的呢？

司馬牛憂曰："人皆有兄弟，我獨亡①。"子夏曰："商聞之矣②：'死生有命，富貴在天③。'君子敬而無失④，與人恭而有禮，四海之内皆兄弟也⑤——君子何患乎無兄弟也？"

【注釋】

①亡，通"無"。

②聞之矣，聽説過這樣的話。

③這兩句反映了宿命論觀點。這裏的"有"也是"在"的意思。《淮南子·道應訓》："治國有禮，不在文辯。"《説苑·善説》："禍之適吴，何日之有！"（災禍降臨到吴國，指不定在哪天呢！）唐杜甫《登岳陽樓》："親朋無一字，老病有孤舟。"

④敬，嚴肅。失，這裏指放縱，隨便。君子敬而無失，君子認真謹慎地做事，不放縱。

⑤與人恭而有禮，對人恭敬而有禮貌。四海之内，古人認爲中國四境有海環繞，所以稱中國爲四海之内或海内。

子貢問政①。子曰："足食，足兵，民信之矣②。"子貢曰："必不得已而去③，於斯三者何先④？"曰："去兵。"子貢曰："必不得已而去，於斯二者何先？"曰："去食。自古皆有死，民無信不立⑤。"

【注釋】

①問政，問怎樣管理政事。

②足食，足兵，民信之矣，意思是糧食充足，軍備充足，人民信任國家。

③必，這裏是如果的意思。去，去掉。

④何先，先去掉哪一樣。

⑤民無信不立，民衆對政府没有信任，國家就立不住。

棘子成曰①："君子質而已矣②，何以文爲③？"子貢曰："惜乎！夫子之説君子也④，駟不及舌⑤！文猶質也，質猶文也，虎豹之鞟，猶犬羊之鞟⑥。"

【注釋】

①棘子成，衛國的大夫。

②質，質樸無華。

③何以，何用，爲什麽用。文，文采。爲，句末語氣詞，經常與"何以"相應。

④夫子，指棘子成。古人尊稱大夫爲"夫子"，故子貢以夫子相稱。這句的意思是：夫子這樣談論君子，真可惜呀！"夫子之説君子也"是主語，"惜乎"是謂語。

⑤駟不及舌，四匹馬拉的車也追不上已經説出了的話。舌，這裏指説出的話，與"説"同源。

⑥文猶質也，質猶文也，等於説文質不分。鞟（kuò），去掉了毛的皮。"鞟"與"革"同源。這幾句的意思是：如果衹要質不要文，那麽君子與非君子就不能區别了，就像虎豹和犬羊的皮革去掉毛就無法區别一樣。

子曰："聽訟[①]，吾猶人也。必也[②]，使無訟乎！"

【注釋】

①訟，訴訟。聽訟，斷案。

②必，有解釋爲"一定，必須"者，不確，這裏的"必"是如果的意思。《韓非子·八説》："萬金之家必不用其富厚，而與監門同資。"（有一萬斤金資産的人家如果不利用自己的財富，那麽他們的物質條件就和貧苦的看門人没有什麽兩樣了。）《史記·淮陰侯列傳》："王必欲長王漢中，無所事信。"

季康子患盗[①]，問於孔子。孔子對曰："苟子之不欲[②]，雖賞之不竊[③]。"

【注釋】

①季康子，魯國正卿，也是魯國的實際掌權者。盗，偷東西的人。

②苟，如果。之，介詞。欲，指貪財。

③賞，獎勵。這兩句的意思是，如果你自己不貪圖財富，即使獎勵偷竊，也没有人偷盗。

子　路

子路曰："衛君待子而爲政，子將奚先[①]？"子曰："必也，正名乎[②]！"子路曰："有是哉，子之迂也[③]！奚其正[④]？"子曰："野哉由也[⑤]！君子於其所不知，蓋闕如也[⑥]。名不正，則言不順[⑦]。言不順，則事不成[⑧]。事不成，則禮樂不興[⑨]。禮樂不興，則刑罰不中[⑩]。刑罰不中，則民無所措手足[⑪]。故君子名之必可言也，言之必可行也。君子於其言，無所苟而已矣⑫。”

【注釋】

①待，留的意思。奚，何。奚先，先做什麼？這句的意思是，衛國國君要留您去治理國家，您打算先從哪些事情做起呢？

②必，如果。正，使動用法。名，名分。正名，使名分公正。這句的意思是，如果這樣（指留下治理國家），首先使國家各方面名分公正！

③迂，遠，這裏指遠離實踐。後代凡脱離實際，衹知道搬書本，都叫做迂。這句的意思是，你竟迂到了這種程度。“子之迂也”是主語，“有是哉”是謂語。

④奚，爲什麼。其，句中語氣詞，加强反問語氣。奚其正，爲什麼要“正”？意思是没有正名的必要。

⑤野，鄙陋。

⑥蓋，容器合上蓋子就齊全了，所以“蓋”有“全”義。《漢書·高帝紀下》：“蓋聞王者莫高於周文，伯者莫高於齊桓，皆待賢人而成名。”（都説當王的没有超過周文王的，當霸主的没有超過齊桓公的，其實都是靠賢人成名。）《抱朴子·對俗》：“蓋聞身體不傷，謂之終孝。”（都説身體不受損傷，就叫做最篤厚的孝道。）闕，通“缺”。如，詞尾。闕如，指存疑，即闕而不論。這句的意思是，君子對於自己所不知道的事，全都存疑、不發表意見。

⑦名不正，則言不順，意思是名分不公正，號令（政令）推行就不順利。言，此處爲號令。《祭公諫征犬戎》：“有不祭則修意，有不祀則修言。”（果有不供日祭的，王就修養思想；有不供月祭的，就修明號令。）

⑧事，指政事。

⑨禮樂，指教化。興，盛。

⑩不中（zhòng），有偏差。

⑪措，放。今本“措”作“錯”。無所措手足，没有放手脚的地方，意思是説，不知如何是好。

⑫苟，不嚴肅，跟“敬”相對。這幾句的意思是，所以君子名分正當了就可以發布號令，發布的號令一定能够施行。君子對於自己所發布的號令，是從不馬虎對待的。

子曰：“其身正，不令而行；其身不正，雖令不從[①]。”

【注釋】

①令，下號令。行，指教化得以推行。這幾句的意思是，自身公正，不用下號令就可以推行；自身不公正，雖然下號令，也没有人跟從。

子適衛，冉有僕[①]。子曰：“庶矣哉[②]！”冉有曰：“既庶矣，又何加焉[③]？”曰：“富之。”曰：“既富矣，又何加焉？”曰：“教之。”

【注釋】

①僕，駕車。作駕車義的“僕”源於“服”，使牛服從。

②庶矣哉，意思是〔衛國〕人真多啊！庶，衆，指人多。

③何加，增添些什麽？意思是再辦些什麽。

憲　問

子曰：“爲命[①]，裨諶草創之[②]，世叔討論之[③]，行人子羽脩飾之[④]，東里子産潤色之[⑤]。”

【注釋】

①命，辭令，指外交場合的言辭。

②裨（pí）諶（chén），鄭國大夫。草創，指起草。

③世叔，即子太叔，名游吉，鄭國大夫。子産死後，繼子産爲鄭國宰相。討，研究。論，評論。

④行人，官名，掌管朝覲聘問事務，即外交事務。子羽，公孫羽，鄭國大夫。脩飾，指對文章進行修改。

⑤東里，地名，子産所居之地，在今河南新鄭市。潤色，指修辭方面的加工。

子路曰："桓公殺公子糾，召忽死之，管仲不死①。"曰②："未仁乎③？"子曰："桓公九合諸侯④，不以兵車⑤，管仲之力也⑥。如其仁，如其仁⑦！"

【注釋】

①公子糾，齊桓公的哥哥。齊襄公無道，公子小白在鮑叔牙的侍奉下逃至莒，公子糾則在召忽、管仲的侍奉下逃往魯。後襄公被殺，公子小白先進入齊國，做了國君，就是齊桓公。桓公迫使魯國殺了公子糾，并要求把管、召二人送回齊國。召忽自殺；管仲則坐囚車至齊，經鮑叔牙推薦做了桓公的宰相。"召忽死之，管仲不死"就是指這件事。死之，等於説殉難。

②曰，後面也是子路的話，表示敘事已畢，再用"曰"字起頭提出問題。

③未仁乎，不算是仁吧？

④九合諸侯，指多次會合各諸侯國。九，概數，言次數之多。

⑤不以兵車，意爲不憑藉武力。

⑥管仲之力也，都是管仲出的力。

⑦如，依王引之《經傳釋詞》，“如”猶“乃”。如其仁，〔這〕就是他的仁德。

子貢曰：“管仲非仁者與？桓公殺公子糾，不能死，又相之①！”子曰：“管仲相桓公，霸諸侯，一匡天下②，民到于今受其賜③。微管仲，吾其被髮左衽矣④！豈若匹夫匹婦之爲諒也，自經於溝瀆而莫之知也⑤？”

【注釋】

①能，這裏是不怕的意思。不能，就是怕。相，輔佐。子貢説：“管仲不算是仁人吧？齊桓公殺了公子糾，他怕死，反又去輔佐齊桓公。”

②匡，匡正。

③賜，恩惠，好處。

④微，〔如果〕没有。其，句中語氣詞，有恐怕的意思。被（pī），通“披”。衽（rèn），衣襟。左衽，衣襟左掩。被髮左衽，指當時异族的風俗，意爲如果没有管仲，我們大概都會披着頭髮，穿着衣襟向左開的衣服，即中原被异族所占。

⑤匹夫匹婦，指庶人，百姓。諒，信用。“諒”相當於“量”，臺灣話説“考量”，表考慮之意。經，上吊，吊死。溝瀆（dú），山溝。這幾句的意思是，難道他要像普通男女那様守着小節小信，在山溝中上吊自殺而没有人知道嗎？

子曰：“其言之不怍①，則爲之也難。”

【注釋】

①怍（zuò），慚愧。怍有轉義，人在心有慚愧時，不好意思，身子就轉向一邊。《禮記・曲禮上》："將即席，容毋怍。"將要入到席位上時，臉色不要轉變，即儀態要自然，不要失態。《管子・弟子職》："顏色毋怍。"（不能轉變臉色。）

子曰："君子道者三[①]，我無能焉[②]：仁者不憂，知者不惑，勇者不懼。"子貢曰："夫子自道也[③]。"

【注釋】

①君子道，君子之道。

②無能，没有做到。

③自道，自己説自己。這段話的意思是，孔子説："君子所遵循的三個方面，我都没能做到：仁德的人不憂愁，智慧的人不迷惑，勇敢的人不懼怕。"子貢説道："這是老師對自己的描述。（言外之意：這是老師的自謙之詞！如果老師那樣都不能算作君子，又有誰能算作君子呢？）"

子曰："不患人之不己知，患其不能也[①]。"

【注釋】

①其，指自己。這句話的意思是，不擔心别人不知道自己，衹擔心自己没有能力。

子路宿於石門[①]。晨門曰[②]："奚自[③]？"子路曰："自孔氏[④]。"

曰:"是知其不可而爲之者與[5]?"

【注釋】

①石門,據鄭玄注,爲魯城外門。

②晨門,掌管早晚開閉城門的人,即守門的人。

③奚,何。奚自,從哪裏〔來〕。

④孔氏,指孔子。

⑤是知其不可而爲之者與,就是那位知道做不成却還要做的人嗎?

衛靈公

子曰:"人無遠慮[1],必有近憂[2]。"

【注釋】

①遠慮,長遠的谋劃、規劃。慮,源於"碌",想是腦海裏打轉轉,所以以表示轉的詞表示。想的意思引申爲想法、心思,再引申爲谋劃、規劃。《國語·吴語》:"孤將有大志於齊,吾將許越成,而無拂吾慮。"(我將要實行一項宏大的計劃去討伐齊國,我準備答應越國講和的請求,你們不要反對我的謀劃。)《戰國策·秦策》:"吾欲伐齊,齊、楚方歡,子爲寡人慮之,奈何?"(我想要討伐齊國,可齊、楚兩國正處在友好的時候,你替我謀劃謀劃看,該怎麼辦?)

②近憂,很快會發生的憂患。

子貢問曰:"有一言而可以終身行之者乎[1]?"子曰:"其恕乎[2]!己所不欲,勿施於人[3]。"

【注釋】

①一言，這裏指一個字。這句話的意思是，有一個可以終身奉行的字嗎？

②恕，源於"貳"，推己及人。貳等於仁，仁由二人，即替别人着想。《左傳·僖公十五年》："小人戚，謂之不免；君子恕，以爲必歸。"（下層人衹是憂傷，以爲國君必定被秦國殺害；上層人用自己的心推測秦伯，認爲必定將國君送回晋國。）其恕乎，大概是"恕"吧！

③"己所不欲，勿施於人"這八個字説明什麽是"恕"。自己不想要的，不要施加給别人，即推己及人。

子曰："過而不改，是謂過矣[①]。"

【注釋】

①過，錯誤。第一個"過"用如動詞，第二個"過"爲名詞。孔子説："有了過錯而不改正，這就真叫過錯了。"

子曰："吾嘗終日不食，終夜不寢，以思，無益，不如學也[①]。"

【注釋】

①這段話的意思是，孔子説："我曾經整天不吃、整夜不睡地去思索，没有益處，還不如去學習。"

子曰："當仁，不讓於師[①]。"

【注釋】

①當，動詞。當仁，遇到可以實踐仁道的機會。孔子説："遇到可以實踐仁道的機會，對老師也不必謙讓。"

季　氏[1]

季氏將伐顓臾[2]。冉有、季路見於孔子[3]，曰："季氏將有事於顓臾[4]。"

孔子曰："求，無乃爾是過與[5]？夫顓臾，昔者先王以爲東蒙主[6]，且在邦域之中矣[7]。是社稷之臣也[8]，何以伐爲[9]？"

冉有曰："夫子欲之[10]；吾二臣者，皆不欲也。"

孔子曰："求，周任有言曰[11]：'陳力就列[12]，不能者止。'危而不持[13]，顛而不扶[14]，則將焉用彼相矣[15]？且爾言過矣。虎兕出於柙[16]，龜玉毁於櫝中[17]，是誰之過與？"

冉有曰："今夫顓臾，固而近於費[18]，今不取，後世必爲子孫憂。"

孔子曰："求！君子疾夫舍曰欲之而必爲之辭[19]。丘也聞有國有家者[20]，不患寡而患不均，不患貧而患不安[21]。蓋均無貧[22]，和無寡[23]，安無傾[24]。夫如是[25]，故遠人不服，則修文德以來之[26]。既來之，則安之[27]。今由與求也，相夫子[28]，遠人不服而不能來也，邦分崩離析而不能守也[29]，而謀動干戈於邦内[30]，吾恐季孫之憂不在顓臾，而在蕭墻之内也[31]。"

【注釋】

①季氏，季孫氏，魯國最有權勢的貴族，這裏指季康子，名肥。

②顓（zhuān）臾（yú），魯國的屬國，故城在今山東費縣西北。顓臾是被魯國包圍的國中之國，因此季康子想吞并它。

③冉有，名求，字子有，孔子的弟子。季路，即子路。二人當時都是季康子的家臣。見（xiàn），謁見。

④事，指軍事，將要對顓臾出兵。

⑤無乃……與，古漢語中的習慣格式，表示一種推測。是，代詞，複指賓語“爾”。過，責備，用作動詞。這句話的意思是：冉求！恐怕要責備你吧？

⑥先王，指周的先王。東蒙，即蒙山，在今山東蒙陰縣南四十里，西南接費縣界。主，主持祭祀的人。

⑦且在邦域之中矣，指在魯國疆土之内。

⑧是，代詞，指顓臾。社稷，指代國家，這裏指魯國。是社稷之臣也，顓臾是魯國的屬國。

⑨爲，語氣詞。

⑩夫子，指季康子。春秋時期，對老師、長者及大夫都可以稱夫子。

⑪周任，古代的良史。

⑫陳力就列，能够施展自己的才能，纔可以擔任職務。陳，陳列，擺出來。力，能力、才能。就，就任。列，位次，職位。

⑬危而不持，〔盲人〕站不穩時，不去扶持他。危，不穩，這裏指站不穩。持，把着。

⑭顛而不扶，〔盲人〕跌倒時，不去攙扶他。顛，倒，跌。扶，攙着。

⑮則將焉用彼相矣，那何必用助手呢？相（xiàng），扶着盲人走路的人。

⑯兕（sì），獨角犀。“兕”與“犀”同源，尖的意思。柙（xiá），關猛獸的籠子。“柙”與“監”同源。虎兕出於柙，即老虎、犀牛從籠子裏跑出來。

⑰龜，龜版，用來占卜。玉，指玉瑞和玉器。玉瑞用來表示爵位，玉器用於祭祀。龜玉都是寶物。櫝（dú），藏東西的匣子，源於“貯”，“貯”是它的動詞。

⑱固，指城郭堅固。近，靠近。費（bì），季氏的私邑，即今山東費（fèi）縣。

⑲這句的意思是，君子痛恨那些不說自己想那樣做却一定要另找藉口的人。疾，源於“棘”，痛恨。夫，代詞，那種。舍，捨弃，撇開，後來寫作“捨”。

⑳國，諸侯統治的封地。家，卿大夫統治的封地。

㉑這兩句文字互誤，應該是：“不患貧而患不均，不患寡而患不安。”（無論是諸侯還是大夫，不發愁財富少而發愁不均衡，不發愁人民少而發愁不安宁。）《春秋繁露·度制篇》和《魏書·張普惠傳》引孔子語均作“不患貧而患不均”，可據以訂正。寡，指人口少。“患”源於“環”，有發愁義，《商君書·錯法》：“地誠任，不患無財。”（土地真正被利用起來，不發愁没有財物。）再引申爲憂慮，《史記·蘇秦列傳》：“此臣之所爲君患也。”

㉒蓋，表示籠統，大概。均無貧，財富分配均衡，就没有貧困。

㉓和無寡，上下和睦，人民都願歸附，就没有人口少的現象。

㉔安無傾，國家安定，就没有傾覆的危險。

㉕夫，句首語氣詞。

㉖則修文德以來之，再修仁義禮樂的政教使他們來歸附。文，文教，指禮樂。來，使……來〔歸附〕。

㉗安，用如動詞，使……安定。

㉘今由與求也，相夫子，意思是：現在，仲由和冉求你們輔佐季孫。相（xiàng），輔佐。夫子，指季氏。

㉙邦分崩離析而不能守也，國家四分五裂却不能保全守住。分崩離

析，等於説四分五裂。守，保全。

㉚而謀動干戈於邦内，反而謀劃在國内動用武力。干，盾，源於“幹”的反義，有叉枝的木棒叉掉對方的殳，後來人們改用爲盾牌。《方言》：“盾，自關而東或謂之瞂，或謂之干。”《禮記·祭統》：“朱干玉戚以舞《大武》。”注：“朱干，赤盾。”戈，古代用來刺殺的一種長柄兵器。干戈，指軍事。

㉛蕭墻，國君宫門内當門的照壁。蕭墻之内，指魯國宫廷内部。意指“季孫非憂顓臾而伐顓臾，實憂魯君疑己而將爲不臣，所以伐顓臾耳”（見劉寶楠《論語正義》引方觀旭《論語偶記》）。

陽　貨

陽貨欲見孔子①，孔子不見，歸孔子豚②。孔子時其亡也，而往拜之③。遇諸塗④。

謂孔子曰：“來！予與爾言。曰⑤：懷其寶而迷其邦，可謂仁乎⑥？曰：不可。——好從事而亟失時，可謂知乎⑦？曰：不可。——日月逝矣，歲不我與⑧。”孔子曰：“諾！吾將仕矣。”

【注釋】

①陽貨，又稱陽虎，季氏家臣中最有權勢的人。曾囚季桓子而欲把持魯國國政，後篡權不成逃往晋國。欲見（xiàn）孔子，想讓孔子見他。

②歸，通“饋”，贈送。豚，小猪，這裏是指做熟了的小猪。

③時，伺，窺探。亡，指不在家。陽貨送孔子豚是想讓孔子回拜他，但孔子不願和陽貨見面，便趁陽貨不在家的時候去回拜。

④遇諸塗，在途中相遇。塗，通“途”。

⑤這裏的“曰”和下文的兩個“曰：不可”都是陽貨自問自答（見毛奇齡《論語稽求篇》）。

⑥懷，揣在懷裏。懷寶，比喻懷藏着才能。迷，使……迷亂。這句話的意思是：一個人懷藏本領却聽任國家迷亂，可以叫作仁嗎？

⑦好（hào）從事，指喜歡從事於政治。亟（qì），屢次。時，時機。知（zhì），有智慧，聰明，這個意義後來寫作“智”。喜好參與政事而屢次錯失時機，可以叫作有智慧嗎？

⑧與，等於説等待。時光很快流逝了，歲月是不等人的。

微　子

楚狂接輿歌而過孔子曰①：“鳳兮②！鳳兮！何德之衰③？往者不可諫④，來者猶可追⑤。已而⑥！已而！今之從政者殆而⑦！”

孔子下⑧，欲與之言。趨而辟之，不得與之言。

【注釋】

①接輿，皇甫謐《高士傳》稱其名陸通，字接輿。春秋時楚國的隱者，爲了避世，假裝瘋狂，所以稱爲楚狂。歌而過孔子，一邊唱着歌一邊走過孔子的旁邊。

②鳳，比喻孔子。兮，語氣詞，多見於詩歌韵文，用在句末和句中，大致和現代漢語的“啊”相近。

③何德之衰，爲什麽德行這樣衰微呢？這是譏諷孔子不能隱退。

④諫，諫止，源於欄杆的“杆”。

⑤來者猶可追，未來的事還可能來得及〔改正〕，暗指孔子現在隱退還來得及。

⑥已而，算了吧！而，語氣詞。

⑦殆，危險。現在那些從政者危險了。

⑧下，下車。

長沮、桀溺耦而耕①。孔子過之，使子路問津焉②。長沮曰："夫執輿者爲誰③？"子路曰："爲孔丘。"曰："是魯孔丘與？"曰："是也。"曰："是知津矣④！"問於桀溺。桀溺曰："子爲誰？"曰："爲仲由。"曰："是魯孔丘之徒與⑤？"對曰："然⑥。"曰："滔滔者，天下皆是也⑦，而誰以易之⑧？且而與其從辟人之士也，豈若從辟世之士哉⑨？"耰而不輟⑩。子路行以告⑪。夫子憮然⑫，曰："鳥獸不可與同群⑬。吾非斯人之徒與而誰與⑭？天下有道，丘不與易也⑮。"

【注釋】

①長沮（jū）、桀溺，都是當時的隱士。耦，古代一種二人協作的耕作方法。春秋時期没有鐵犁，犁是 L 形的木杈，需要一個人拉，一個人推。

②津，渡口，源於"濟"。

③夫執輿者爲誰，那個在車上拿着繮繩的人是誰？執，這裏有執轡（繮繩）的意思。執輿，是執轡於車的意思（從邢昺疏）。子路下車去問渡口，暫時由孔子代替執轡。

④三個"是"字都是代詞，當"這個人"講。是知津矣，他應該知道渡口在哪兒。這話是認爲孔子周游列國，應該熟悉道路。

⑤徒，學生。

⑥然，等於説"是的"。

⑦這句話的意思是：滔滔洪水般的紛飛亂象，〔整個〕天下都是這樣。滔滔，洪水瀰漫的樣子。

⑧誰以易之，你們和誰來改變它呢？以，與。易，改變。

⑨“且而”兩句的意思是：再説，你跟隨“避人之士”（指孔子躲避壞人，不同他們合作），難道趕得上跟隨“避世之士”（躲避亂世的人，桀溺自謂）嗎？且，連詞，這裏有“再説”的意思。而，你，指子路。“與其”和“豈若”相呼應，等於現代“與其”和“不如”相呼應。

⑩耰（yōu），播種以後，用土蓋上。輟（chuò），停。

⑪以告，把這話告訴了孔子，“以”後省略了賓語。

⑫憮（wǔ）然，蒙了的樣子。

⑬鳥獸不可與同群，〔我們〕不可以跟鳥獸同群，即不能隱居山林，必須在社會中生活。

⑭吾非斯人之徒與，我不跟人群在一起。斯，這。徒，徒衆。斯人之徒，等於説普羅大衆。而誰與，而是跟誰在一起呢？（這是説不能避世隱居。）兩個“與”字都當“跟……在一起”講。

⑮“與”字後面省略了賓語。

子路從而後[①]，遇丈人[②]，以杖荷蓧[③]。子路問曰：“子見夫子乎？”丈人曰：“四體不勤[④]，五穀不分[⑤]，孰爲夫子？”植其杖而芸[⑥]。子路拱而立[⑦]。止子路宿[⑧]，殺鷄爲黍而食之[⑨]，見其二子焉[⑩]。明日，子路行，以告。子曰：“隱者也。”使子路反見之。至則行矣[⑪]。子路曰：“不仕無義。長幼之節，不可廢也；君臣之義，如之何其廢之？欲潔其身而亂大倫[⑫]！君子之仕也，行其義也。道之不行，已知之矣[⑬]。”

【注釋】

①子路從而後，子路跟隨孔子而落在後面。

②丈人，老人。

③杖，棍子，後指用於扶着走路用的棍子。荷（hè），源於“扛”，背着，使高。《左傳·昭公二十一年》：“厨人濮以裳裹首而荷以走。”（厨邑大夫濮用裳包着人頭扛在肩上而快跑。）《漢書·灌夫傳》：“身荷戟馳不測之吴軍。”引申爲所擔負之物，《新唐書·張建封列傳》：“至有重荷趨肆而徒返者。”蓧（diào），源於“除”，竹編農器，用於除草。何晏注引包咸曰：“蓧，竹器。”唐李商隱《贈田叟》：“荷蓧衰翁似有情，相逢携手繞村行。”

④四體，四肢。勤，勞。

⑤五穀，稻、黍（黄米）、稷（與黍相似，不黏，即糜子）、麥、菽（豆）。分，辨别。

⑥植，插在土裏。芸，通“耘”，除草。

⑦拱，拱手，表示敬意。

⑧止，留。

⑨爲黍，做黄米飯。

⑩見（xiàn），使見。叫他的兩個兒子出來拜見子路。

⑪至則行矣，到了丈人家裏的時候，原來丈人已經走（出門）了。

⑫“不仕”幾句的意思是：不出來做官是不義的。長幼之間的禮節不可以廢弃，君臣之間的道義又怎麽可以廢弃呢？本想保持自身純潔，却破壞了君臣之間的道義。欲潔其身，想保持自身純潔。大倫，君臣之間的道義。

⑬道之不行，已知之矣，意思是：〔自己的〕奉行的道義行不通，〔自己〕早已知道了。

子　張

子夏之門人問交於子張[①]。子張曰：“子夏云何？”對曰：“子夏曰:'可者與之②,其不可者拒之③。'"子張曰:"异乎吾所聞④。君子尊賢而容衆⑤,嘉善而矜不能⑥。我之大賢與,於人何所不容⑦?我之不賢與,人將拒我,如之何其拒人也?"

【注釋】

①交,指交友之道。

②可者與之,可以交往的就與他交往。與,相與交往的意思。後文兩個"與"字是語氣詞。

③拒,拒絕。

④异乎吾所聞,和我所聽到的不同。乎,於。

⑤容,包容。衆,普通人。君子尊敬賢人,也能够容納普通人。

⑥嘉,贊美。矜,同情。不能,指無能的人。嘉善而矜不能,意即稱贊好人,憐憫無能的人。

⑦我之大賢與,如果我是個很賢明的人啊。何所不容,即"所不容者爲何",也就是無所不容的意思。

子貢曰:"君子之過也,如日月之食焉①。過也,人皆見之;更也,人皆仰之②。"

【注釋】

①食,蝕,這個意義後來寫作"蝕"。君子的過失,就像日食和月食一樣〔,人人都看得見〕。

②更(gēng),改正。仰,敬仰。他改正了,人人都敬仰他。

衛公孫朝問於子貢①,曰:"仲尼焉學②?"子貢曰:"文武之道[3]，未墜於地，在人[4]。賢者識其大者[5]，不賢者識其小者[6]。莫不有文武之道焉。夫子焉不學，而亦何常師之有[7]？”

【注釋】

①公孫朝，衛大夫。春秋時魯有成大夫公孫朝，楚有武城尹公孫朝，鄭子産之弟亦稱公孫朝，所以這裏專門加了一個“衛”字加以區别，表示這是衛國的公孫朝。

②焉學，從哪裏學。仲尼焉學，孔子的學問是從哪裏學來的？

③文武，指周文王和周武王。文武之道，文王、武王的德行禮制。

④未墜於地，没有消失（失傳）。在人，在於人們之中，是説人們還有能記得的（依朱熹説）。

⑤賢者識其大者，賢能的人掌握了其中重要的部分。識（zhì），通“志”，記住。用法同《論語·述而》“默而識之，學而不厭，誨人不倦”。其大者，其中之大者。其，指文武之道。下文“其”同此。

⑥不賢者識其小者，不賢能的人記住了其中的細枝末節。小，指細枝末節。

⑦“夫子”兩句，意思是：老師從哪兒不能學呢？而且又何必有固定的老師呢？亦，又。何常師之有，等於説“有何常師”。

文選：《禮記》

《禮記》是戰國至漢初儒家禮儀論著的總集，共二十卷四十九篇。内容包括禮制和儒家哲學兩部分，是研究中國古代社會、文物制度、典禮、祭祀、教育、音樂和儒家學説的重要參考書。禮制部分體現的先秦儒家的哲學思想有天道觀、宇宙觀、人生觀等，教育思想涉及個人修身、教育制度、教學方法、學校管理等方面，政治思想有以教化政、大同社會、禮制與刑律的關係等，美學思想有物動心感説、禮樂中和説等。《禮記》中記載的古代文化史知識及思想學説，對儒家文化傳承、當代文化教育和德性教養具有極其重要且深遠的影響。我國許多名校校訓皆出自《禮記》，比如，河南大學校訓："明德新民，止於至善。"厦門大學校訓："自强不息，止於至善。"中山大學校訓："博學、審問、慎思、明辨、篤行。"中國政法大學校訓："厚德、明法、格物、致公。"山東師範大學校訓："弘德明志，博學篤行。"

有子之言似夫子 (檀弓上)[①]

有子問於曾子曰[②]："問喪於夫子乎[③]？"曰："聞之矣。'喪欲速貧[④]，死欲速朽[⑤]。'"有子曰："是非君子之言也。"曾子曰："參也聞諸夫子也[⑥]。"有子又曰："是非君子之言也。"曾子曰："參也與子游聞之[⑦]。"有子曰："然[⑧]。然則夫子有爲言之也[⑨]。"

【注釋】

①檀弓，是《禮記》的篇名。原篇没有小標題，現有小標題爲後加，下同。

②有子，名若，字子有，孔子的學生。曾子，名參，字子輿，孔子的學生。

③問喪於夫子乎，在夫子那裏聽説過丢官罷職的事情嗎？問，當作"聞"（依《經典釋文》）。喪（sàng），失去，丢掉，這裏指丢官罷職。

夫子，指孔子，下同。

④喪欲速貧，丢了官，希望快點窮。

⑤死欲速朽，死了，希望快點腐爛。

⑥參也聞諸夫子也，我〔的確是〕從先生（孔子）那裏聽來（即親耳聽到的）。也，强調語氣。

⑦參也與子游聞之，我和子游都聽過這話。

⑧然，確實這樣。

⑨有爲（wèi）言之，即“有所爲（wèi）言”，有所指而言的意思。這句話的意思是，但是夫子這樣說一定是有所指的。

曾子以斯言告於子游。子游曰：“甚哉，有子之言似夫子也①！昔者，夫子居於宋，見桓司馬自爲石椁②，三年而不成。夫子曰：‘若是其靡也③，死不如速朽之愈也④。’死之欲速朽，爲桓司馬言之也⑤。南宫敬叔反⑥，必載寶而朝⑦。夫子曰：‘若是其貨也，喪不如速貧之愈也⑧。’喪之欲速貧，爲敬叔言之也。”

【注釋】

①曾子把這番對話告訴了子游。子游説：“有子的話太像夫子了!”“有子之言似夫子”是主語，“甚”是謂語。

②夫子以前住在宋國，看到桓司馬爲自己製造石椁。桓司馬，桓魋（tuí），又稱向魋，子姓，東周春秋時期宋國（今河南商丘）人。任宋國主管軍事行政的官——司馬，掌控宋國兵權。他是宋桓公的後代，深受宋景公寵愛，他的弟弟司馬牛是孔子的弟子。椁（guǒ），套在棺材外面的大棺材。

③若是其靡也，“其靡若是也”的倒裝，像他這樣奢侈的意思。靡，

奢侈，浪費。是，代詞，指“自爲石椁，三年而不成”的情況。

④死不如速朽之愈也，意思是：去世了，還不如早點腐爛更好。愈，更好的意思，源於“越”。下文“愈”同。

⑤爲，介詞，這裏有針對的意思。

⑥南宫敬叔，即魯孟僖子的兒子仲孫閲。反，回到魯國。他曾失去魯國官位而離開過魯國。

⑦載，以車裝載。寶，珍寶，寶物。朝，獻給君王。南宫敬叔丢官以後，每次回國定會帶一車珠寶進獻給君王。南宫敬叔這樣做，是想行賄以求復位。

⑧“若是”兩句，意思是：像他這樣賄賂以求官，官職丢了，還不如早點貧窮。貨，源於“换”，引申爲賄賂。若是其貨也，和上文“若是其靡也”句法相同。

曾子以子游之言告於有子。有子曰：“然。吾固曰非夫子之言也①。”曾子曰：“子何以知之？”有子曰：“夫子制於中都，四寸之棺，五寸之椁②，以斯知不欲速朽也③。昔者，夫子失魯司寇④，將之荆⑤，蓋先之以子夏，又申之以冉有⑥，以斯知不欲速貧也。”

【注釋】

①曾子將子游這番話説給有子聽。有子説：“這就對了。我之前就説過這不像夫子説的話嘛。”

②先生給中都制定的禮法中有，棺材（板）四寸，椁（板）五寸。制，規定。中都，魯國的都邑，故城在今山東汶上縣西。孔子曾經做過中都宰，所以他能在中都制定些制度。四寸、五寸都指厚度。

③以斯知不欲速朽也，因此知道〔先生〕不希望〔人死後〕迅速腐爛啊。以斯，等於説“因此”。

④失魯司寇，失掉魯司寇的官位。

⑤荆，楚國。之荆，指到楚國應聘。

⑥蓋先之以子夏，又申之以冉有，意思是：讓子夏先去表明孔子的意思，又讓冉有去重申〔這個意思〕。蓋，句首語氣詞，表示確定。

戰於郎（檀弓下）①

戰於郎。公叔禺人遇負杖入保者息②，曰③：“使之雖病也④，任之雖重也⑤，君子不能爲謀也⑥，士弗能死也⑦，不可，我則既言矣⑧！”與其鄰重汪踦往⑨，皆死焉。魯人欲勿殤重汪踦⑩，問於仲尼。仲尼曰：“能執干戈⑪，以衛社稷，雖欲勿殤也，不亦可乎？”

【注釋】

①魯哀公十一年（前 484），齊國進攻魯國，魯國和齊國在郎那個地方作戰。郎，魯國地名，在今山東魚臺縣。

②公叔禺（yú）人，魯昭公的兒子。負杖，把杖（扁擔之類）放在肩頸上，兩手扶着，等於今天的横挑。保，城堡，這個意義後來寫作“堡”。息，歇息。

③曰，公叔禺人説。

④使，指徭役。之，代詞，指民，下句同。病，勞苦。

⑤任，負擔，使動用法。任之，使人民負擔的賦税。

⑥君子，上層統治者。爲（wéi），動詞，籌劃。謀，計謀，策略。

⑦士，統治階級的下層分子。死，指爲國犧牲。

⑧我則既言矣,我既然説出來了〔,我自己就該行動起來〕。則,表示加强肯定。

⑨重,當作“童”,下同。往,這裏指奔向齊軍。

⑩殤(shāng),未成年(未滿二十歲)而死叫殤。魯國人不想把童子汪踦當殤看待。也就是説,魯國對汪踦想不用兒童的喪禮,而用成人的喪禮。

⑪干戈,泛指武器。

苛政猛於虎(檀弓下)

孔子過泰山側,有婦人哭於墓者而哀①。夫子式而聽之②,使子路問之曰:“子之哭也,壹似重有憂者③?”而曰④:“然。昔者,吾舅死於虎⑤,吾夫又死焉⑥,今吾子又死焉。”夫子曰:“何爲不去也⑦?”曰:“無苛政⑧。”夫子曰:“小子識之⑨,苛政猛於虎也⑩。”

【注釋】

①婦人哭於墓者,等於説在墓前哭的婦人。

②式,通“軾”,車前的横木扶手,這裏用如動詞,扶軾。古時乘車,乘者俯身扶軾,是表示恭敬和關注。孔子扶軾是對啼哭的婦人表示關切。

③“子之”兩句,意思是:您這樣哭,實在像有許多傷心事似的?壹,副詞,表示肯定,有實在、的確等意思。重(chóng),重疊。

④而,等於“乃”“就”。

⑤昔者,從前。舅,指丈夫的父親,即婦人的公公。古以舅姑稱公婆。

⑥焉,兼詞。死焉,等於説“死於虎”。下句同。

⑦去，離開。

⑧苛政，暴政。“苛”源於“荆”，刺的意思。

⑨小子，長輩對晚輩、老師對學生可稱小子，這裏指子路。識（zhì），記住。

⑩於，介詞，表示比較，比的意思。

大同（禮運）[1]

昔者仲尼與於蜡賓[2]，事畢，出游於觀之上[3]，喟然而嘆[4]。仲尼之嘆，蓋嘆魯也[5]。言偃在側[6]，曰：“君子何嘆[7]？”孔子曰：“大道之行也[8]，與三代之英[9]，丘未之逮也[10]，而有志焉[11]。

【注釋】

①同，和，平。大同，高度的和平，實際是指原始共産社會的那種局面，是當時知識份子由於對現實不滿而産生的復古思想。

②與（yù），參加。蜡（zhà），古代國君年終祭祀叫蜡。賓，指陪祭者，一般選賢德之人作爲賓。“賓”源於“旁”，相對主位而言。與於蜡賓，參加到蜡祭陪祭者的行列中。

③觀（guàn），宗廟門外兩旁的高建築物，又名闕。

④喟（kuì）然而嘆，深深地感嘆。

⑤蓋，大概。蓋嘆魯也，〔孔子〕大概是感嘆現如今的魯國。

⑥言偃，孔子的弟子，姓言名偃，字子游。

⑦君子，指孔子。何嘆，因何而嘆。

⑧大道，指治理天下的那些最理想的準則。行，實行。

⑨三代，指夏商周。英，杰出的人物，這裏指英明的人主夏禹、商湯、周文王和周武王。

⑩逮（dài），源於“迨”，趕上。《國語·晋語》：“美哉，昔吾逮事莊主，華則榮矣，實之不知，請務實乎。”（美啊，過去我趕上做你父親的副手，他外表倒是很美，内心却很空虚，希望你要努力實幹。）未之逮，即未逮之。之，代詞，指“大道之行”與“三代之英”的時代，是“逮”的賓語。丘未之逮也，我孔丘都没有趕上〔大道之行與三代之英的時代〕。

⑪有志焉，指有志於此。孔子這句話是説：對那樣的時代，我心向往之。

“大道之行也，天下爲公①。選賢與能②，講信脩睦③。故人不獨親其親，不獨子其子④，使老有所終⑤，壯有所用⑥，幼有所長⑦，矜寡孤獨廢疾者皆有所養⑧，男有分⑨，女有歸⑩。貨惡其弃於地也，不必藏於己⑪；力惡其不出於身也，不必爲己⑫。是故謀閉而不興⑬，盗竊亂賊而不作⑭，故外户而不閉⑮，是謂大同。

【注釋】

①天下爲公，天下成爲公共的。

②與，通“舉”，舉薦。能，有才能的人。

③講信，講求信用。脩睦，修整人與人之間的關係，以和睦相處。

④不獨親其親，不獨子其子，意思是：不單將自己的父母看作父母，不單撫育自己的子女。親，指父母。第一個“親”和第一個“子”都用如動詞，是“以……爲親”和“以……爲子”的意思。

⑤有所終，等於説有善終，即安度晚年。所，代詞。下面三個“所”字同。

⑥有所用，等於説有發揮作用的地方，不至於無事可做。

⑦有所長（zhǎng），等於説有使他們成長的各種條件，即得到培養。

⑧矜，通“鰥”（guān），年老無妻的人。寡，無夫的婦人。鰥寡合用指年老窮苦無助的老人。孤，失去父親的兒童。獨，没有兒子的老人。廢疾者，殘疾人。有所養，等於説有供養。

⑨分（fèn），職分，職務。

⑩歸，出嫁，這裏指夫家。

⑪“貨惡”兩句，意思是：財物，〔人們〕厭惡、嫌弃它被扔在地上（都想收起來），但不一定收到自己家裏。貨，財物。弃，扔。藏，收起來。

⑫“力惡”兩句，意思是：力氣，〔人們爲了公共的事〕恨它不從自己身上使出來（都想使出來），但不一定爲了自己。身，自身。

⑬謀，指奸詐之心。閉，閉塞。興，起，生。

⑭亂，指造反。賊，指害人。作，興起。

⑮外，用如動詞。外户，從外面把門扇合上。閉，用門閂插門。

“今大道既隱，天下爲家①。各親其親，各子其子，貨力爲己；大人世及以爲禮②，城郭溝池以爲固③，禮義以爲紀④，以正君臣⑤，以篤父子⑥，以睦兄弟⑦，以和夫婦⑧，以設制度，以立田里⑨，以賢勇知⑩，以功爲己⑪。故謀用是作，而兵由此起⑫。禹、湯、文、武、成王、周公，由此其選也⑬。此六君子者，未有不謹於禮者也⑭。以著其義⑮，以考其信⑯，著有過⑰，刑仁講讓⑱，示民有常⑲。如有不由此者⑳，在埶者去㉑，衆以爲殃㉒，是謂小康㉓。”

【注釋】

①既，已經。隱，源於“匿”，消逝不見。天下爲家，天下成爲私家的。

②大人世及以爲禮，天子和諸侯以父子兄弟相傳襲作爲禮制。大人，指天子諸侯。父子相傳叫“世”，兄弟相傳叫“及”。及，即源於“繼”。

③城郭溝池以爲固，修建城郭溝池作爲堅固的防守。溝池，指護城河。固，這裏指賴以防守的建築及工事。

④禮義以爲紀，制定禮儀作爲綱紀。紀，綱紀，準則。

⑤以正君臣，用來確定君臣關係。正，端正。

⑥以篤父子，使父子關係淳厚。篤，用如動詞，即“使……淳厚”。

⑦以睦兄弟，使兄弟關係和睦、親密。睦，源於“盟”，親密，這裏用如動詞。《左傳·定公四年》：“故周公相王室，以尹天下，於周爲睦。”（所以周公輔佐王室，以治理天下，諸侯也和周朝關係和睦。）唐歐陽詹《自明誠論》：“游於鄉，可以睦閭里而寧訟争。”《漢書·韋賢傳》：“嗟嗟我王，漢之睦親。”顔師古注：“睦，密也，言服屬近。”

⑧以和夫婦，使夫妻關係和諧。和，用如動詞，即“使……和諧”。

⑨里，住處。田里，這裏指有關田里的制度。

⑩賢勇知，把有勇有謀的當作賢人。賢，用如動詞，意動用法。知（zhì），後來寫作“智”。當時盜賊并起，所以需要智勇的人（依孔穎達説）。

⑪以功爲己，立功作事，衹是爲了自己，不爲他人（依孔穎達説）。

⑫謀用是作，而兵由此起，意思是：詭計由以上種種原因而産生，戰亂由以上種種原因而發生。用，由。“是”和“此”字，都代表上文“今大道既隱……以功爲己”這段的情况。兵，指戰亂。

⑬這句話的大意是：夏禹、商湯、周文王、周武王、周成王和周公旦，由此成爲三代中的杰出人物。選，指選拔出來的人物，也就是杰出的人物。

⑭這句話的意思是：這六位君子，没有哪個不謹慎奉行禮制。

⑮以著其義，用〔禮〕來彰顯（表彰）他們（民）做對了的事。“以”下省略賓語“之”（指禮）。著，彰顯，這裏是使動用法，使……彰顯。

⑯以考其信，用〔禮〕來成全他們（民）講信用的事。考，成全。

⑰著有過，"以著其有過"之省，意即用〔禮〕來揭露他們有過錯的事。著，彰明，這裹是使動用法，使……暴露，揭露。

⑱刑，法則。刑仁，把合於仁的行爲定爲法則。講，提倡。讓，不争。

⑲示民有常，"以示民有常"之省，意即用〔禮〕指示給人民要有常規。

⑳由，用。此，指禮。

㉑埶，勢力，權力，後來寫作"勢"，這裹指職位。去，罷免，黜（chù）退，這裹有被罷免的意思。

㉒衆以爲殃，老百姓以此（指統治者不用禮）爲禍害。

㉓小康，小安。小康對大同而言，含有不及大同的意思。

教學相長（學記）

雖有嘉肴①，弗食，不知其旨也②。雖有至道③，弗學，不知其善也。是故學然後知不足④，教然後知困⑤。知不足然後能自反也⑥，知困然後能自强也⑦。故曰教學相長也⑧。《兑命》曰"學學半⑨"，其此之謂乎⑩？

【注釋】

①肴，本指成塊的帶骨頭的熟肉，這裹泛指魚肉。

②旨，味美。

③至，好到極點的。

④是故，因此。知不足，知道自己有不够之處。

⑤知困，知道自己有搞不通之處。困，不通。

⑥自反，反求之於自己。

⑦自强（qiǎng），自己督促自己。

⑧教學相長，教和學是互相推進的。長（zhǎng），這裏指推進。

⑨兑（yuè）命，即説（yuè）命，《尚書》的一個篇名。學學半，前一“學”字音 xiào，指教人。後一“學”字音 xué，指向人學。今《尚書》作“斆學半”。有解釋稱“學學半”的意思是説“教占學的一半”，不確，這裏的“半”是“伴”的意思，“學學半”就是教和學一起進步。

⑩其此之謂乎，大概是説這種情况吧。

博學（中庸）

博學之①，審問之②，慎思之③，明辨之④，篤行之⑤。有弗學，學之弗能，弗措也⑥。有弗問，問之弗知⑦，弗措也。有弗思，思之弗得⑧，弗措也。有弗辨，辨之弗明，弗措也。有弗行，行之弗篤，弗措也。人一能之，己百之⑨；人十能之，己千之。果能此道矣⑩，雖愚必明⑪，雖柔必强⑫。

【注釋】

①博學，多方面地學。博，寬廣。之，指學的對象。

②審問，詳細地問。之，指問的對象。

③慎思，真誠地考慮。慎，真誠、誠心地。《論語・學而》：“慎終，追遠，民德歸厚矣。”（要誠心地辦理父母的喪事，誠心誠意地祭祀祖先，這樣做了，老百姓就會受到感化，他們的道德就會趨於篤厚。）之，指思的對象。

④明辨，明確地分辨。之，指辨的對象。

⑤篤行，踏踏實實地實行。之，指行的對象。

⑥“有弗學”幾句的大意是：除非不學，學了就一定要學會，學不會不罷休。有弗學，按字面講是“有不學的時候”或“有不學的東西”，實際應理解爲“不學則已”。措，放下。以下四句仿此。

⑦知，懂。

⑧弗得，指不得結果。

⑨人一能之，己百之，意思是：别人學一次就會，我學一百次〔終究要學會〕。下句仿此。

⑩果能此道矣，果真能實行這個方法。道，方法。

⑪愚，糊塗。明，知曉（學會）。

⑫柔，脆弱，這裏指意志脆弱。强，堅强，這裏指意志堅强。

誠意（大學）

所謂誠其意者，毋自欺也①，如惡惡臭②，如好好色③。此之謂自謙④。故君子必慎其獨也⑤。

小人閒居爲不善⑥，無所不至⑦，見君子而後厭然揜其不善而著其善⑧。人之視己如見其肺肝然⑨，則何益矣⑩？此謂誠於中，形於外⑪。故君子必慎其獨也。

曾子曰：“十目所視，十手所指，其嚴乎⑫！”

富潤屋⑬，德潤身，心廣體胖⑭。故君子必誠其意。

【注釋】

①這句的意思是：所謂誠意，就是不欺騙自己。誠，用如動詞，使動用法，“使……誠實”。意，意念，念頭。《大學直指》：“直心、正念、真如，名爲誠意。”

②惡（wù），動詞，厭惡。惡（è）臭（xiù），不好聞的氣味。臭，

氣味。如惡惡臭，就像討厭不好的氣味。

③好（hào），動詞，愛好。好（hǎo）色，指美女。色，顔色，容貌，特指女子的容貌。如好好色，就像喜歡美丽的女子。

④此之謂自謙，大意是把這個叫作自己不虧心。此，代詞，指“誠其意者，毋自欺也”。謙，同“慊”（qiè），源於“欠”的反義，滿足。自謙，指自我滿足，不是爲了别人纔要求誠意。

⑤故君子必慎其獨也，所以君子獨處的時候，一定要謹慎，不可隨便。

⑥閒（xián）居，獨處（依朱熹《大學章句》）。

⑦無所不至，没有什麽達不到的，意思是説壞事做盡。

⑧這句的意思是：看見君子就遮遮掩掩，把不好的事情掩蓋起來，故意表現出好的德行。厭然，掩藏的樣子。揜，同“掩”。著其善，顯示他的好的〔德行〕。

⑨這句的意思是：别人看他就好像看見他的肺肝一樣清清楚楚。如……然，像……的樣子。

⑩則何益矣，那麽有什麽好處呢？則，那麽。益，好處。

⑪誠於中，裏邊有實在的東西，這裏指心中藏着惡念。形，用如動詞，露出原形。

⑫曾子這句話的意思是：很多雙眼睛看着你，很多隻手指着你，多麽令人畏懼啊！十目、十手，表示虚數，説明監視的人之多。嚴，嚴肅可畏。

⑬富潤屋，富足了就能使屋子光彩。潤，用如動詞，使……潤，這裏是使……光彩的意思。

⑭廣，寬。胖（pán），安泰舒坦。

第四單元

文選：《孟子》

孟子（約公元前372—前289年），名軻，字子輿，鄒（今山東鄒城東南）人。戰國時期思想家、教育家，是孔子之後、荀子之前的儒家學派代表人物，與孔子并稱“孔孟”。南宋時朱熹將《孟子》與《論語》《大學》《中庸》合在一起稱“四書”。

孟子的主要思想是“仁、義、善”，提倡以“仁”“義”爲中心的“仁政”“王道”。孟子根據戰國時期經驗，總結各國治亂興亡規律，繼承和發展了孔子的德治思想，將其發展爲“仁政”學説，使之成爲其政治思想的核心。孟子認爲如何對待人民這一問題，對於國家的治亂興亡極其重要，并提出了一個富有民主性精神的著名命題：“民爲貴，社稷次之，君爲輕。”孟子以“道性善”爲其哲學思想的核心，這與荀子的“性惡論”相對（梁啓超認爲孟子的“性善論”强調了教育的可能性，荀子的“性惡論”强調了教育的必要性）。

孟子長於辯論，善用譬喻。後人評價其文氣勢充沛，感情洋溢，邏輯嚴密，滔滔雄辯，從容不迫，在先秦諸子散文中極爲突出，對後世文章有很大的影響。

《孟子》共七篇（各篇分上下）。現在通行的注本有《十三經注疏》

本《孟子注疏》（東漢趙岐注，宋孫奭疏）、宋朱熹的《孟子集注》和清焦循的《孟子正義》。

寡人之於國也（梁惠王上）[①]

梁惠王曰："寡人之於國也，盡心焉耳矣[②]：河内凶[③]，則移其民於河東[④]，移其粟於河内；河東凶亦然[⑤]。察鄰國之政[⑥]，無如寡人之用心者。鄰國之民不加少，寡人之民不加多[⑦]，何也？"

【注釋】

①本文是表現孟子"仁政"思想的文章之一。孟子一方面運用五十步笑百步的比喻説明梁惠王現有所謂盡心的施政與鄰國的施政基本無异；另一方面論述了如何推行仁政，以王道統一天下的問題。衹有實行仁政，纔能得民心；得民心，纔能得天下。這種"保民而王"的主張，實際也是孟子"民本"思想的體現。梁惠王，即魏惠王，姓魏名罃，因魏都大梁，故稱梁惠王，"惠"是謚號。《梁惠王》是《孟子》中的一篇（後面的《公孫丑》等同）；"寡人之於國也"是其中一章，題目爲後加，後面的"齊桓晋文之事"等同此。

②"寡人"兩句，意思是：我對於〔治理〕國家，〔可以算〕盡了心啦。耳矣，等於説"已矣"，"耳"和"矣"都是句尾語氣詞，連用相當於"啦"。

③河内，指黄河北岸，今河南沁陽一帶。"河内"爲什麽是黄河北邊呢？"南"源於肚腩的"腩"，肚子凸出的地方叫南，相對應的，背凹進去的地方叫北。凶，荒年。

④河東，有解釋爲"黄河以東，今山西西南部"，山西西南部今天是晋南臨汾到永樂一帶，戰國時期是魏國所在地。此解釋錯。河内既是黄河

以北，對應的河東應是黄河以南，也就是開封一帶。中國人面對河的上游，左邊是東岸，這樣“項羽不肯過江東”中的江東其實是江南。

⑤亦然，也是這樣。

⑥察，觀察。

⑦加，更。加少，更少。加多，更多。

孟子對曰：“王好戰，請以戰喻①。填然鼓之②，兵刃既接③，弃甲曳兵而走④，或百步而後止，或五十步而後止⑤。以五十步笑百步，則何如⑥？”曰：“不可，直不百步耳⑦，是亦走也⑧。”

【注釋】

①請，請允許我。喻，比喻。

②填，象聲詞，形容鼓聲。然，詞尾。鼓，用如動詞，擊鼓。擊鼓是進軍的信號。

③刃，鋒刃。既，已經。接，接觸。兵刃既接，等於説已經交鋒。

④弃，扔掉。曳（yè），拖着。走，這裏指逃跑。

⑤或……或……，即有人……有人……。

⑥則，這，源於“止”，脚下。《墨子·尚賢上》：“故得士則謀不困，體不勞，名立而功成，美章而惡不生，則由得士也。”（因此，得到了士，計謀就不會想不出，身體也不會勞苦，名立而功成，美的得到發揚，惡的不會發生，這都是因爲得到賢士。）《左傳·哀公六年》：“廢興無以亂，則所願也。”（廢立都不要因此發生動亂，這就是我的願望。）

⑦直不百步耳，不過不到百步罷了。直，僅，不過。“特”也有“僅、衹”義，源於“滴”。比如《莊子·大宗師》：“吾特與汝，其夢未始覺者

邪！”（衹有我和你呀，纔是做夢似的還没有覺醒！）《莊子·列禦寇》：“夫漿人特爲食羹之貨，無多餘之贏。”（賣飲料的人衹不過買賣飲料，没有很多的賺頭。）

⑧是亦走也，這也是逃跑啊。是，指“五十步而後止”。

曰：“王如知此，則無望民之多於鄰國也①。不違農時②，穀不可勝食也③。數罟不入洿池④，魚鼈不可勝食也。斧斤以時入山林⑤，材木不可勝用也。穀與魚鼈不可勝食，材木不可勝用，是使民養生喪死無憾也⑥。養生喪死無憾，王道之始也⑦。

“五畝之宅⑧，樹之以桑，五十者可以衣帛矣⑨。鷄豚狗彘之畜⑩，無失其時⑪，七十者可以食肉矣。百畝之田，勿奪其時，數口之家可以無飢矣。謹庠序之教⑫，申之以孝悌之義⑬，頒白者不負戴於道路矣⑭。七十者衣帛食肉，黎民不飢不寒⑮，然而不王者⑯，未之有也⑰。

“狗彘食人食而不知檢⑱，塗有餓莩而不知發⑲，人死，則曰：‘非我也，歲也⑳。’是何异於刺人而殺之㉑，曰：‘非我也，兵也。’王無罪歲㉒，斯天下之民至焉㉓。”

【注釋】

①無，通“毋”，不要。下文“王無罪歲”的“無”同。

②不違農時，不耽誤農業生産的季節，意思是説春夏秋不讓人民服役。

③穀不可勝食也，糧食吃不完。勝（shēng），盡。《三國志·蜀書·諸葛亮傳》：“跨州連郡者不可勝數。”作“盡”用的“勝”源於“東”，《管子·重令》：“凡令之行也，必待近者之勝也，而令乃行。”（凡是要施

行法令，必須先束縛君王親近的人，然後法令纔能得到施行。）

④數（cù），密，“疏”的反義。罟（gǔ），網。洿（wū），濁水不流，源於“窪”。洿池，即并不深的池塘。據説上古不許用密網捕魚，不滿一尺的魚不得食用，以免有礙魚的生長繁殖。

⑤斤，是鋤頭。以時，按照一定的時候，指草木凋落的時候，那時生長的季節已過。

⑥養生，供養活着的人。喪死，爲死了的人辦喪事。憾，這裏是缺的意思，源於“欠”。材木不能被砍光，因爲辦喪事需要木板做棺材。

⑦王道，孟子理想中的政治。孟子認爲“養生喪死”衹是王道的開端。

⑧五畝，約爲現在一畝二分多。從春秋戰國到清末，中國的度量衡丈、斗、斤改變都衹在20%以内。我們常説七尺男兒、十尺一丈、一畝六十方丈，歷來如此。宅，宅院，人們居住的房舍。一夫一婦受宅五畝、田百畝，這是當時儒家的理想。

⑨衣（yì），用如動詞。帛，絲織品。據説古代一般人到了五十歲，如果養蠶，就可以衣帛，否則衹能衣麻。

⑩豚（tún），小猪。“豚”源於“團”，小猪幾乎是圓的。彘（zhì），猪，與“豕”同源。畜（xù），是抓來的動物不宰掉，把它養起來，使生叫“畜”，也寫作“蓄”。錢不花，存在銀行叫“儲蓄”；鬍子留起來叫“蓄鬍子”。“畜”衹有“養”義，没有“育”義。可以説“我父母養我，現在我養父母”，但不能説“現在我養育父母”。

⑪無，通“毋”。時，指繁殖的時機。

⑫謹，這裏是努力、認真的意思。庠（xiáng）序，都是學校，殷代叫序，周代叫庠。教，教化。

⑬申，重複，指反覆進行。孝，順從并奉養父母。悌（tì），敬愛兄長。義，道理。

⑭頒，通“斑”。頒白，頭髮半白。負，背（bēi）。戴，指把東西頂在頭上。

⑮黎，是黑的意思。老百姓不戴冠，一頭黑髮，所以老百姓叫“黎民”。黎明是天亮之前。

⑯然，這樣，指上兩句所説。王（wàng），統一天下而稱王。然而不王者，這樣做的話〔還〕不能統一天下稱王。

⑰之，代詞，賓語提前。

⑱狗彘食人食而不知檢，猪狗吃人所吃的東西〔的現象〕不知道禁止。食人食，吃人所吃的東西。檢，禁止的意思，源於“禁”。

⑲塗，通“途”。餓莩（piǎo），多解釋爲“餓死的人”，不確。“莩”不是餓死，餓到快死的人不會出門，即使餓死在路上也會有人收尸。“莩”（殍）如果是餓死，前面爲何還加“餓”字？“莩”從孚，是浮腫，是有水腫病的人。饑荒爆發年間路上走的80%是患有不同程度的水腫病的人。“莩”是餓死的前奏，但不是餓死。發，指開倉濟民。

⑳歲，收成。

㉑是，代詞，指上述情况。何，疑問副詞，等於説有什麽。异，不同。殺，指置人於死地。

㉒罪歲，歸罪於歲（收成）。

㉓斯，則。這句話的意思是，〔而切切實實地去實施以上的行爲，〕這樣，天下的百姓都會來投奔了。

齊桓晉文之事（梁惠王上）[①]

齊宣王問曰[②]：“齊桓、晉文之事，可得聞乎？”孟子對曰：“仲尼之徒，無道桓文之事者[③]，是以後世無傳焉[④]，臣未之聞也[⑤]。無以，則王乎[⑥]？”

曰：“德何如，則可以王矣？”曰：“保民而王，莫之能禦也⑦。”曰：“若寡人者，可以保民乎哉⑧？”曰：“可。”曰：“何由知吾可也⑨？”曰：“臣聞之胡齕曰⑩：王坐於堂上，有牽牛而過堂下者。王見之，曰：‘牛何之⑪？’對曰：‘將以釁鐘⑫。’王曰：‘舍之！吾不忍其觳觫⑬，若無罪而就死地⑭。’對曰：‘然則廢釁鐘與⑮？’曰：‘何可廢也，以羊易之。’不識有諸⑯？”曰：“有之。”曰：“是心足以王矣⑰。百姓皆以王爲愛也⑱，臣固知王之不忍也。”

【注釋】

①本文通過孟子游説齊宣王放弃霸道、施行王道的經過，比較系統地闡發了孟子的仁政主張。齊桓，齊桓公。晋文，晋文公。

②齊宣王，姓田名辟疆。其祖先爲春秋時姜姓齊國的大夫，後放逐齊康公奪得齊國政權。齊宣王是田氏齊國的第四代君。

③道，説。儒家學派稱道堯舜禹湯文武等“先王之道”，不主張“霸道”，所以孟子這樣説。

④傳，傳述。

⑤未之聞，結構同前篇的“未之有”。

⑥無以，按語意，是没有可説的。則王（wàng），意思是説，那麽就談談王天下的道理吧。

⑦保，安。禦，阻擋，指阻擋他王天下。

⑧若，像。乎哉，兩個疑問語氣詞連用，加强疑問語氣，略等於“嗎”。

⑨何由，從哪裏。

⑩臣聞之胡齕（hé）曰，我從胡齕那裏聽説。之，指下面一番話。胡

齕，齊宣王左右的近臣。

⑪之，動詞，到……去。

⑫將以釁鐘，將用它祭鐘。“以”後面省略了賓語“此”（指牛）。釁，以血塗，源於“血”，見前面《左傳·成公三年》選文《楚歸晋知罃》“釁”字注。

⑬觳（hú）觫（sù），恐懼的樣子。“觳”源於“赫”，“觫”源於抖擻的“擻”。

⑭若無罪而就死地，好像没有罪過的人，平白地走向刑場。若，好像。就，走向。

⑮然則，既然如此，那麽就。

⑯不識有諸，不知道有没有這件事？識，知道。諸，“之乎”的合音字。

⑰是，代詞，這種。足以王（wàng），足够用來王天下。

⑱愛，吝嗇，吝惜。心愛的東西一般不願意給人家，所以“愛”有吝嗇義。

王曰：“然①。誠有百姓者②。齊國雖褊小③，吾何愛一牛？即不忍其觳觫，若無罪而就死地，故以羊易之也。”曰：“王無异於百姓之以王爲愛也④。以小易大，彼惡知之⑤？王若隱其無罪而就死地⑥，則牛羊何擇焉⑦？”王笑曰：“是誠何心哉⑧？我非愛其財而易之以羊也，宜乎百姓之謂我愛也⑨。”曰：“無傷也⑩。是乃仁術也⑪，見牛未見羊也⑫。君子之於禽獸也⑬，見其生，不忍見其死；聞其聲，不忍食其肉。是以君子遠庖厨也⑭。”

【注釋】

①然，是的。

②誠有百姓者，的確有像百姓所説的情况。

③褊（biǎn），源於“扁”，小的意思，不是狹窄。

④王無异於百姓之以王爲愛也，您不要對百姓認爲您是吝嗇的感到奇怪。异，動詞，奇怪。

⑤彼，代詞，他們，指百姓。惡（wū），何，哪裏。

⑥隱，心裏難過，可憐。

⑦牛羊何擇焉，牛和羊挑選什麽呢？孟子是説牛和羊没有什麽可挑選的，都是無罪而就死地，同樣要殺的。

⑧是，指示代詞。下文“是乃仁術也”的“是”同此。誠，根據語意可譯爲“到底”。是誠何心哉，意爲這到底是什麽心呢？

⑨“宜乎”句的意思是：〔您這麽一説，〕百姓説我捨不得真是理所當然的了。宜，應當。乎，在這裏表感嘆。“百姓之謂我愛也”是“宜乎”的主語。之，介詞。

⑩無傷，没有損害，等於説没有關係。

⑪仁術，仁道，行仁政的途徑。

⑫見牛未見羊也，意爲看見了牛〔的可憐〕，没有看到羊〔的可憐〕。

⑬之於，對於。

⑭遠，用如動詞，使……遠。庖厨，厨房。

王説，曰：“《詩》云：‘他人有心，予忖度之①。’夫子之謂也。夫我乃行之，反而求之，不得吾心②。夫子言之，於我心有戚戚焉③。此心之所以合於王者④，何也？”曰：“有復於王者曰⑤：‘吾力足以舉百鈞，而不足以舉一羽⑥；明足以察秋毫之末，而不見輿薪⑦。’則王許之乎⑧？”曰：“否！”“今恩足以及禽獸，而功不至於百姓者⑨，獨何與⑩？然則一羽之不舉，爲不用力焉⑪；

輿薪之不見，爲不用明焉；百姓之不見保⑫，爲不用恩焉。故王之不王，不爲也，非不能也。”曰：“不爲者與不能者之形⑬，何以异⑭？”曰：“挾太山以超北海⑮，語人曰⑯：‘我不能。’是誠不能也。爲長者折枝⑰，語人曰：‘我不能。’是不爲也，非不能也。故王之不王，非挾太山以超北海之類也；王之不王，是折枝之類也。老吾老，以及人之老⑱；幼吾幼，以及人之幼⑲：天下可運於掌⑳。《詩》云：‘刑于寡妻，至于兄弟，以御于家邦㉑。’言舉斯心加諸彼而已㉒。故推恩足以保四海㉓，不推恩無以保妻子㉔。古之人所以大過人者㉕，無他焉㉖，善推其所爲而已矣。今恩足以及禽獸，而功不至於百姓者，獨何與？權㉗，然後知輕重；度㉘，然後知長短。物皆然，心爲甚㉙，王請度之㉚。——抑王興甲兵㉛，危士臣㉜，構怨於諸侯㉝，然後快於心與㉞？”

【注釋】

①引自《詩經·小雅·巧言》。忖（cǔn），揣測。度（duó），心裏衡量。這裏“忖度”連用就是推測的意思。

②“夫我”三句的大意是：我就那樣做了，反過來躬身自問，自己也不瞭解自己的思想（我也想不出所以然）。

③戚戚，有解釋爲“心動的樣子”，不確。按文意是：先生這一講，我内心清楚了。音韵上也説得通，“戚”的陽聲韵是“清”，清楚的意思。

④合於王者，〔我的想法〕符合爲王天下的道理。合，符合。王，音 wàng。

⑤復，告。

⑥鈞，三十斤。百鈞，三千斤。一羽，一根羽毛。

⑦“明足以”兩句的意思是：我的眼力足以看清鳥獸新生絨毛的末

端，却看不到眼前整車的柴火。明，視力。下文“爲不用明”的“明”同此。察，等於説看清楚。毫，毛。獸類秋季生出新絨毛，最細。末，尖端。輿，車。薪，柴。

⑧許，應允，等於説同意。

⑨恩，愛心。功，功德，功績。

⑩獨何與，偏偏又是什麼原因呢？

⑪爲（wèi），因爲。下面兩句的“爲”字同。

⑫見保，有解釋爲“被安撫”，不確，應是被保護。在落後的時代，人人都需要保護。下文有“不推恩無以保妻子”，“妻子”更需要保護，此處“保”無“安撫”之意。

⑬形，具體的表現。

⑭何以异，怎樣區别？何以，憑什麼。

⑮挾（xié），夾在胳膊下。太山，即泰山。超，有解釋爲“跳過”，不確，是跨。跨過去，洛陽説“超”。北海，渤海，在齊之北。

⑯語（yù），告訴。

⑰爲長者折枝，給老人折小樹幹做拐杖用（幫助老幼婦孺等弱者）。長者，老者。枝，是枝條，這裏指小的樹幹，作拐扙用。

⑱第一個“老”字用如動詞，敬愛；第二個“老”字用如名詞，指老者。

⑲第一個“幼”字用如動詞，愛護；第二個“幼”字用如名詞，指幼者。

⑳運，轉動。這句是比喻王天下的容易。

㉑引自《詩經·大雅·思齊》。刑，通“型”，用如動詞，示範。寡妻，那時老百姓也是一夫一妻，“寡”表示一。御，治。家邦，家和國。先給妻子做榜樣，再影響到兄弟，進而治理好國家。

㉒言舉斯心加諸彼而已，〔這話〕是説把這種〔愛自己親人的〕心加

之於别人身上罷了。

㉓推，推廣。四海，等於説天下。

㉔妻子，妻和子女。無以，不能。

㉕大過，大大勝過。

㉖他，别的。

㉗權，首先是秤，源於“均”，後纔有秤錘。

㉘度（duó），量（liáng），用如動詞，指丈量東西。

㉙物皆然，心爲甚，大意是：凡物都是這樣，心特别是這樣。甚，形容詞，厲害。

㉚王請，即“請王”。

㉛抑，連詞，還是。興甲兵，使甲兵動起來，即發動戰争。興，起，使動用法。甲兵，見《左傳·隱公元年》選文《鄭伯克段于鄢》注。

㉜危，使動用法，使……陷於危險。士，士卒。臣，臣子。

㉝構，動詞，結。怨，仇恨。

㉞然後快於心與，這樣心裏纔痛快嗎？

王曰：“否。吾何快於是？將以求吾所大欲也①。”曰：“王之所大欲，可得聞與？”王笑而不言。曰：“爲肥甘不足於口與②？輕煖不足於體與③？抑爲采色不足視於目與④？聲音不足聽於耳與？便嬖不足使令於前與⑤？王之諸臣，皆足以供之，而王豈爲是哉？”曰：“否，吾不爲是也。”曰：“然則王之所大欲可知已⑥：欲辟土地⑦，朝秦楚⑧，莅中國⑨，而撫四夷也⑩。以若所爲，求若所欲⑪，猶緣木而求魚也⑫。”

王曰：“若是其甚與⑬？”曰：“殆有甚焉⑭。緣木求魚，雖不得魚，無後災；以若所爲，求若所欲，盡心力而爲之⑮，後必有災。”曰：“可得聞與？”曰：“鄒人與楚人戰，則王以爲孰勝⑯？”曰：“楚人勝。”曰：“然則小固不可以敵大⑰，寡固不可以敵衆，弱固不可以敵强。海内之地⑱，方千里者九⑲，齊集有其一⑳；以一服八㉑，何以异於鄒敵楚哉？蓋亦反其本矣㉒？今王發政施仁㉓，使天下仕者皆欲立於王之朝㉔，耕者皆欲耕於王之野，商賈皆欲藏於王之市㉕，行旅皆欲出於王之塗㉖，天下之欲疾其君者，皆欲赴愬於王㉗。其若是，孰能禦之㉘？”

【注釋】

①所大欲，最想得到的東西。

②爲（wèi），因爲。下文直到“吾不爲是也”，“爲”字皆同。肥甘，指肥美的食物。

③輕煖，指又輕又暖的衣服。煖，同“暖”。

④采，彩色，後來寫作“彩”。

⑤便（pián）嬖（bì），即“便辟”，親幸的人。嬖，源於“并”，親近的。

⑥已，通“矣”。

⑦辟土地，指擴大領土。辟（pì），開闢，後來寫作“闢”。

⑧朝秦楚，使秦、楚入朝稱臣。朝，使動用法，使……朝見。

⑨莅（lì），監臨，等於説據有。中國，對四夷而言，指黄河流域周王朝所統治的地方，即中原地帶。

⑩撫，安撫，使……安定。四夷，指當時四方少數民族。

⑪以若所爲，求若所欲，意思是：〔但是〕用這樣的做法，谋求這樣的理想。若，如此，這樣。

⑫緣，攀登，與“援”同義，猿也善攀，故音“猿”。木，樹。

⑬若是其甚與，是“其甚若是與”的倒裝，意即真的像〔你説的〕這麼嚴重嗎？是，指緣木而求魚。甚，厲害。

⑭殆有甚焉，恐怕有比這個更嚴重的。殆，副詞，恐怕，源於“惕”。《左傳·哀公十六年》：“吾聞勝也好復言，而求死士，殆有私乎？”（我聽説勝這個人力求實踐諾言，又遍求不怕死的人，恐怕是有私心吧？）《莊子·天地》：“殆哉圾乎天下！齧缺之爲人也，聰明睿知，給數以敏，其性過人，而又乃以人受天。”（恐怕天下也就危險了！齧缺這個人的爲人，耳聰目明、智慧超群，行動辦事快捷機敏，他天賦過人，而且竟然用人爲的心智去對應并調合自然的稟賦。）

⑮盡心力，盡心盡力。

⑯孰，誰。

⑰固，當然，本來。

⑱海内，等於説“天下”。

⑲方千里者九，〔天下土地〕縱横各一千多里（虛數）的〔國家〕有九個。

⑳集，會集，匯總。

㉑服，使動用法，使……降服。

㉒蓋亦反其本矣，何不返回到王道仁政的根本？蓋，同“盍”（hé），何不。反，回到，後來寫作“返”。本，根本，這裏指王道仁政。

㉓發政，發布政令，“政”指王道的政令。施仁，推行仁道。

㉔使天下仕者皆欲立於王之朝，使得天下當官的人都想到您的朝廷來做官。仕者，做官的人。

㉕商賈皆欲藏於王之市，天下的生意人都願意在您的集市做生意。商賈，是古代對商人的稱呼，行商坐賈，簡稱商賈。《周禮·天官·大宰》：“六曰商賈，阜通貨賄。”鄭玄注：“行曰商，處曰賈。”藏，囤積，轉指做生意。

㉖行旅，指外出行路的人。

㉗“天下”兩句，意思是：各國那些憎恨他們君主的人都想跑來告訴您。愬，通“訴”。赴愬，跑來告訴〔您〕。

㉘其，語氣詞。若，像。禦，阻擋。

王曰：“吾惛[①]，不能進於是矣[②]。願夫子輔吾志，明以教我[③]。我雖不敏，請嘗試之[④]。”曰：“無恒產而有恒心者，惟士爲能[⑤]。若民，則無恒產因無恒心[⑥]。苟無恒心[⑦]，放辟邪侈[⑧]，無不爲已[⑨]。及陷於罪[⑩]，然後從而刑之[⑪]，是罔民也[⑫]。焉有仁人在位，罔民而可爲也！是故明君制民之產[⑬]，必使仰足以事父母，俯足以畜妻子[⑭]，樂歲終身飽[⑮]，凶年免於死亡，然後驅而之善[⑯]，故民之從之也輕[⑰]。今也，制民之產，仰不足以事父母，俯不足以畜妻子，樂歲終身苦，凶年不免於死亡。此惟救死而恐不贍[⑱]，奚暇治禮義哉[⑲]？王欲行之，則盍反其本矣？五畝之宅，樹之以桑，五十者可以衣帛矣。鷄豚狗彘之畜，無失其時，七十者可以食肉矣。百畝之田，勿奪其時，八口之家可以無飢矣。謹庠序之教，申之以孝悌之義，頒白者不負戴於道路矣。老者衣帛食肉，黎民不飢不寒，然而不王者，未之有也[⑳]。”

【注釋】

①惛，源於“昏”，不聰明、糊塗的意思。

②不能進於是矣，不能做到這種地步了。進，達到。

③明，明白地，指把王政之道講清楚。教，教導。

④嘗，試。嘗試，在這裏是同義詞連用。

⑤“無恒產”兩句，意思是：没有〔歸屬〕固定的產業而有恒定的信

念，祇有士人纔能够做到。本文中的“恒”源於“固”，固定不變的意思。《孫臏兵法·見威王》：“夫兵者，非士恒勢也。”（打仗不是依靠固定的陣勢的。）恒心，這裏的“心”是指道德觀念和行爲準則。

⑥若，至於。因，因而。

⑦苟無恒心，如果没有固定不變的道德觀念和行爲準則。苟，假如。

⑧放辟邪侈，違法亂紀的事，這裏是泛指一切不守封建社會“規矩”的行爲。放，放縱。辟（pì），指行爲不正，後來寫作“僻”。邪，和“辟”同義。侈，和“放”同義。

⑨無不爲已，就無所不爲了。已，通“矣”。

⑩及，等到。

⑪從，等於説跟着。刑，用如動詞，對……用刑罰。

⑫罔，網，用如動詞，張羅網。罔民，對人民張羅網，也就是促使民陷於罪的意思。

⑬“焉有”幾句，意思是：哪有仁愛的人坐了朝廷之位却做出陷害老百姓的事呢？所以英明的君主規定人們的産業。明君，明智的君王。制，規定。

⑭畜，養活。因爲在孟子看來，妻子比夫父低一等，所以説“俯足以畜妻子”。

⑮樂歲終身飽，大意是：假使一輩子都遇豐年，就一輩子都可以吃飽。樂歲，豐年。

⑯驅，驅使，督促。之，到……去。

⑰輕，容易。

⑱“今也”至“不贍”，大意是：如今，〔您〕規定人民的産業，上不足以贍養父母，下不足以撫養妻兒，好年成一年到頭困苦，壞年成則要麽死要麽逃。這樣，每個人存活下來都怕做不到。此，指上述情況。惟，祇。贍（shàn），足。《墨子·節葬下》：“當其於此也，亦有力不足、財

不贍、智不智，然後已矣。”（當他在這樣做的時候，祇有力量不足、財用不够、智謀不及，然後纔罷了的。）

⑲奚暇治禮義哉，哪裏有閑工夫去從事禮義？暇，閑暇。

⑳以上一段，參看選文《寡人之於國也》注。

文王之囿（梁惠王下）

齊宣王問曰：“文王之囿方七十里①，有諸？”孟子對曰：“於傳有之②。”曰：“若是其大乎③？”曰：“民猶以爲小也。”曰：“寡人之囿方四十里，民猶以爲大，何也？”曰：“文王之囿方七十里，芻蕘者往焉④，雉兔者往焉⑤。與民同之⑥，民以爲小，不亦宜乎？臣始至於境⑦，問國之大禁⑧，然後敢入。臣聞郊關之内⑨，有囿方四十里，殺其麋鹿者如殺人之罪⑩，則是方四十里，爲阱於國中⑪，民以爲大，不亦宜乎？”

【注釋】

①文王，周文王。囿（yòu），這裏指狩獵場。原意爲指定的區域，後轉指養動物的園子，再發展爲狩獵場。

②傳（zhuàn），記載史實的古書。

③是，指方七十里。

④芻蕘者，割草打柴的人。“芻”“蕘”在這裏都用如動詞，割草稱“芻”，打柴稱“蕘”。芻蕘，指割草打柴的人，後多指在野之士，也常用作向人陳述意見的謙辭。芻言，常用來謙稱自己的言論。芻議，同“芻言”。

⑤雉兔者，意爲打獵的人。

⑥與民同之，和人民共同使用它。

⑦臣始至於境，我剛到齊國的邊境。始，初，剛。境，指齊的國境。

⑧國之大禁，齊國的大禁忌。例如："凡言而不可復，行而不可再者，有國者之大禁也。"

⑨郊關，古代城邑四郊起拱衛防禦作用的關卡。國都之外百里爲郊，郊外有關（依朱熹説）。

⑩麋（mí），鹿的一種，較大。

⑪"則是"兩句的意思是：那麽這等於是在國内挖了一個縱横四十里的大陷阱。則是，那麽這是。阱（jǐng），捕獸的陷坑。

所謂故國者（梁惠王下）[1]

孟子見齊宣王曰："所謂故國者，非謂有喬木之謂也，有世臣之謂也[2]。王無親臣矣[3]，昔者所進[4]，今日不知其亡也[5]。"

【注釋】

①本章表現了孟子的"進賢"主張。孟子繼承了孔子的"衆惡之，必察焉；衆好之，必察焉"的思想，據此提出爲國家挑選人才的三個標準：依國人之公論慎選賢才、罷免庸臣、懲戒罪臣。并指出挑選人才勿以自己的好惡爲據，勿輕信身邊之人的褒貶，否則國家難以治理好。這些在用人上的具體準則反映出了孟子的民本思想。

②"所謂"三句的意思是：人們所説的"故國"，不是指的有喬木，而是指的有世臣。故，舊。喬木，高大的樹木。世臣，時代建立功勛，纍世修德之臣，朱熹《集注》云："纍世勛舊之臣，與國同休戚者也。"之，指示代詞，複指"有喬木"和"有世臣"。

③王無親臣矣，您現在没有可以親信的臣子了。親臣，可以親信的臣子。

④昔者所進，從前選拔出來的〔可以親信的臣子〕。昔，從前。者，語氣詞。進，舉用，提拔。

⑤亡，逃亡出走。

王曰："吾何以識其不才而舍之①？"

曰："國君進賢，如不得已②，將使卑逾尊，疏逾戚，可不慎與③？左右皆曰賢，未可也；諸大夫皆曰賢，未可也；國人皆曰賢，然後察之，見賢焉，然後用之。左右皆曰不可，勿聽；諸大夫皆曰不可，勿聽；國人皆曰不可，然後察之，見不可焉，然後去之④。左右皆曰可殺，勿聽；諸大夫皆曰可殺，勿聽；國人皆曰可殺，然後察之，見可殺焉，然後殺之。故曰國人殺之也⑤。如此，然後可以爲民父母⑥。"

【注釋】

①何以，根據什麼。舍，指不用。

②不得已，不能不如此，指不能不進賢。

③"將使"三句的意思是：會把原本地位低的提拔到地位高的人之上，把原本關係疏遠的提拔到關係親近的人之上，這能够不謹慎嗎？卑，低微。逾，超過。戚，親。在當時各國用人都衹注意用尊者親者，孟子則主張在不得已的情况下，應打破這種等級和宗族的限制來進賢。

④去之，去掉他，指不用。

⑤國人殺之也，這是全國人〔判定〕殺他。

⑥爲民父母，古代君王對國民以父母自居，意爲君王撫養保衛國民。

夫子當路於齊（公孫丑上）①

公孫丑問曰②："夫子當路於齊③，管仲、晏子之功④，可復許乎⑤？"

孟子曰："子誠齊人也！知管仲、晏子而已矣。或問乎曾西曰⑥：'吾子與子路孰賢？'曾西蹴然曰⑦：'吾先子之所畏也⑧。'曰：'然則吾子與管仲孰賢？'曾西艴然不悦曰⑨：'爾何曾比予於管仲⑩！管仲得君，如彼其專也⑪！行乎國政⑫，如彼其久也！功烈⑬，如彼其卑也！爾何曾比予於是！'"曰⑭："管仲，曾西之所不爲也⑮，而子爲我願之乎⑯？"

【注釋】

①本章反映了孟子反對"霸道"、提倡"王道"的思想。管仲、晏子助齊稱霸，主要用的是武力，和孔孟所秉持的仁德思想是相背的。故孟子不願與之比較，視其爲卑。

②公孫丑，孟子的弟子，姓公孫名丑。

③路，指仕途。當路，即當道，指身居要職，掌握政權。這句是假設之辭。

④晏子，姓晏名嬰，春秋時人，曾相齊靈公、莊公、景公，是有名的政治家。功，功業。

⑤許，興起。

⑥或問乎，曾經有人問。乎，通"於"。曾西，孔子弟子曾參（世稱曾子）的孫子。

⑦蹴（cù）然，有解釋爲"恭敬不安的樣子"，不確。這裏的"蹴"源於"肅"，是嚴肅之意，没有"不安"的意思。《晏子·内篇諫上》："晏子蹴然改容曰：'君之言過矣！群臣固欲君之無禮也。'"（晏子嚴肅地説："君王的話錯了！所有臣子早就希望君王不講禮節。"）《莊子·德充符》："子産蹴然，改容更貌曰：'子無乃稱。'"（子産馬上嚴肅起來，改變臉色説："你不能那麼説。"）"然"是詞尾。

⑧先子，指曾參。古人稱自己已死的前輩時，常稱“先子”。畏，敬畏。曾子自認爲學問不如子路，所以敬畏他。

⑨艴（fú）然，生氣的樣子，源於“悖”，人生氣時呼吸急，臉紅脖子粗。《吕氏春秋·重言》：“臣聞君子有三色：顯然喜樂者，鐘鼓之色也；湫然清静者，衰絰之色也；艴然充盈，手足矜者，兵革之色也。”（我聽説君子有三種神色：歡樂高興，是欣賞鐘鼓音樂的神色；清冷安静，是居喪時的神色；臉面上充滿着惱怒，手足大動，是用兵打仗的神色。）漢劉向《説苑·尊賢》：“王艴然作色不悦。”

⑩何曾，等於説“何乃”（依趙岐説），略等於現代漢語的“爲什麽竟”。

⑪這句話的意思是：管仲得到君上的信賴，是那樣專一。得君，指與君相得，也就是遇君，指受到齊桓公的賞識。如彼其專，即“其專如彼”的倒裝。下文“如彼其久”“如彼其卑”的結構相同。專，專一，這裏指管仲獨得君王的賞識信任。

⑫行乎國政，就是行使、操持國家大政。

⑬功烈，功業。卑，卑劣，不足道。在孟子看來，“得君”“行乎國政”是管仲的有利條件，應該成就“王道”的事業，管仲却以“霸道”輔佐齊桓公，所以孟子斥之爲“卑”。

⑭曰，這裏表示“更端”（换一個話頭），而非另一個人説話。參看《論語·憲問》選文“曰：‘未仁乎?’”之“曰”注。

⑮爲，做。所不爲，此處爲不願意比較的那種人。

⑯爲，通“謂”，以爲。願之乎，願意與他比較嗎?

曰：“管仲以其君霸[①]，晏子以其君顯[②]，管仲、晏子猶不足爲與?”曰：“以齊王，由反手也[③]！”曰：“若是，則弟子之惑滋甚[④]。且以文王之德[⑤]，百年而後崩[⑥]，猶未洽於天下[⑦]。武王、周公繼之[8]，然後大行[9]。今言王若易然[10]，則文王不足法與[11]？”

【注釋】

①以，這裏是“使”的意思。霸，指行霸道。管仲以其君霸，是管仲使其君行霸道，不是管仲“憑着”他的君行霸道。

②晏子以其君顯，晏子使其君（齊景公）名揚諸侯。顯，顯名。

③王，音 wàng。由，通“猶”，如同。反手，翻手，這是極言王天下之易。

④滋，益，更的意思。

⑤且，連詞，等於説“再説”。

⑥百年，史稱文王活了九十七歲，百年是舉整數。崩，古人稱天子死爲崩。

⑦猶未洽於天下，〔其德澤〕還没有浸潤到全天下。洽，沾，潤。

⑧武王，文王之子。周公，武王之弟，曾輔佐武王。文武周公都是儒家所推崇的統治者。

⑨大行，指德化大行於天下。

⑩王，音 wàng。若，像。易然，很容易的樣子。

⑪則文王不足法與，那麼文王也不值得效法了嗎？法，效法。

曰：“文王何可當也[1]？由湯至於武丁，賢聖之君六七作[2]，天下歸殷久矣[3]，久則難變也。武丁朝諸侯，有天下[4]，猶運之掌也。紂之去武丁未久也[5]，其故家遺俗，流風善政，猶有存者[6]，又有微子、微仲、王子比干、箕子、膠鬲[7]，皆賢人也，相與輔相之[8]，故久而後失之也。尺地莫非其有也，一民莫非其臣也[9]，然而文王猶方百里起[10]，是以難也。齊人有言曰：‘雖有智慧，不如乘勢⑪；雖有鎡基，不如待時⑫。’今時則易然也。夏后、殷、周之盛⑬，地未有過千里者也，而齊有其地矣⑭。鷄鳴狗吠相聞，而達乎四境⑮，而齊有其民矣。地不改辟矣⑯，民不改聚矣⑰，行仁政而王，莫之能禦也⑱。且王者之不作，未有疏於此時者也⑲；民之憔悴於虐政⑳，未有甚於此時者也。飢者易爲食，渴者易爲飲㉑。孔子曰：‘德之流行，速於置郵而傳命㉒。’當今之時，萬乘之國行仁政，民之悦之，猶解倒懸也㉓。故事半古之人，功必倍之㉔。惟此時爲然㉕。”

【注釋】

①文王何可當也，誰可以與文王相當呢？當，相配，匹敵，等於説配得上，比如門當户對。《説文》：“當，田相值也。”即兩塊田地面積相等。

②湯、武丁，都是殷代君王。賢聖之君，指湯、太甲、太戊、祖乙、盤庚、武丁等。作，興起。六七作，興起了六七次。

③歸，歸附，這裏是指天下人願意作殷的屬民。

④朝諸侯，使諸侯來朝。有天下，掌控天下。

⑤紂之去武丁未久也，由武丁至紂，〔雖然經歷七帝，但〕時間并不長。紂，商代末世君，歷史上有名的暴君。去，離。

⑥“其故家”幾句的意思是：當時的勛臣世家、良好習俗、先民遺風、仁惠政教還有遺存的。故家，有功勛的舊臣之家。遺俗，先代留下的良好習俗。流風，流傳下來的好風尚。

⑦微子，名啓，紂的庶兄。微仲，微子之弟，名衍。王子比干，紂的叔父，屢次向紂進諫，紂説“吾聞聖人心有七竅”，於是剖之以觀其心。箕子，也是紂的叔父，比干被殺，箕子裝瘋爲奴被囚，武王滅商後被釋放。

膠鬲（gé），紂王之臣。這五個人都是紂王時的賢臣，其中微子、比干、箕子被孔子稱爲“三仁”。

⑧相與，共同。輔相（xiàng），輔佐協助。

⑨“尺地”兩句的意思是：没有一尺地不是他所有的，没有一個民不是他的臣子。

⑩猶，通“由”。起，興起。

⑪勢，時機，形勢。

⑫鎡（zī）基，農具，相當於今天的鋤頭之類。時，指農時。

⑬夏后，即夏代。盛，指最强盛的時候。

⑭其地，這樣〔大〕的地方。

⑮“鷄鳴”兩句的大意是：鷄犬之聲延綿不斷，一直達到四面的邊界。這是極言人多，居住遍及國土各處。

⑯改辟，再開闢。改，就是“更”，有再的意思，如《左傳·僖公五年》：“晋不更舉矣。”

⑰改聚，再聚集。

⑱莫之能禦也，没有任何人能阻擋他。之，“禦”的賓語。

⑲“且王者”兩句的大意是：而且統一天下的君主没有興起，從來没有如今天這樣間隔如此之久。疏，指時間隔得久遠。

⑳憔悴，困苦。憔悴於虐政，被暴虐的政治所摧殘折磨。

㉑“飢者”兩句的意思是：飢餓的人容易選擇（不擇）食物，口渴的人容易選擇（不擇）飲料。這是説，在人民困苦時行仁政，最容易爲人民接受。

㉒置、郵，都是古代傳遞政令的方法。“置”“驛”是同義詞。《韩非子·難勢》：“夫良馬固車，五十里而一置，使中手御之，追速致遠，可以及也。”（而且有了好的馬、堅固的車，每五十里就設立一個换馬接力的驛站，那麽即使讓技術中等的車夫去駕馭它，要想趕速度、到遠方，也是可

以辨得到的。）宋蘇軾《荔枝嘆》："十里一置飛塵灰，五里一堠兵火催。"

㉓猶解倒懸也，好比解下倒吊着人的繩子。

㉔事半古之人，功必倍之，意思是：事情比古人少做了一半，而收效高一倍。

㉕惟此時爲然，衹有這個時候纔能做得到。爲然，做得到。

許行（滕文公上）①

有爲神農之言者許行②，自楚之滕，踵門而告文公曰③："遠方之人，聞君行仁政，願受一廛而爲氓④。"文公與之處⑤。其徒數十人，皆衣褐⑥，捆屨織席以爲食⑦。陳良之徒陳相，與其弟辛，負耒耜而自宋之滕⑧，曰："聞君行聖人之政，是亦聖人也，願爲聖人氓。"

【注釋】

①在本章中，許行等人出於對當時暴政的厭惡，把各種社會問題的出現都歸咎於社會分工導致的階級分化，并且提出退回到原始共産社會的主張。孟子着重從社會分工的必然性和事物間的質的差别性批駁了許行之説。

②爲，治，指信奉。神農，傳説中的遠古酋長，是"三皇"之一，因爲相傳是他開始教人民耕種的，所以叫神農。言，等於説"學説"。先秦諸子中有一派是農家，認爲如果世上所有的人都從事耕作，天下就會不治而治，因此假托神農之言主張"君臣并耕"。許行即屬這一派。

③滕（téng），國名，在今山東滕州西南。踵，脚後跟，用如動詞。踵門，朱熹注爲"足至門"，指親自登門謁見。

④廛（chán），一般百姓的住宅。氓（méng），段玉裁《説文解字

注》稱“自他歸往之民”，即從外地遷來的民。

⑤與，給。處，名詞，住所，這裏即指“廛”。

⑥衣（yì），穿。褐（hè），粗毛編織的衣服，是當時貧苦人的衣服。

⑦捆屨，即做鞋。捆是編織，編織鞋是繩（如緯綫）繞直繩（如經綫），叫捆。《墨子·非命下》：“今也婦人之所以夙興夜寐，强乎紡績織紝，多治麻絲葛緒，捆布縿，而不敢怠倦者，何也?”（如今婦女們之所以早起晚睡，努力紡紗、績麻、織布，多製麻絲葛綫，織成布匹，而不敢懈怠，爲什麽呢?）以爲食，等於説以此爲生。

⑧耒耜，犁。鏵叫耜，犁柄叫耒。“耜”源於“剌”，表示尖，與“犀”“甀”同源。“犁”源於“耒”。

陳相見許行而大悦，盡弃其學而學焉①。陳相見孟子，道許行之言曰：“滕君，則誠賢君也；雖然②，未聞道也③。賢者與民并耕而食④，饔飧而治⑤；今也，滕有倉廩府庫⑥，則是厲民而以自養也，惡得賢⑦！”

【注釋】

①盡弃其學而學焉，全部放弃自己之前所學的而向許行學習。第一個“學”字用如名詞，指所學的。第二個“學”字是動詞。

②雖然，雖然這樣。

③聞道，領會道理。《論語·里仁》：“朝聞道，夕死可矣。”道，名詞，此處指許行所認爲的古聖賢治國之道。

④賢者，指古代的賢君。并，一起，一齊。

⑤饔（yōng），早餐。飧（sūn），晚飯。“饔飧”在這裏用如動詞，指自己做飯。治，指治理天下。

⑥倉廩（lǐn），貯藏穀米的倉庫。府庫，藏財帛的地方。

⑦則是，那麽這是。厲，病。厲民，使人民困苦。自養，供養自己。惡（wū），哪裏。惡得賢，哪裏够得上稱爲賢君呢？許行認爲滕君在當時雖然可稱爲賢君，但是還不能達到古聖賢的標準。

孟子曰："許子必種粟而後食乎？"曰："然。""許子必織布然後衣乎？"曰："否。許子衣褐[①]。""許子冠乎[②]？"曰："冠。"曰："奚冠[③]？"曰："冠素[④]。"曰："自織之與？"曰："否。以粟易之。"曰："許子奚爲不自織[⑤]？"曰："害於耕[⑥]。"曰："許子以釜甑爨[⑦]，以鐵耕乎[⑧]？"曰："然。""自爲之與？"曰："否。以粟易之。"

【注釋】

①據趙岐注，褐是用毛編織的，所以不算是織布。

②冠，用如動詞，戴帽子。"元"是頭，戴在頭上的叫"冠"。

③奚冠，戴什麽帽子。

④素，生絲織成的絹帛，不染色。冠素，是説許行戴生絹做的帽子。

⑤奚爲，爲什麽。

⑥害於耕，對耕種有妨害。害，源於"楔"。《莊子·應帝王》："且鳥高飛以避矰弋之害。"（鳥高高地飛來躲避網捕箭射的傷害。）

⑦釜（fǔ），鍋。甑（zèng），瓦做的蒸東西的炊具。甑，源於"升"，水蒸氣向上升。爨（cuàn），炊，燒火做飯。

⑧鐵，指鐵製的農具。

"以粟易械器者，不爲厲陶冶[①]；陶冶亦以其械器易粟者，豈爲厲農夫哉？且許子何不爲陶冶，舍皆取諸其宫中而用之[2]？何爲紛紛然與百工交易[3]？何許子之不憚煩[4]？”

曰：“百工之事，固不可耕且爲也。”“然則治天下，獨可耕且爲與[5]？有大人之事，有小人之事[6]。且一人之身而百工之所爲備[7]，如必自爲而後用之，是率天下而路也[8]。故曰：或勞心[9]，或勞力。勞心者治人，勞力者治於人[10]；治於人者食人[11]，治人者食於人：天下之通義也[12]。

【注釋】

①厲，傷害。陶，燒製陶器。冶，冶煉鐵器。“陶”“冶”在這裏指製造釜甑和鐵製農具的匠人。

②舍皆取諸其宫中而用之，〔全部東西〕都從自己家裏拿來用。“舍”表示“全”，應從“悉”。吴語“全”説 se。宫，室。上古時“宫”還没用來專指帝王的宫室。

③紛紛然，忙碌的樣子。百工，從事各種工藝生産的人。

④不憚煩，不怕麻煩。“憚”源於“彈”，人害怕時心跳會加强，如彈弓。

⑤獨，單單，偏。

⑥有大人之事，有小人之事，意思是：官吏有官吏的工作，小民有小民的工作。在《孟子》中，“大人”與“君子”同義，指統治者；“小人”與“野人”同義，指被統治者。

⑦所爲，所做的東西。備，具備。這是説，一個人的生活要具備各行各業所生産的東西。

⑧路，疲勞，羸弱（依王念孫説，見《讀書雜志》）。表疲勞義的“路”歸源於“力”的反義。“力”的詞族：力、膂、騾、驢，勞、累、

羸、路、癆，來、徠。人靠“力”氣“勞”作。力氣可以表現在上臂，所以有“膂力”。“騾”是勞力牲口。“騾”也寫作“蠃”。唐柳宗元《問答·晋問》：“然後驢蠃牛馬之運，西出秦隴。”“驢”“蠃”都是勞力牲口。力氣用過度了人就疲“勞”，也説“累”，也説“路”。人力氣小説“羸”。

⑨或，代詞，有人。

⑩勞心者、勞力者，指上文“大人”“小人”。治於人，被人治。

⑪食（sì），等於説供養。

⑫通義，一般的道理。孟子所提出的“勞心者治人，勞力者治於人”論斷是肯定社會分工的先進性。社會化分工導致的體力勞動與腦力勞動的差别，在孟子時代早已是一個普遍存在的現象，孟子進而對這種現象加以概括，在“或勞心，或勞力”的基礎上進一步發揮爲“勞心者治人，勞力者治於人”的著名“公式”而已。

“當堯之時，天下猶未平①。洪水横流②，氾濫於天下。草木暢茂，禽獸繁殖，五穀不登③，禽獸偪人④。獸蹄鳥迹之道，交於中國⑤。堯獨憂之，舉舜而敷治焉⑥。舜使益掌火⑦，益烈山澤而焚之⑧，禽獸逃匿⑨。禹疏九河⑩，瀹濟漯⑪，而注諸海⑫；决汝漢，排淮泗，而注之江⑬；然後中國可得而食也⑭。當是時也，禹八年於外，三過其門而不入，雖欲耕，得乎⑮？

【注釋】

①平，平定，指治理好。

②洪，大。横流，不順水道，亂流。

③登，成熟。登，源於“丁”。丁原是銅錠形，金屬是堅實的，硬，

穀物成熟的時候是飽滿硬實的。

④偪，後來寫作“逼”，這裏是威脅的意思。

⑤這句的意思是：整個中原地區都留下了鳥獸神出鬼没的足迹。道，是足迹的意思。交，縱横交錯。中國，指中原一帶。

⑥這句的意思是：衹有堯一個人爲這事憂慮，於是選拔舜來總管治理工作。敷，普遍。《詩·周頌·般》：“敷天之下。”又如敷求（广求，遍求）。

⑦益，舜的臣。掌火，掌管火。這是説使益任主火之官。

⑧益烈山澤而焚之，益在山澤燃起大火來燒它。烈，用如動詞。

⑨匿，源於“溺”，躲藏，隱藏。

⑩疏，開通。九河，相傳是禹在黄河下游爲了疏浚黄河而開鑿的九條支流，其故道已不可考。

⑪瀹（yuè），疏導。濟（jǐ）、漯（tà），都是水名，故道都在今山東省。

⑫注，使……流入。諸，“之於”的合音字。海，指今黄海。

⑬决，打開缺口，導引水流。汝，汝水，在今河南，東流入淮河。漢，漢水。排，排除，指排除水道淤塞。淮，淮河。泗，泗水，源出山東泗水縣，古代泗水在今江蘇淮陰附近入淮，今泗水流入運河，衹是古代泗水的上游。江，長江。按：汝、漢、淮、泗四水，衹有漢水流入長江，朱熹認爲這裏可能是記述的錯誤。

⑭這句的意思是説，等洪水退了，纔可以耕種并收穫糧食。

⑮得乎，等於説“成嗎”。

“后稷教民稼穡，樹藝五穀①，五穀熟而民人育②。人之有道也③，飽食、煖衣、逸居而無教④，則近於禽獸。聖人有憂之⑤，使契爲司徒⑥，教以人倫⑦：父子有親，君臣有義，夫婦有别，長幼有叙[8]，朋友有信。放勳曰：'勞之來之[9]，匡之直之[10]，輔之翼之[11]，使自得之[12]，又從而振德之[13]。'聖人之憂民如此，而暇耕乎？

【注釋】

①后稷，名棄，周的始祖。"稷"本是主管農事的官名，堯任命棄爲稷，周人因稱棄爲后稷（"后"是"君"的意思）。稼穡（sè），農業上種叫稼，收叫穡，這裏泛指農事。樹、藝，都是種植的意思。

②育，生養，這裏有得以生存、繁殖的意思。

③人之有道也，等於説"人之爲道也"（依王念孫之説，見《經傳釋詞》引）。這句引起下文，是説關於人的道理。

④飽食、煖衣、逸居而無教，意思是吃得飽、穿得暖、住得安逸却没有受到教育。

⑤有，通"又"。

⑥契（xiè），帝嚳之子，商的始祖。司徒，官名，掌管教化等。

⑦人倫，古代社會所規定的人與人之間的關係準則。以下五句即所謂"五倫"。

⑧别，分别。叙，通"序"，等次。

⑨放勳，堯的號。勞（舊讀 lào），慰勞。來（lài），這裏與前面的"勞"同義。勞之來之，即慰勞他們。

⑩匡之直之，就是糾正他們，扶持他們。匡，正，使……正直，即糾正。直，扶持，幫助。

⑪翼，保護。母鷄用翅膀保護小鷄，所以"翼"有保護義。

⑫自得，有解釋爲"自得其善性"，不確，這裏的"得"是"滿意"義，如自得其樂。《吕氏春秋·慎人》："故許由虞乎潁陽，而共伯得乎共首。"（所以許由在潁水之北自得其樂，而共伯在共首山逍遥自得。）《論

衡・逢遇》："何則？精，遇孝公所不得；粗，遇孝公所欲行也。"（爲什麽呢？因爲理論雖精闢，但碰上秦孝公不滿意；而理論雖粗疏，却遇到秦孝公想實施。）

⑬又從而振德之，又隨着救濟他們施恩德。振，救濟。德，用如動詞，指對人民施恩惠。朱熹認爲以上是堯囑咐契的話。

"堯以不得舜爲己憂，舜以不得禹、皋陶爲己憂①。夫以百畝之不易爲己憂者，農夫也②。分人以財謂之惠，教人以善謂之忠，爲天下得人者謂之仁③；是故以天下與人易，爲天下得人難④。孔子曰⑤：'大哉，堯之爲君⑥！惟天爲大，惟堯則之⑦，蕩蕩乎，民無能名焉⑧！君哉，舜也⑨！巍巍乎，有天下而不與焉⑩！'堯舜之治天下，豈無所用其心哉？亦不用於耕耳。

【注釋】

①"堯以"兩句，意思是：堯把得不到舜這樣的優秀人才當成自己最擔憂的事，舜把得不到大禹、皋陶這樣的優秀人才當成自己最擔憂的事。皋陶（yáo），舜的法官。相傳禹和皋陶曾幫助舜治理天下。

②這句的意思是：爲了自己的百畝之田種得不好而憂慮的，那是農夫。夫（fú），句首語氣詞。百畝，參看《孟子・梁惠王上》選文《寡人之於國也》"五畝之宅"注。易，治。

③"分人"三句的意思是：把錢財分給别人叫作恩惠，把好的道理、善良的品質教給别人叫作忠厚，爲天下得到賢德的人才叫作仁。

④以天下與人易，爲天下得人難，意思是：把天下讓給人容易，要爲天下找到賢德的人却很難。

⑤孔子説的這段話見《論語・泰伯》，但文字頗有出入。

⑥大哉，等於説“偉大啊”，是全句的謂語。

⑦則，法則，用如動詞，效法。

⑧蕩蕩乎，民無能名焉，意思是：〔堯的聖德〕浩蕩無邊，老百姓簡直找不到任何詞彙來贊美他。蕩蕩乎，廣大遼闊的樣子。名，用如動詞，指用言語來稱贊形容。

⑨君哉，指得人君之道。與上文“大哉”一樣，是全句的謂語。

⑩巍巍乎，高大的樣子。與（yù），參與。不與，據朱熹注，等於説“不相關”。有天下而好像跟自己不相干，是説不以有天下爲榮。

“吾聞用夏變夷者，未聞變於夷者也①。陳良，楚産也②，悦周公、仲尼之道③，北學於中國；北方之學者，未能或之先也④。彼所謂豪杰之士也⑤。子之兄弟，事之數十年，師死而遂倍之⑥。昔者，孔子没⑦，三年之外，門人治任將歸⑧，入揖於子貢，相嚮而哭，皆失聲⑨，然後歸。子貢反，築室於場，獨居三年⑩，然後歸。他日，子夏、子張、子游以有若似聖人，欲以所事孔子事之，强曾子⑪。曾子曰：‘不可。江漢以濯之⑫，秋陽以暴之⑬，皜皜乎不可尚已⑭！’今也南蠻鴃舌之人⑮，非先王之道；子倍子之師而學之，亦异於曾子矣。吾聞出於幽谷，遷於喬木者，未聞下喬木而入於幽谷者⑯。《魯頌》曰：‘戎狄是膺，荆舒是懲⑰。’周公方且膺之⑱，子是之學⑲，亦爲不善變矣⑳。”

【注釋】

①“吾聞”兩句，意思是：我衹聽説過用華夏去改變夷狄這樣的事，没有聽説被夷狄改變這樣的事。夏，指當時中原地區（當時文化較發達）。變夷，使夷同化。變於夷，被夷同化。夷，四夷，是古代對中原周邊各族

的統稱。《尚書·大禹謨》："無怠無荒，四夷來王。"《孟子·梁惠王》："莅中國而撫四夷也。"

②楚産，出生在楚地的人。

③悦周公、仲尼之道，喜歡周公和孔子的學説。悦，喜歡。

④未能或之先也，没有人能超過陳良的。或，有人。先，用如動詞，指超過。之，"先"的賓語，指陳良。

⑤豪杰，才能出衆的人。

⑥"子之兄弟"幾句，意思是：你們兄弟拜他爲師幾十年，老師一死就背叛了他。倍，通"背"，背叛。

⑦没，通"歿"，死。

⑧任，擔子，指行李。治任，收拾行裝。上古時代，弟子爲老師服心喪三年（哀痛與喪父相仿，但不服喪服，所以稱心喪），三年過後門人散去。

⑨"入揖"幾句，意思是：走進子貢的房間，行拱手禮告别，相對而哭，都泣不成聲。入，進入房間。揖，行拱手禮，動詞。相嚮，面對面。失聲，悲不成聲。

⑩場，墓前供祭祀用的場地。子貢因對孔子感情深摯，所以又守墓三年。

⑪有若，即有子。聖人，指孔子。强（qiǎng），勉强。强曾子，勉强曾子〔也這樣做〕。

⑫江漢以濯之，〔孔子的德行〕就像用江漢之水洗滌過。主語是孔子的德行，此處被省略，下句結構同此。濯，洗。"濯""滌""蕩"三字同源。以，介詞，用。

⑬秋陽以暴之，〔孔子的德行〕就像用秋天的太陽暴曬過。秋陽，秋天的太陽。周曆的七八月相當於夏曆的五六月，正是陽光最强的時候。暴（pù），曬，後來寫作"曝"。

⑭皜（hào），光明潔白。尚，通“上”。不可尚，指任何人都達不到孔子的境界。

⑮鴃（jué），鳥名，又名伯勞，叫的聲音不好聽，孟子用“鴃舌”來比喻許行的話難聽。

⑯“吾聞”幾句，意思是：我祇聽說過鳥兒從幽暗的山谷飛出來，飛上高大的喬木，從來没有聽說過鳥兒要從高大的喬木飛下來，掉進那幽暗的山谷。“出於幽谷，遷於喬木”，是用《詩經·小雅·伐木》的話，意思就是弃暗投明，比喻人往高處走，要接觸學習先進文化而放弃落後的文化。

⑰引自《詩經·魯頌·閟宫》。膺，擊。荆，國名，就是楚。舒，南方的小國，從屬於楚。懲，使人受創而警懼。

⑱方且，將要。

⑲子是之學，你却學許行的德行。子，指陳相，陳辛。是，指許行（來自落後國家的文化）。“是”是“學”的賓語，提前用“之”複指。

⑳亦爲不善變矣，這也是不向好的文化學習。變，即承上文“用夏變夷”的“變”。

“從許子之道，則市賈不貳，國中無僞[①]；雖使五尺之童適市[②]，莫之或欺[③]。布帛長短同，則賈相若[④]；麻縷絲絮輕重同，則賈相若[⑤]；五穀多寡同，則賈相若；屨大小同，則賈相若。”

曰：“夫物之不齊，物之情也[⑥]：或相倍蓰，或相什百，或相千萬[⑦]。子比而同之[⑧]，是亂天下也。巨屨小屨同賈，人豈爲之哉[⑨]？從許子之道，相率而爲僞者也，惡能治國家[⑩]！”

【注釋】

①“從許子之道”三句的意思是：如果按許行的理論，市場上的物價

就能一致，都城中没有欺詐。賈（jià），價格，後來寫作“價”。貳，同“二”。國中，都城中。僞，源於“訛”，欺詐。

②雖，即使。使，派，指使。五尺，相當於現在的三尺多。五尺之童，即剛剛懂事的幼童。適，到……去。市，動詞，買東西。

③莫之或欺，等於説没有人騙他。之，代詞。或，有人。用同上文“北方之學者，未能或之先也”。

④這句的意思是：布匹絲綢的長短相同，價錢便一樣。帛，本義指白色的絲織品，後作爲絲織品的總稱。相若，相像，也就是相同。

⑤這句的意思是：麻綫絲棉的輕重相同，價錢便一樣。縷（lǚ），綫。

⑥夫物之不齊，物之情也，意思是：各種貨物的質量品種不一樣，這是貨物的客觀情况。情，指自然之理。

⑦“或相”三句，意思是：有的相差一倍五倍，有的相差十倍百倍，有的相差千倍萬倍。或，有的。蓰（xǐ），五倍。什百、千萬，都是説的倍數。什，十倍。

⑧比，平列，等於説同等看待。同，等同起來，等於説定價相同。

⑨巨屨小屨同賈，人豈爲之哉，意思是：〔假如〕大鞋小鞋同價，人們豈肯做大鞋賣呢？這裏孟子是説物之不齊是自然的道理，物有精粗的分别，就和有大小的分别一樣，若不論精粗大小，使之同價，人們又豈肯做精的大的賣呢？

⑩相率而爲僞者也，惡能治國家，意思是：帶領大家去弄虚作假，〔這樣弄〕哪裏能够治理國家呢？率，帶領。僞，弄虚作假。與上文含義略有不同。《尚書·周官》：“作僞，心勞日拙。”（弄虚作假的人費盡心機，處境却一天比一天困難。）

攘鷄（滕文公下）

戴盈之曰[①]：“什一，去關市之征[②]，今兹未能[③]；請輕之[④]，以待來年然後已⑤。何如？”

孟子曰：“今有人日攘其鄰之鷄者⑥，或告之曰：‘是非君子之道。’曰：‘請損之⑦，月攘一鷄，以待來年然後已。’如知其非義，斯速已矣⑧，何待來年？”

【注釋】

①戴盈之，宋國大夫。

②什一，孟子所主張的古代田賦法，即徵收農產品的十分之一。關市之征，指在關市徵收的商業税。征，抽税。戴盈之是説，實行什一之賦，去掉關市之征。

③今茲，今年。“茲”表示“年”義，源於“載”。《吕氏春秋·任地》：“今茲美禾，來茲美麥。”（今年種穀子，就收好穀子；明年種麥子，就收好麥子。）《古詩十九首·生年不滿百》：“爲樂當及時，何能待來茲。”

④輕之，使田賦和關市之徵減輕些。

⑤來年，明年。已，停止，指完全廢除。

⑥今有人日攘其鄰之鷄者，現在有個每天偷鄰家鷄的人。這是假設之詞。攘，就是“搦”，是抓的意思。“抓捕”在閩語裏説“niaʔ”（搦）。者，代詞，指前面的“人”。

⑦損，減少。

⑧斯，則。已，停止。

陳仲子（滕文公下）①

匡章曰②：“陳仲子，豈不誠廉士哉③！居於陵，三日不食，耳無聞，目無見也④。井上有李，螬食實者過半矣⑤，匍匐往將食之⑥，三咽⑦，然後耳有聞，目有見。”

【注釋】

①陳仲子是戰國時期齊國隱士，貴族田氏的後裔。被封到於陵，又稱於陵子。他奉行“上不臣於王，下不治其家，中不索交諸侯”的處世態度，“輕爵禄而賤有司”，堅辭齊王楚王高官之請，携妻帶子退隱山林。他是和莊周同時代的思想家，都講究順乎自然，無爲而治，道德精神至上。

②匡章，孟子的學生，齊國著名大將，歷仕齊威王至齊湣王三世，是齊國霸業的奠基者。

③廉，廉潔，指不取不義之財。

④於（wū）陵，古地名，主要在今山東周村及鄒平東南。聞、見，指聽覺、視覺。

⑤井上有李，井臺上有李子。螬（cáo），金龜子的幼蟲，也泛指蛀蟲。

⑥匍匐，爬。將，拿過來。

⑦咽，吞。三咽，吞了三口。

孟子曰：“於齊國之士，吾必以仲子爲巨擘焉①。雖然，仲子惡能廉②！充仲子之操③，則蚓而後可者也④。夫蚓，上食槁壤⑤，下飲黄泉。仲子所居之室，伯夷之所築與，抑亦盗跖之所築與⑥？所食之粟，伯夷之所樹與，抑亦盗跖之所樹與⑦？是未可知也⑧。”

【注釋】

①巨擘（bò），手的大拇指，以此比喻陳仲子在齊國的士中是最好的。

②惡（wū），疑問代詞。惡能廉，怎能做到廉呢？

③充，滿，這裏是説無一處不貫徹體現。操，操守。

④蚓，蚯蚓。這是説假使要徹底體現陳仲子的操守，衹好變成蚯蚓。“蚯”是糾，“蚯”“虬”爲同源詞，即盤曲、捲曲。羅鄴《老將》：“弓欺猿臂秋無力，劍泣虬髯曉有霜。”又如虬眉（捲曲的眉毛）、虬髯（捲曲的鬍鬚）、虬龍（彎曲盤旋的龍）。“蚓”是引，是伸。

⑤槁壤，乾土。

⑥“仲子”三句，意思是：仲子所住的房屋，是伯夷所蓋的呢，還是盗跖所蓋的？伯夷，孤竹國君長子，拒受王位，让國出逃，反對武王伐紂，耻食周粟，采薇而食，作歌明志，餓死在首陽山。伯夷積仁潔行、清風高節的崇高品格在封建時代一直被統治階級所推崇。抑亦，作用同“抑”，還是。盗跖（zhí），柳下惠的兄弟，相傳爲春秋時的大盗，名跖。

⑦“所食”三句，意思是：〔他〕所吃的穀米，是伯夷所種的呢，還是盗跖所種的？樹，動詞，種植。

⑧是未可知也，這個却是不知道的。孟子的意思是：陳仲子不能脱離别人而生活，一與别人發生關係，“廉”的原則就被打破了。

曰：“是何傷哉？彼身織屨[①]，妻辟纑[②]，以易之也[③]。”曰：“仲子，齊之世家也[④]。兄戴，蓋禄萬鍾[⑤]。以兄之禄爲不義之禄而不食也，以兄之室爲不義之室而不居也。避兄離母，處於於陵[⑥]。他日歸，則有饋其兄生鵝者[⑦]；己頻顣曰[⑧]：‘惡用是鶃鶃者爲哉[⑨]！’他日，其母殺是鵝也，與之食之[⑩]。其兄自外至，曰：‘是鶃鶃之肉也！’出而哇之[⑪]。以母則不食[⑫]，以妻則食之；以兄之室則弗居，以於陵則居之；是尚爲能充其類也乎[⑬]？若仲子者，蚓而後充其操者也。”

【注釋】

①身，自己，親自。

②妻辟纑，妻子紡麻綫。辟（bì），績麻，就是把麻分開，把短的續長。纑，多釋爲練麻，即漂麻，不確，“纑”與“縷”同源，是麻綫的意思，綃鞋用的，與“練”“漂”無關。《左傳·昭公十九年》“紡焉以度而去之”，唐孔穎達疏：“紡，謂紡麻作纑也。”陸德明釋文：“纑，麻縷也。”

③以易之也，以〔這些東西〕换取吃住的生活用品（過着以物易物的生活）。之，指“粟”“室”。

④世家，世世代代爲卿大夫的家族。

⑤戴，陳仲子兄之名。蓋（gě），齊地名，戴的采邑（戴收租税的地方）。鍾，六斛四斗（一斛等於十斗）。

⑥處（chǔ），居住。

⑦他日，另一日，等於説有一天。饋（kuì），贈送。生鵝，活鵝。

⑧頻，通“顰”，皺眉。顣（cù），皺着鼻子。頻顣，指皺着眉不高興的樣子。

⑨鶃（yì）鶃，鵝叫的聲音。爲，語氣詞。

⑩與，給。第一個“之”字指陳仲子，第二個“之”字指鵝。

⑪哇（wā），吐，與“曰”同源。

⑫以，因。以母，因爲是母親〔的食物〕。下面三個“以”字同。

⑬是尚爲能充其類也乎，這還算是能够把自己的操守體現在一切行爲當中嗎？類，同樣的事情。

弈秋（告子上）

孟子曰：“無或乎王之不智也①。雖有天下易生之物也，一日暴之，十日寒之②，未有能生者也。吾見亦罕矣③，吾退而寒之者至矣④，吾如有萌焉何哉⑤！今夫弈之爲數⑥，小數也。不專心致志⑦，則不得也。弈秋，通國之善弈者也⑧。使弈秋誨二人弈：其一人專心致志，惟弈秋之爲聽⑨；一人雖聽之，一心以爲有鴻鵠將至⑩，思援弓繳而射之⑪。雖與之俱學，弗若之矣⑫。爲是其智弗若與⑬？曰：非然也⑭。”

【注釋】

①無或乎王之不智也，不要對君王的不明智感到奇怪。無，勿。或，通“惑”，想不通。乎，於。

②暴（pù），曬。寒，用如動詞，使……寒，等於説凍。

③吾見亦罕矣，我與君王相見的次數太少了。見，指見齊王。罕，稀少。

④寒之者，孟子自比陽光，把君王身邊的奸佞諂媚之臣比作寒冷的天氣。

⑤吾如有萌焉何哉，大意是：在王身上有“爲善”的萌芽，我又能怎麽樣呢？萌，植物的芽，這裏是比喻齊王在思想上接受孟子學説而爲善的苗頭。如……何，等於説“如之何”，即奈何。

⑥弈（yì），下棋。數，指技藝。

⑦致，多釋爲“極，盡”，不確，這裏的“致”源於“篤”。致志，也是專心的意思。《荀子・王霸》：“上莫不致愛其下，而制之以禮。上之於下，如保赤子。”（君主没有不愛護臣民的，所以用禮法去治理他們。君主對於臣下，如同愛護嬰兒一樣。）

⑧弈秋，“秋”是人名，因善弈，所以稱“弈秋”，這是古人稱名的習慣。通國，全國。

⑨惟弈秋之爲聽，等於説“唯弈秋是聽”，即衹聽弈秋的。

⑩鴻鵠（hú），今天鵝。

⑪援，取過來。繳，生絲，用來繫在箭上，射中鳥後可拉回，因此也把繫着絲綫的箭叫作“繳”。

⑫弗若，不如，不及。兩個“之”字都指上文專心致志的那個人。

⑬爲，通“謂”，認爲。是，這個人。

⑭曰，表示同一人自問後的自答。非然，不是這樣。

舜發於畎畝之中（告子下）

孟子曰：“舜發於畎畝之中①，傅説舉於版築之間②，膠鬲舉於魚鹽之中③，管夷吾舉於士④，孫叔敖舉於海⑤，百里奚舉於市⑥。故天將降大任於是人也⑦，必先苦其心志，勞其筋骨，餓其體膚，空乏其身⑧，行拂亂其所爲⑨，所以動心忍性，曾益其所不能⑩。

【注釋】

①發，起，指被起用。畎（quǎn），田間的水溝，源於“澮”。畝，田壟。“畎畝”連用泛指田野。據説舜耕於歷山，三十歲纔被堯舉用。

②傅説（yuè），殷代高宗武丁的相。舉，被舉用，被選拔。版，築土墻用的夾板。築，搗土用的杵。築墻時先把土倒在夾板中，再用築搗結實。據説傅説在傅岩（地名）爲人築墻，後來武丁就命他以傅爲氏。

③膠鬲，參看《孟子·公孫丑上》選文《夫子當路於齊》注。膠鬲最初販賣魚鹽，被周文王舉薦於紂，以作爲内應。

④管夷吾，即管仲，參看《論語·憲問》選文注。士，獄官。舉於士，指管仲當時在坐牢，從獄官手裏被釋放并被舉用。

⑤孫叔敖，姓孫，名叔敖，春秋時楚人，治理水患受楚莊王賞識，後官拜令尹（宰相），輔佐楚莊王成爲春秋五霸之一。舉於海，在治理水患時受到提拔。海，動詞，治理水患。

⑥百里奚，春秋時虞人，曾被楚人捉去放牛，秦穆公知其名，把他贖買到秦，舉以爲相。舉於市，等於説從奴隸市場中被舉拔。

⑦任，責任，擔子。

⑧“必先”幾句，意思是：一定要先使他心意苦惱，使他筋骨勞累，使他忍飢挨餓，使他身受貧困之苦。空乏，使……資財缺乏，使動用法。

⑨行拂亂其所爲，使他所做的事情顛倒錯亂。拂，違背。亂，擾。

⑩所以動心忍性，曾益其所不能，意思是：用來使他的內心受到震撼，使他的性情堅韌起來，增加他原來所不具備的能力。動心，使心震撼。忍，堅韌。曾，通“增”。益，與“增”同義。

“人恒過①，然後能改；困於心，衡於慮，而後作②；徵於色，發於聲，而後喻③。入則無法家拂士④，出則無敵國外患者⑤，國恒亡。然後知生於憂患，而死於安樂也⑥！”

【注釋】

①恒，常。過，犯錯誤。

②困，苦，指苦苦思索。衡，通“横”，梗塞，指不順利。作，奮起，指有所作爲。

③徵，察驗。色，容色，臉色。喻，瞭解。這幾句是説一般人常常要等到犯了錯誤然後纔能改；內心困惑，思慮阻塞，然後纔能有所作爲；〔别人〕憤怒表現在臉上，怨恨吐露在言語中，然後纔知曉。

④入，指國內。法家，堅守法度的大臣。拂（bì），通“弼”，輔弼，輔佐。拂士，能輔佐匡正君王的賢臣。《晏子春秋·内篇諫上》：“君疏輔而遠拂，忠臣擁塞，諫言不出。”（君王疏遠左右股肱之臣，忠臣之路被阻塞，勸諫的話没有人説。）《管子·四稱》：“近君爲拂，遠君爲輔。”（在朝爲君矯正，在野爲君輔佐。）

⑤出則無敵國外患，國外没有與之匹敵的鄰國和外部的憂患。外，指國外。

⑥孟子的意思是，國家與人一樣，在磨難與困苦中保持堅韌，堅持不懈地努力，增加能力，就會得到成長、提升（針對上文中舜、傅説、膠鬲等人的發、舉）；在安樂中則會怠惰，逐漸没落，以至於消亡。生，生發，發展，發達，相當於前面的舉。

第五單元

文選：《墨子》

墨子名翟，春秋戰國之際魯國人，墨家學派的創始人。《墨子》一書是墨翟門徒據其遺教編纂而成，現存五十三篇。墨子思想最具代表性的觀點是“兼愛”。墨子同情人民疾苦，認爲給人民帶來災難的，莫過於統治者爲了争權奪利而發動的戰争。因此他反對不義的戰争，提倡“非攻”；還反對統治者揮霍浪費，提出“節用”“節葬”“非樂”等主張，希望限制王公貴族的奢侈，減輕人民負擔；此外還提出“尚賢”“尚同”等主張。以上思想在當時來説，都有一定的進步意義。墨家學派整套理論以“兼愛”爲核心，以“節用、尚賢”爲支點，反映了社會下層的願望，受到占社會大多數人群的支持。戰國時期百家争鳴，有“非儒即墨”之稱，墨家與儒家并稱“顯學”。

非　攻[①]

今有一人，入人園圃[②]，竊其桃李，衆聞則非之[③]，上爲政者得則罰之[④]。此何也？以虧人自利也[⑤]。至攘人犬豕鷄豚者[⑥]，其不義又甚入人園圃竊桃李。是何故也？以虧人愈多，其不仁兹甚[⑦]，罪益厚[⑧]。至入人欄廄[⑨]，取人馬牛者，其不仁義又甚攘人犬豕鷄豚。此何故也？以其虧人愈多。苟虧人愈多⑩，其不仁兹甚，罪益厚。至殺不辜人也⑪，扡其衣裘⑫，取戈劍者，其不義又甚入人欄厩，取人馬牛。此何故也？以其虧人愈多。苟虧人愈多，其不仁兹甚矣，罪益厚。當此⑬，天下之君子皆知而非之，謂之不義。今至大爲攻國⑭，則弗知非，從而譽之，謂之義。此可謂知義與不義之别乎？

【注釋】

①《非攻》共有上中下三篇。這裏選的是上篇。

②園，有解釋爲種樹的地方，不確。"園"源於"圓"，古今私人有種樹苗的地方，從來没有種樹的地方。"園圃"的"園"就是菜地，周圍種樹。

③非，非難，責備。

④爲政者，執政的人。得，得到，這裏指捕獲。

⑤以，源於"由"。《韓非子·喻老》："千丈之堤以螻蟻之穴潰。"下文中的"以"用同。

⑥至，至於。攘，就是"搦"，是抓的意思。豚，小猪。

⑦兹，通"滋"，更。"兹"源於"子"，子的動詞，即繁衍滋長。《莊子·徐無鬼》："禍之長也兹萃。"（禍患的增長更大。）

⑧厚，這裏當"重"講。

⑨欄，古時稱牛馬的圈。厩，馬棚，源於"間"。這裏欄厩泛指牛馬的圈。

⑩苟，假如。

⑪辜（gū），罪。也，語氣詞，引起下文。

⑫扡（tuō），同"拖"，這裏指拽下來。

⑬當此，對此。

⑭爲，動詞。“攻國”是動賓詞組作賓語用。

殺一人，謂之不義，必有一死罪矣①。若以此説往②，殺十人，十重不義③，必有十死罪矣；殺百人，百重不義，必有百死罪矣。當此，天下之君子皆知而非之，謂之不義。今至大爲不義，攻國，則弗知非，從而譽之，謂之義。情不知其不義也④，故書其言以遺後世⑤；若知其不義也，夫奚説書其不義以遺後世哉⑥？

【注釋】

①一，一重（chóng）。

②若以此説往，假如按照這種解釋類推。若，假如。此説，指“殺一人……必有一死罪”的道理。往，表示類推。

③十重（chóng），即十倍。

④情不知其不義也，〔他們〕實在是不懂得那是不義的。情，誠，實在。

⑤故書其言以遺後世，所以把稱贊攻國的話記載下來遺留給後世。

⑥奚説，怎樣解釋。

今有人於此，少見黑曰黑，多見黑曰白，則以此人不知白黑之辯矣①；少嘗苦曰苦，多嘗苦曰甘，則必以此人爲不知甘苦之辯矣。今小爲非，則知而非之；大爲非攻國，則不知非，從而譽之，謂之義，此可謂知義與不義之辯乎？是以知天下之君子也，辯義與不義之亂也②。

【注釋】

①辯，通"辨"，源於"判"，判别、區分的意思。《左傳·成公十八年》："周子有兄而無慧，不能辨菽麥。"下文"辯"同此。

②亂，混亂，指混爲一談。

文選：《老子》

老子，姓李名耳，字聃，春秋末期人。中國古代著名的思想家、文學家、史學家，道家學派創始人，與莊子并稱"老莊"。後被道教尊爲始祖。老子的思想成就主要體現在《老子》一書裏。《老子》又名《道德經》，和《易經》《論語》一起被認爲是對中國人影響最深遠的三部思想巨著。老子思想對中國哲學發展具有深刻影響，其思想核心是樸素的辯證法。在政治上，主張無爲而治、不言之教；在權術上，講究物極必反之理；在修身方面，講究虛心實腹、不與人争的修持。

（一）

天下皆知美之爲美，斯惡已①；皆知善之爲善，斯不善已。故有無相生②，難易相成③，長短相形④，高下相傾⑤，音聲相和⑥，前後相隨⑦。是以聖人處無爲之事⑧，行不言之教⑨，萬物作焉而不辭⑩，生而不有⑪，爲而不恃⑫，功成而弗居⑬。夫唯不居，是以不去⑭。

【注釋】

①天下皆知美之爲美，斯惡已，意思是：如果天下的人都知道美好的東西是美的，就顯露出醜來了。斯，則。惡，醜。已，通“矣”。

②生，存。相生，等於説互相依存。

③成，成就。

④形，表現，顯現。長短是相對的，有了長纔顯出短來。

⑤傾，傾斜，等於説依靠。

⑥音，單音。聲，這裏是指人的説話聲音。和，和協。

⑦隨，伴隨。這幾句是講注重變化，主張物之無固定之實在、正反相生、無往不復，有無相生、正反轉換是道的變化特徵，這種對立統一的矛盾思想貫穿《老子》全篇。

⑧處……事，等於説“行……事”。處無爲之事，就是順其自然、無爲而治的意思。

⑨行不言之教，即施行不用言詞説教的教化。

⑩萬物作焉而不辭，萬物興起，不去理會。作，興起。不辭，就是不理會。完全隨應萬物，也就是無爲而治的意思。本文中的“辭”，源於“詞”，《尚書・多士》：“凡四方小大邦喪，罔非有辭於罰。”（凡四方小國大國的滅亡，没有不是因爲不理會上天的懲罰。）

⑪有，據爲私有。

⑫爲而不恃，有所施爲，但是不倚靠，這是説不求達到什麽目的。

⑬功成而弗居，這句也是指順着自然，并不把功勞據爲己有。居，據，占據，據有。

⑭夫唯不居，是以不去，意思是：正因爲不自居〔功〕，所以也不會失去〔功〕。“去”與“居”是反義詞。老子是説，正因爲他不居功，所以他的功績就不會失去，也就無所謂占據和失去。

（二）

三十輻共一轂[①]；當其無，有車之用[②]。埏埴以爲器[③]；當其無，有器之用[④]。鑿户牖以爲室[⑤]；當其無，有室之用[⑥]。故有之以爲利[⑦]，無之以爲用[⑧]。

【注釋】

①本章説明“有”“無”的依存關係和相互作用。輻，車輪中間湊集於中心轂的木條。轂（gǔ），車輪中心有孔的圓木，裏邊貫軸，外邊承輻。

②當其無，有車之用，意思是：就在於它的無，纔有了車子的作用。無，指轂中空處。

③埏（shān）埴（zhí），有解釋爲把黏土放到模子裏，釋“埏”爲造陶器的模子。不確。做陶器不能用模子，而是把黏土放在製陶的轉盤上轉，一邊轉一邊捏土。《管子·任法》：“昔者堯之治天下也，猶埴之在埏也，唯陶之所以爲。”（從前堯治理天下，就好像黏土被放在轉盤上，任憑陶工隨意製作一樣。）

④當其無，有器之用，意思是：以其中空，成就其器物的外形。這裏的“無”，指圍着捏土的空間。

⑤鑿户牖以爲室，建造房屋作爲居室。户，户門。牖（yǒu），窗子。

⑥當其無，有室之用，意思是：四壁圍合成中空的地方，房屋纔能有居室的作用。這裏的“無”指四壁及門窗圍合的室内空間。

⑦有之以爲利，即“有”有其作用。這裏的“有”和下文的“無”都是抽象的哲學概念。“利”與下文的“用”同義，都指作用。

⑧無之以爲用，即“無”也有其作用。

(三)

天之道，其猶張弓與[①]？高者抑之，下者舉之[②]；有餘者損之，不足者補之。天之道，損有餘而補不足。人之道則不然[③]：損不足以奉有餘。孰能有餘以奉天下？唯有道者[④]。是以聖人爲而不恃，功成而不處[⑤]。其不欲見賢[⑥]！

【注釋】

①天地自然的規律，不是很像搭箭拉弓向天空射箭的動作嗎？道，這裏相當於現在所説的天地的自然規律。其，表測度的語氣詞。張弓，搭箭拉弓，引而待發。

②抑之，指把弦壓低。舉，指把弦升高。搭箭拉弓向天空射箭的動作，需要用力把弦向下拉，弦的位置高了，即弦向下拉得不够低，要把弦再往下壓；弦的位置拉得過低，就把弦往回升高一些。

③人之道則不然，〔可是〕社會的法則却不是這樣。人之道，指社會上通常奉行的法則。本句有轉折意，省略了“可是”。

④“損不足”幾句，意思是：剥奪不足的用來供給有餘的。那麽，誰能够把有餘的拿來補給天下不足的呢？衹有有道的聖人纔可以做到。損，剥奪。奉，供奉，供給。有道者，有賢德的人。

⑤處，居，參見《老子》選文（一）“功成而弗居”注。

⑥見（xiàn），表現出。

(四)

小國寡民[①]。使有什伯之器而不用[②]，使民重死而不遠徙[③]。雖有舟輿，無所乘之[④]；雖有甲兵，無所陳之[⑤]；使民復結繩而用之⑥。甘其食，美其服，安其居，樂其俗⑦。鄰國相望，鷄犬之聲相聞，民至老死不相往來。

【注釋】

①小、寡，都用如動詞，使動用法。這一章老子提出了自己的“乌托邦”模式——理想的國家不宜過大，人口也不宜過多，降低欲望扩張，没有戰争，人民安居樂業，回到原始的生活方式，恬淡自然，自得其樂。

②什，十倍；伯，通“佰”，百倍。什伯之器，效用十倍百倍的工具。

③重死，以死爲重，即愛惜生命。“重”是意動用法。不遠徙，不向遠方遷徙（開疆拓土）。

④無所乘之，没有乘坐的必要。

⑤陳，〔與其他國家〕對陣。無所陳之，即不開戰。

⑥復，重新。結繩，相傳在文字出現以前人們記事的方法。

⑦甘，美，意動用法，以……爲美。“美”“安”“樂”同此。

文選:《莊子》

莊子，名周，戰國時期宋國蒙（今河南商丘）人，著名的思想家、文學家。莊子一生貧窮困頓，却鄙弃榮華富貴、權勢名利，力圖在亂世保持獨立的人格，追求逍遥無恃的精神自由。他繼承并發展了老子的思想，與老子并稱“老莊”，同爲先秦道家學派的代表人物。

《莊子》共三十三篇。“道”是莊子超越哲學的基本核心，莊子把“道”和人緊密結合，使“道”成爲人生所要達到的最高境界。莊子主張順從“天道”，摒弃“人爲”，“天地與我并生，萬物與我爲一”，便是宇宙我的體現；衹有道是絶對的，其他萬物都是相對的，抹殺了一切事物之間的界限，變成了認識論上的相對主義和虚無主義；他認爲一切事物經常在變化着，人對這種變化無可奈何，衹有服從，因此主張“無爲”，放弃生活中的一切鬥争，否定現實，消極地逃避現實，認爲衹有以通達的精神超越現實世界，纔能獲得無限的自由和心靈的寧静。莊子和儒墨的思想的不同之處在於，莊子反對推崇聖賢，尊重個性和差异，提出萬物平等的思想。他還反對當時社會上實行的仁義禮樂等社會道德與政治制度，認爲這些都是罪惡與禍害的根源。莊子的文章，構思巧妙，極富想象力，文筆灑脱飄逸，具有濃厚的浪漫主義色彩。有學者認爲，《莊子》代表了先秦散文的最高成就。

北冥有魚（逍遥游）[1]

北冥有魚，其名爲鯤[2]。鯤之大，不知其幾千里也；化而爲鳥，其名爲鵬。鵬之背，不知其幾千里也；怒而飛[3]，其翼若垂天之雲[4]。是鳥也，海運則將徙於南冥[5]。南冥者，天池也[6]。《齊諧》者[7]，志怪者也[8]。《諧》之言曰：“鵬之徙於南冥也，水擊三千里[9]，摶扶摇而上者九萬里[10]，去以六月息者也[11]。”野馬也[12]，塵埃也，生物之以息相吹也[13]。天之蒼蒼[14]，其正色邪[15]？其遠而無所至極邪[16]？其視下也[17]，亦若是則已矣[18]。且夫水之積也不厚[19]，則其負大舟也無力[20]。覆杯水於坳堂之上[21]，則芥爲之舟[22]。置杯焉則膠[23]，水淺而舟大也。風之積也不厚，則其負大翼也無力。故九萬里則風斯在下矣[24]，而後乃今培風[25]；背負青天而莫之夭閼者[26]，而後乃今將圖南[27]。蜩與學鳩笑之曰[28]：“我决起而飛[29]，搶榆枋[30]，時則不至[31]，而控於地而已矣[32]，奚以之九萬里而南爲[33]？”適莽蒼者[34]，三飡而反[35]，腹猶果然[36]；適百里者，宿舂糧[37]；適千里者，三月聚糧[38]。之二蟲又何知[39]？小知不及大知[40]，小年不及大年[41]。奚以知其然也[42]？朝菌不知晦朔[43]，蟪蛄不知春秋[44]：此小年也。楚之南有冥靈者[45]，以五百歲爲春，五百歲爲秋；上古有大椿者[46]，以八千歲爲春，八千歲爲秋。而彭祖乃今以久特聞[47]，衆人匹之[48]，不亦悲乎？

【注釋】

①《逍遥游》，是《莊子·内篇》中的第一篇。“北冥有魚”這個標題是後加的。莊子在這段文章裏闡述了他的無所待的思想。他認爲萬物如有所待纔能運行，就不能真正達到逍遥游的境界，祇有毫無所待，纔能逍遥自得。

②北冥，北方的海。冥，源於“墨”，是黑的意思。海水很深，光綫很難射入，平時看起來是黑色。鯤（kūn），傳説中的大魚，是莊子在想象中造的，不是真有其物。“鯤”與“昆”爲同源詞，“昆”是大的意思。

③怒，振奮，這裏是指鼓起翅膀。

④垂，通“陲”，邊際。若垂天之雲，好像天邊的雲彩。

⑤海運，指在大海上運行。南冥，南方的海。

⑥天池，天然形成的池，所以叫天池。

⑦齊諧，書名，出於齊國，今不傳。一説，人名。

⑧志怪者也，古代記録怪异之書。志，記載。怪，指怪异的事。

⑨水擊，鵬起飛時，水面因翅膀扇動而激起。

⑩摶（tuán），環繞着飛向上空。扶摇，是龍捲風。

⑪去以六月息者也，乘着六月的大風離開。去，離開。息，大風。

⑫野馬，指春天陽氣發動（地表温度上升，野外霜露水分微塵蒸發），

遠望野外林澤間有霧氣上揚，猶如奔馬，故叫野馬。

⑬息，氣息。

⑭蒼蒼，深藍色。

⑮其，語氣詞，表委婉語氣，略等於今“大概”。下句的“其”同。正色，真正的顔色。邪，通“耶”，句末語氣詞。

⑯其遠而無所至極邪，還是由於無窮無盡的高遠而呈現出來的顔色呢？無所至極，没有到盡頭的地方。極，盡。

⑰其，人稱代詞，代鵬。

⑱亦若是則已矣，也像這個罷了。連上句是説鵬從高空向下看，也像人從地上向上看天，都不一定得到真相。則已，等於説“而已”。

⑲且夫，表示再説一層道理。不厚，不深。

⑳負，載。

㉑覆，倒（dào）。坳（ào），窪下。坳堂，低窪之處，“堂”是“塘”的假借。

㉒芥，有解釋爲“小草”，不確。“介”是甲、鱗，表示小；“芥”表示草的一葉，一葉草在水裏纔能飄起來。爲，是變成的意思。《荀子·勸學》：“冰，水爲之，而寒於水。”爲之舟，就是變成舟，“之”不是賓語。

㉓膠，黏住（水太淺，舟觸底而擱淺，好像被粘住了），指不能動。

㉔斯，於是。風……在下，風……在鵬之下。

㉕而後乃今，等於説然後纔。培，憑，憑藉、依賴。培風，憑藉着風力。

㉖夭閼（è），聯綿字，動詞，表示攔阻。

㉗圖南，計劃着向南飛。

㉘蜩（tiáo），蟬。“蜩”源於“掉”，蟬會脱殼。“蟬”源於“袒”。學鳩，小鳥名。

㉙决（xuè），迅速的樣子。

㉚搶榆枋，衝上榆樹、檀樹的枝頭。搶（qiāng），突過。榆，榆樹。枋（fāng），檀樹。

㉛時則不至，有時或者飛不到。時則，等於説“時或”。

㉜控，投，這裏指落下。

㉝奚以之九萬里而南爲，哪裏用得着飛到九萬里的高處向南呢?奚以，哪裏用得着，古人表示反問的一種習慣用法。

㉞適，到……去。莽蒼，郊野之色，這裏指近郊。

㉟飡，同“餐”。三飡，指一天。反，返回，後來寫作“返”。

㊱果然，飽的樣子。這幾句的意思是，去近郊的人，帶够一天的乾糧，回來的時候肚子還是飽飽的。

㊲舂（chōng），搗去米的外皮。糧，旅行所需的糧食。宿舂糧，出發前一宿搗米。

㊳三月聚糧，出發前三個月就聚集糧食。

㊴之，指示代詞，這。二蟲，指蜩與學鳩。

㊵知（zhì），智慧，後來寫作“智”。

㊶小年不及大年，壽命短的不能理解壽命長的。年，指壽命。

㊷奚以知其然也，根據什麽知道它這樣呢?

㊸朝菌，一種生長期很短的菌類植物，朝生暮死，所以叫“朝菌”。晦，夏曆每月的最後一日。朔，夏曆每月的最初一日。

㊹蟪（huì）蛄（gū），一名寒蟬。舊説，寒蟬春生夏死、夏生秋死，壽命不到一年，所以説不知春秋。

㊺冥靈，樹名。

㊻椿，椿樹。

㊼彭祖，傳説中長壽的人，據説活了八百歲。乃今，而今，如今。久，指長壽。特，獨。聞，指聞名於世。

㊽衆人，一般人。匹，配，這裏當“比”講。這句是説一般人談到長

壽，就舉出彭祖來相比。

湯之問棘也是已[①]。窮髮之北[②],有冥海者，天池也。有魚焉，其廣數千里[③]，未有知其修者[④]，其名爲鯤。有鳥焉，其名爲鵬，背若太山，翼若垂天之雲；摶扶摇羊角而上者九萬里[⑤]，絶雲氣[⑥]，負青天，然後圖南，且適南冥也[⑦]。斥鴳笑之曰[⑧]："彼且奚適也？我騰躍而上，不過數仞而下[⑨]，翺翔蓬蒿之間[⑩]，此亦飛之至也[⑪]。而彼且奚適也?"此小大之辯也[⑫]。

【注釋】

①湯，商朝第一位王。棘，湯時的賢大夫。是已，略等於"是也"。

②窮髮，指上古傳説中極遠的北方不毛之地。

③廣，寬。

④修，長。

⑤羊角，也是旋風。因風向上迴旋像羊角，所以叫羊角。

⑥絶雲氣，超越過了雲。絶，超越。范曄《逸民傳論》："蓋録其絶塵不及，同夫作者，列之此篇。"

⑦且，將。

⑧斥鴳（yàn），小雀。

⑨仞（rèn），古代長度單位，周制八尺爲一仞。下，降下。

⑩翺（áo）翔，盤旋飛舞，逍遥自得的樣子。

⑪至，最高限度。

⑫辯，通"辨"，分别。

故夫知效一官[①]，行比一鄉[②]，德合一君[③]，而徵一國者[④]，其自視也亦若此矣[5]。而宋榮子猶然笑之[6]。且舉世而譽之而不加勸[7]，舉世而非之而不加沮[8]，定乎内外之分[9]，辯乎榮辱之境[10]，斯已矣[11]。彼，其於世[12]，未數數然也[13]。雖然，猶有未樹也[14]。夫列子御風而行[15]，泠然善也[16]，旬有五日而後反[17]。彼於致福者，未數數然也[18]。此雖免乎行[19]，猶有所待者也[20]。若夫乘天地之正，而御六氣之辯[21]，以游無窮者[22]，彼且惡乎待哉[23]？故曰：至人無己[24]，神人無功[25]，聖人無名[26]。

【注釋】

①故夫，連詞，用於句首，表示下文所闡發的是某種道理或事物的規律。《論衡·狀留》："故夫河冰結合，非一日之寒；積土成山，非斯須之作。"知（zhì），才智。效，這裏作勝任解。官，官職。知效一官，才智能勝任一官之職。

②行比一鄉，品行能適合一鄉之人的心意。行（舊讀 xìng），品行。比，合。

③德合一君，道德符合一國之君的要求。

④而徵一國者，能力能取信於一國之人。而，能（依郭慶藩説），能力。《墨子·非命下》："昔三代暴王桀、紂、幽、厲，貴爲天子，富有天下，於此乎不而矯其耳目之欲，而從其心意之辟。"（從前三代暴君桀、紂、幽、厲，貴爲天子，富有天下，於那時不能改正聲色的欲望，而放縱他們内心的邪僻。）徵，信，這裏作取信解。

⑤其自視也亦若此矣，他們這四種人也自我感覺良好。其，指上述的四種人。此，指斥鴳。

⑥宋榮子，亦稱宋鈃鈃、宋牼，戰國時宋人，主張寬、恕、均平。猶然，郭慶藩《莊子集釋》引崔、李云："猶，笑貌。"不確。"猶然"是還

的意思。宋榮子猶然笑之，即宋榮子還是笑這四種人（看不起他們）。

⑦舉世而譽之而不加勸，全社會的人都稱贊他，他却并不因此而更加奮勉。舉，全。舉世，所有同時代的人。之，代宋榮子，下句的“之”同。加，更。勸，鼓勵，這裏是被動用法，可以解作努力。

⑧舉世而非之而不加沮，全社會的人都責難他，他也并不因此而更爲沮喪。非，責難。沮（jǔ），止，這裏解作喪氣、泄勁。

⑨定乎内外之分，〔他能〕確定自我與外物的分際。定，確定。内，指自我。外，指外物。分，分際。

⑩辯乎榮辱之境，辨明榮辱的界限。辯，通“辨”，分辨。境，界限。

⑪斯已矣，不過如此罷了。斯，此。已，止。這是説宋榮子衹做到這一步就完了，還不能達到“無己”的境界。

⑫彼，指宋榮子。其於世，他對於世俗〔的毀譽〕。

⑬數（shuò）數（shuò），成玄英疏：“猶汲汲也。”數數然，急切的樣子。

⑭樹，樹立。猶有未樹也，指還是没有樹立無所不可、逍遥自得之德。

⑮列子，即列禦寇，鄭人。御風，乘着風。

⑯泠（líng）然，輕妙的樣子。

⑰旬，十天。有，通“又”。旬有五日，即十五天。

⑱致，使……至。致福，即求福。這句話的意思是：他對於那些祈求幸福的行爲，從來就没當回事。

⑲免乎行，避免了走路。

⑳猶有所待者也，還是有所憑藉和依賴。待，指依賴。有所待，有依賴的東西（指風）。

㉑若夫乘天地之正，而御六氣之辯，意思是：至於順應天地萬物的本性，駕馭着六氣的變化。若夫，至於。天地，萬物之總名。正，指自然之

性。乘天地之正，指順應萬物之性。六氣，陰、陽、風、雨、晦、明。辯，通“變”。

㉒以游無窮者，遨游於無窮的境地。無窮，指時間的無始無終、空間的無邊無際。

㉓彼且惡乎待哉，他還依靠什麽啊！且，還。

㉔至人無己，修養至高的人能順任自然、忘掉自己。無己，忘我，就是物我不分。

㉕神人無功，修養達到神化不測境界的人無意於求功。無功，順自然，不立功。

㉖聖人無名，有道德學問的聖人無意於求名。無名，不立名。

不龜手之藥（逍遥游）

惠子謂莊子曰①："魏王貽我大瓠之種②，我樹之成③，而實五石④。以盛水漿，其堅不能自舉也⑤。剖之以爲瓢，則瓠落無所容⑥。非不呺然大也⑦，吾爲其無用而掊之⑧。"莊子曰："夫子固拙於用大矣⑨。宋人有善爲不龜手之藥者⑩，世世以洴澼絖爲事⑪。客聞之，請買其方百金⑫。聚族而謀曰：'我世世爲洴澼絖，不過數金，今一朝而鬻技百金⑬，請與之。'客得之，以説吴王⑭。越有難⑮，吴王使之將⑯，冬，與越人水戰，大敗越人。裂地而封之⑰。能不龜手一也⑱，或以封⑲，或不免於洴澼絖，則所用之异也⑳。今子有五石之瓠，何不慮以爲大樽㉑，而浮乎江湖，而憂其瓠落無所容，則夫子猶有蓬之心也夫㉒！"

【注釋】

①惠子，即惠施，宋人，曾爲梁惠王相，先秦名家學派的代表人物。

《莊子》各篇中有關惠施與莊子的辯論，多屬寓言性質。這篇文章闡發了“無用之用”這一主張。“無用之用”是從不同角度看待事物，認爲事物没有統一客觀標準。

②魏王，即梁惠王魏罃。貽（yí），送給。瓠（hù），葫蘆。

③樹，種植。成，成熟。

④實，果實，指結成的葫蘆。五石，是説葫蘆很大，有五石的容積。

⑤不能自舉，大意是本身禁不起舉。漿，飲料。堅，用如名詞，指堅固的程度。

⑥落，是空落落。無所容，大意是没有適於它容納的東西，也就是大而無當。

⑦呺（xiāo）然，空虚巨大的樣子。

⑧爲（wèi），因爲。掊（pǒu），打破。

⑨夫子固拙於用大矣，大意是你實在是不善於利用大的東西了。固，副詞，實在是。

⑩龜（jūn），通“皸”，皮膚凍裂。

⑪洴（píng）、澼（pì），都是漂洗。陰陽對轉，同義連用。絖（kuàng），成玄英疏：“絮也。”“絖”同“纊”，“纊”源於“框”，指在板凳四腿上繞的絲。絲絮不能水洗，水洗後就團了，不暖和，因此拿去漂是漂剩餘的染料。事，事業，職業。

⑫方，藥方。百金，金百斤。

⑬鬻（yù），是“易”的假借，賣的意思。

⑭説（shuì），説服，勸説别人，使他信服自己。

⑮難（nàn），亂事，指軍事行動。越有難，等於説越國派兵入侵。

⑯吴王使之將，吴王派他統率軍隊。將，動詞。

⑰裂地而封之，分出一塊土地封給他。

⑱一，一樣。

⑲或，無定代詞，有的人。以封，靠它得到封賞。

⑳所用之异，用的方法不同。

㉑慮，考慮。“慮”是“量”的陰聲韵，所以臺灣人常用“考量”。樽，本指酒器，這裏指形狀像酒樽，縛在身上用來鳧水的東西，類似今之救生圈。

㉒則夫子猶有蓬之心也夫，有解釋作“你的心像蓬草那樣屈曲不通”，不確。蓬草是褐色的，莖直立，高度是40~80公分，莖內有泡沫樣的絮狀芯，非中空，稱其“屈曲不通”不恰當，這句應譯爲：可見先生的心竅還是像蓬草的芯那樣堵塞不通了吧！

庖丁解牛（養生主）

庖丁爲文惠君解牛①。手之所觸②，肩之所倚③，足之所履④，膝之所踦⑤，砉然嚮然⑥。奏刀騞然⑦，莫不中音⑧：合於《桑林》之舞⑨，乃中《經首》之會⑩。

【注釋】

①庖丁，名叫丁的厨子。文惠君，舊注説是梁惠王。解牛，分解牛的肢體。這個故事告訴我們，衹有經過反復實踐，并且真正掌握客觀規律，對自己所處理的事纔能得心應手，發揮自如。莊子本意是把社會比作牛，刀比作人，認爲人應掌握社會客觀規律，避開紛争，找到游刃有餘的處世之道。

②所觸，接觸的地方。

③倚，靠。

④履，踩。

⑤踦（yǐ），通“倚”，頂住。

⑥砉然嚮然，〔皮肉筋骨發出〕咔嚓咔嚓的聲響（形容宰牛時皮骨關節支離的聲音）。砉，音 huà（依崔譔説），象聲詞。然，詞尾。嚮，通“響”。這幾句是説，因爲庖丁知道牛體關節所在，所以凡他手肩足膝所觸及的地方，關節都發出砉砉的響聲。

⑦奏刀騞然，進刀的時候刀鋒所過之處發出的聲音。奏，進。騞（huō），象聲詞，聲音大於“砉”（依崔譔説）。

⑧莫不中（zhòng）音，都符合音律，即有節奏感。

⑨合於《桑林》之舞，符合《桑林》的舞蹈節拍。《桑林》之舞，配上《桑林》樂曲的舞蹈。《桑林》是商湯王的樂曲名。

⑩乃中《經首》之會，又符合《經首》的節奏。《經首》，堯樂《咸池》中的一個樂章。會，指節奏。

文惠君曰：“譆，善哉①！技蓋至此乎②？”

庖丁釋刀對曰③：“臣之所好者，道也④；進乎技矣⑤。始臣之解牛之時，所見無非牛者⑥；三年之後，未嘗見全牛也⑦。方今之時⑧，臣以神遇而不以目視⑨，官知止而神欲行⑩。依乎天理⑪，批大郤⑫，導大窾⑬，因其固然⑭，技經肯綮之未嘗⑮，而况大軱乎⑯！良庖歲更刀，割也⑰；族庖月更刀，折也⑱。今臣之刀十九年矣，所解數千牛矣，而刀刃若新發於硎⑲。彼節者有間，而刀刃者無厚⑳；以無厚入有間，恢恢乎其於游刃必有餘地矣㉑！是以十九年而刀刃若新發於硎。雖然，每至於族㉒，吾見其難爲，怵然爲戒㉓，視爲止，行爲遲㉔。動刀甚微㉕，謋然已解㉖，如土委地㉗。提刀而立，爲之四顧，爲之躊躇滿志㉘；善刀而藏之㉙。”

文惠君曰：“善哉！吾聞庖丁之言，得養生焉㉚。”

【注釋】

①譆（xī），同“嘻”，贊嘆聲。善，好。

②技蓋至此乎，你的技巧爲何能達到這種程度呢？蓋，通“盍”，何的意思。

③釋，放下。

④道，道理，指事物的規律。

⑤進乎技，比技術進了一步。乎，於。

⑥所見無非牛者，大意是所看見的牛沒有不是全牛的，即看到的都是一頭頭整牛。

⑦未嘗見全牛也，未曾見過整頭的牛。這是説庖丁對牛體已經非常瞭解，所以衹看到牛的筋骨結構。

⑧方，當。方今之時，等於説“現在”。

⑨臣以神遇而不以目視，我以意念、思想〔跟它〕感知，而不用眼睛看。遇，會合，這裏有感知、剖析的意思。

⑩官知，這裏指視覺。神欲，指意念、思想。“官知止”是承上“不以目視”而言；“神欲行”是承上“以神遇”而言。

⑪依，按照。天理，指天然的組織結構。

⑫批，擊。郤（xì），空隙，指牛筋骨的間隙。

⑬導大窾，把刀子引入骨節的空竅。窾（kuǎn），空（kòng），指骨節空處。

⑭因其固然，順着牛體的本來結構。

⑮這句是説，〔依着牛體本來的组織進行解剖，〕刀不曾碰過脉絡相連、筋骨聚結的地方。技，技巧。經，經過。肯綮，肌腱，“綮”是筋肉聚結處。未嘗，未曾。

⑯軱（gū），大骨。

⑰這句是説，好的厨師每年换一把刀，因爲他們用刀割肉。歲，每年。更，换。割，用刀割肉。

⑱族，衆，即一般的。折，砍。庖丁的意思是：良庖和族庖换刀换得勤，因爲他們不懂得牛體的結構，生割硬砍。

⑲發，出。硎（xíng），磨刀石。新發於硎，剛從磨刀石上磨出來。

⑳這句的意思是：那牛的骨節有間隙，而刀刃很薄。節，骨節。間（jiàn），名詞，間隙。厚，指厚度。無厚，没有厚度，極言其薄。

㉑這句的意思是：用很薄的〔刀刃〕插入有空隙的〔骨節〕，寬寬綽綽地，對刀刃的運轉必然是有餘地的啊！恢恢，很寬綽的樣子。“恢”源於“宏”。游刃，使刀刃運轉。

㉒族，交錯聚結，這裏指筋骨交錯聚結的地方。

㉓怵然，害怕的樣子，小心翼翼地。戒，警惕。爲（wèi），介詞，後面省略了賓語“之”字，下面“爲止”“爲遲”皆同。

㉔視爲止，行爲遲，意思是目光專注，聚精會神，動作因此緩慢。止，集中在某處。行，指動作。遲，緩慢。

㉕微，輕。

㉖謋然已解，隨着嘩啦聲響，骨肉已經支離。謋（huò），象聲詞，形容牛體解散時發出的聲音。

㉗委，落下。

㉘“提刀而立”幾句的意思是：我拿着刀站起來，環顧四周，感到放鬆和心滿意足。這裏兩處“爲之”的“爲”都讀去聲。四顧，環顧。躊躇，悠然自得的樣子。滿志，心滿意足。

㉙善，等於説“拭”（依《經典釋文》）。

㉚養生，指養生之道。

胠篋（節録）[1]

將爲胠篋、探囊、發匱之盜而爲守備[2]，則必攝緘縢[3]，固扃鐍[4]，此世俗之所謂知也[5]。然而巨盜至，則負匱、揭篋、擔囊而趨[6]，唯恐緘縢扃鐍之不固也。然則鄉之所謂知者[7]，不乃爲大盜積者也[8]？

【注釋】

①胠（qū），從旁邊開。篋（qiè），箱子。胠篋，原謂撬開箱子，後亦泛指盜竊。

②這句的大意是：爲了抵禦撬箱子、摸袋子、開櫃子等種種偷竊行爲而進行防備。探囊，掏口袋。發，開。匱（guì），櫃子。第一個"爲"音wèi，介詞。第二個"爲"音wéi，動詞。

③則必攝緘縢，就一定要勒緊箱子上、口袋上的繩索。攝，指收攏、勒緊。緘（jiān）、縢（téng），都是繩子。

④固，作動詞，加固。扃（jiōng），門閂。鐍（jué），插門之處。扃鐍，略相當於後代的鎖鑰。

⑤知（zhì），智慧。

⑥揭，抬。趨，快走。

⑦然則，這樣，就。鄉（xiàng），通"嚮"，先前，過去。

⑧這句的大意是：〔這麼説過去所認爲的聰明人，〕不就是給大竊賊準備財物的人嗎？不乃……也，不就是……嗎？爲，介詞，替。積，聚積。下面略有刪節。

夫川竭而谷虚[1]，丘夷而淵實[2]；聖人已死，則大盜不起，天下平而無故矣[③]。聖人不死，大盜不止。雖重聖人而治天下[④]，則是重利盜跖也[⑤]。爲之斗斛以量之[⑥]，則并與斗斛而竊之[⑦]；爲之權衡以稱之[⑧]，則并與權衡而竊之；爲之符璽以信之[⑨]，則并與符璽而竊之；爲之仁義以矯之，則并與仁義而竊之。

【注釋】

①竭，乾。

②丘夷而淵實，山丘鏟平了，山谷也就填滿了。丘，小山。夷，平。淵，山谷。實，滿。

③“聖人已死”幾句的意思是：聖人死了，那麽大盜賊就不再産生了，天下也就平安無事了。（從偷竊財物聯繫盜竊國柄，指明它們的本質是一樣的，都是聖人智慧流毒天下的惡果，因此聖人之道與强盜邏輯是一致的，亟須絶聖弃智，盜亂方止。）故，事故。

④重聖人，使聖人〔之法〕重要起來（依成玄英説）。重，使……重要，使動用法。

⑤則是重利盜跖也，實質上是加倍地有利於盜跖之流。是，指“重聖人”。重利，厚利，使……有厚利。盜跖，春秋時期的大盜，名跖，這裏是盜賊或盜魁的代稱。

⑥爲之斗斛以量之，給天下〔之人〕制定斗斛來計量東西。斛（hú），十斗爲斛。以，連詞。量（liáng），動詞，用斗斛計量。之，代詞，指被計量之物。

⑦并與斗斛而竊之，連東西與斗斛一起都被〔盜賊〕偷走。與，介詞，連。之，指所量之物。下三句語法與⑥⑦同。

⑧權，首先是秤，源於“均”，後纔有秤錘義。衡，秤杆。稱（chēng），動詞。

⑨符，符信，古代用來作憑據的東西，用竹、木、玉、銅等製成，刻上文字，分成兩半，雙方各執一半，合起來，可驗真僞。璽（xǐ），印。信，使之取信，用作動詞。

何以知其然邪？彼竊鈎者誅①，竊國者爲諸侯。諸侯之門，而仁義存焉。則是非竊仁義聖知邪②？故逐於大盜、揭諸侯、竊仁義并斗斛權衡符璽之利者③，雖有軒冕之賞弗能勸④，斧鉞之威弗能禁⑤。此重利盜跖而使不可禁者，是乃聖人之過也。故曰："魚不可脱於淵，國之利器不可以示人⑥。"彼聖人者，天下之利器也，非所以明天下也⑦。

【注釋】

①何以知其然邪，何以知道是這樣呢？鈎，衣帶鈎，這裏代表一般不值錢的東西。

②竊奪國家權力的人成爲諸侯，諸侯之門纔存在仁義之理，這不正是竊取仁義聖智了嗎？是，代詞，指"諸侯之門，而仁義存焉"這種情況。知（zhì），智。

③逐，追隨。揭，舉。揭諸侯，成爲諸侯。

④雖有軒冕之賞弗能勸，即使有高官厚禄的賞賜也不可能被勸勉從善（追隨大盜、成爲諸侯、成爲聖人的利益太大了）。軒，古代大夫以上的人所坐的車子，車上兩邊有屏障。冕，古代大夫以上的人所戴的禮帽。"軒冕"連用，指高官厚禄。勸，勸勉〔從善〕。

⑤鉞，大斧子。斧和鉞都是古代殺人所用的東西，"斧鉞"連用指刑戮之事。

⑥這兩句見於《老子》。國之利器，有效用的東西，特指權勢、法制、

仁義聖德等。示人，給人看。

⑦“彼聖人者”幾句的意思是：那聖人就是天下的利器，不能够展示給天下（防止被天下人利用）。明，顯示。

故絶聖弃知[1]，大盗乃止；擿玉毁珠[2]，小盗不起；焚符破璽[3]，而民朴鄙[4]；掊斗折衡[5]，而民不争；殫殘天下之聖法[6]，而民始可與論議[7]。擢亂六律[8]，鑠絶竽瑟[9]，塞瞽曠之耳[10]，而天下始人含其聰矣[11]；滅文章[12]，散五采[13]，膠離朱之目[14]，而天下始人含其明矣[15]；毁絶鈎繩[16]，而弃規矩[17]，攦工倕之指[18]，而天下始人有其巧矣。故曰：大巧若拙。削曾史之行[19]，鉗楊墨之口[20]，攘弃仁義[21]，而天下之德始玄同矣[22]。

【注釋】

①絶聖弃知，語見《老子》第十九章。絶，斷絶。知（zhì），智。

②擿（zhì），通“擲”。

③破，弄破。

④朴，樸實。鄙，鄙陋無知。

⑤掊（pǒu），打破。

⑥殫（dān），盡。殫殘，使……窮盡，使……毁掉。

⑦與論議，即與之（指民）論議。與，介詞。

⑧擢（zhuó），拔掉。亂，用如動詞，使……亂。六律，古代用竹管的長短審定樂音的高低，按高低情况分樂音爲十二類，用十二個長短不同的竹管作標準。其中又分陰陽各六，陽聲的叫六律，陰聲的叫六吕。這裏的六律，既指律管，又指樂律。擢亂六律，即拔掉律管，使六律混亂。

⑨鑠（shuò），銷毀。竽（yú），笙一類的樂器。竽瑟，這裏泛指樂器。

⑩曠，人名，春秋晋平公時的著名樂師，又稱“師曠”。他是盲人，所以叫“瞽曠”。相傳他最會審音辨律。古人誤認爲盲人看不見是因爲眼睛被一層皮所蒙住，瞽即鼓皮，指蒙住眼睛的皮。

⑪含，保藏。聰，耳力。

⑫滅，消滅。文章，古代以青色和赤色相配合叫做“文”，以赤色和白色相配合叫做“章”。文章，這裏泛指文采。

⑬散五采，使五色各自分離（不相配合）。散，使動用法，使……分離。五采，五色。

⑭膠，黏住。離朱，一名離婁，相傳是古代眼力最好的人。

⑮明，眼力。

⑯鈎，木匠定曲綫的工具。繩，定直綫的工具，通過彈墨綫以確定直綫。

⑰規，定圓形的工具。矩，定方形的工具。

⑱攦（lì），折斷。倕（chuí），相傳是堯時候的巧匠，因爲是工匠，所以稱爲工倕。

⑲削，削除。曾，曾參。史，史鰌（qiū），字子魚，又稱史魚，是衛靈公時的直臣，臨死囑咐家人不要治喪正室，以尸諫，孔子稱贊他説：“直哉史魚。”

⑳鉗（qián），夾住。楊，楊朱，主張爲我。墨，墨翟，主張兼愛、非攻、尚賢、尚同。

㉑攘（rǎng），排除。

㉒玄，黑，幽暗；“幽”即“黝”，皆爲黑義。玄同，有混同的意思。

彼人含其明[①]，則天下不鑠矣[②]；人含其聰，則天下不累矣[③]；

人含其知，則天下不惑矣[4]；人含其德，則天下不僻矣[5]。彼曾、史、楊、墨、師曠、工倕、離朱，皆外立其德，而以爚亂天下者也[6]，法之所無用也[7]。

【注釋】

①人，指天下之人。下同。

②鑠，毀壞。

③人含其聰，則天下不累矣，意思是：人人都保有原本的聽覺，那麽天下就不會出現憂患。累，憂患。

④人含其知，則天下不惑矣，意思是：人人都保有原本的智巧，那麽天下就不會出現迷惑。知（zhì），智。

⑤僻，邪僻。

⑥外立其德，意思是在外界樹立他美好德行的名聲。爚（yuè），炫耀。爚亂，迷惑，迷亂。

⑦法之所無用也，這是聖智之法之所以没有用的道理。

百川灌河（秋水）

秋水時至，百川灌河[1]。涇流之大，兩涘渚崖之間[2]，不辯牛馬[3]。於是焉河伯欣然自喜[4]，以天下之美爲盡在己。順流而東行，至於北海；東面而視[5]，不見水端[6]。於是焉河伯始旋其面目[7]，望洋向若而嘆曰[8]："野語有之曰[9]，'聞道百，以爲莫己若'者[10]，我之謂也[11]。且夫我嘗聞少仲尼之聞，而輕伯夷之義者[12]，始吾弗信，今我睹子之難窮也[13]，吾非至於子之門，則殆矣[14]。吾長見笑於大方之家[15]。"

【注釋】

①時，按時（按季節）。河，黄河。

②涇（jīng），水流。涘（sì），河岸。渚（zhǔ），水中的小塊陸地。崖，高的河岸。

③辯，通“辨”，分辨。

④焉，語氣詞。河伯，河神，相傳姓馮（píng），名夷。欣然，高興的樣子。

⑤東面，面朝東。

⑥端，盡頭。不見水端，形容大海無邊無際。

⑦旋其面目，改變他洋洋自得的神態。旋，轉變。面目，神態，神情。(以前認爲天下的壯美都在自身，看到大海纔自愧不如，爲自己的無知自大而慚愧感嘆。)

⑧望洋向若而嘆，面朝大海嘆息。望洋，面向大海。“洋”與“夷”同源，“洋”是“夷”的陽聲韵，“東洋”就是“東夷”。若，海神的名字。

⑨野語，俗語。

⑩聞道百，以爲莫己若，意思是：聽到的道理多了，就自以爲没有人能趕得上自己。道，道理。百，泛指事物之多。莫己若，即莫若己，没有誰能比得上自己。若，像，比得上。

⑪我之謂也，説的就是我啊。“……之謂也”是總結性判斷的基本形式。“之”是動詞“謂”的賓語前置的標志，這種形式可以翻譯爲“説的就是……啊”或“這就叫……啊”。

⑫“且夫”兩句的意思是：我曾聽説有人小看孔子的學識，輕視伯夷的信義。少，意動用法，小看了，看低了。聞，指見聞，這裏是學問的意思。輕，意動用法，認爲……輕，輕視。

⑬難窮，没有窮盡，這裏是指大海的無邊無際。

⑭吾非至於子之門，則殆矣，意思是：〔假如〕我不是來到你的門前，就危險了。殆，危險。

⑮長，長久。見笑，被笑。大方之家，大道之家，指有很高的道德修養的人。

莊子釣於濮水（秋水）

莊子釣於濮水①，楚王使大夫二人往先焉②，曰："願以境内累矣③！"莊子持竿不顧曰④："吾聞楚有神龜，死已三千歲矣；王巾笥而藏之廟堂之上⑤。此龜者，寧其死爲留骨而貴乎⑥？寧其生而曳尾於塗中乎⑦？"二大夫曰："寧生而曳尾塗中。"莊子曰："往矣⑧，吾將曳尾於塗中。"

【注釋】

①濮水，水名，在今河南濮陽南。

②楚王，指楚威王。先，指先去表明楚王的意圖。

③願以境内累矣，〔楚王〕想勞煩您爲相來管理國家啊！境内，國境以内，這裏指整個國家。累，勞煩，委婉用語。

④顧，回頭看。

⑤王，楚王。巾，用巾蓋着。笥（sì），用竹箱裝着。"巾"與"笥"都是使動用法。廟堂，即宗廟。這句是説，楚王把神龜用巾蓋着裝進竹箱裏，保存在宗廟之内，以供占卜之用。

⑥寧，寧可。爲，介詞，爲了。

⑦曳，拖着。塗，淤泥。

⑧往矣，〔你們〕走吧！

惠子相梁（秋水）

惠子相梁[①]，莊子往見之。或謂惠子曰："莊子來，欲代子相。"於是惠子恐，搜於國中，三日三夜。莊子往見之，曰："南方有鳥，其名爲鵷鶵[②]，子知之乎？夫鵷鶵，發於南海[③]，而飛於北海；非梧桐不止[④]，非練實不食[⑤]，非醴泉不飲[⑥]。於是鴟得腐鼠[⑦]，鵷鶵過之，仰而視之曰：'嚇[⑧]！'今子欲以子之梁國而嚇我邪[⑨]？"

【注釋】

①相（xiàng），做宰相。梁，魏國定都在大梁（今河南開封），故稱梁。

②鵷（yuān）鶵（chú），鳳凰一類的鳥。

③發於南海，從南海出發。發，出發。

④止，停止，這裏指栖息。

⑤練實，楝樹的果實。

⑥醴，一種甜酒。醴泉，味道甘美如甜酒的泉水。

⑦於是，在這時。鴟（chī），鷂鷹。

⑧嚇，象聲詞，發怒聲。

⑨嚇，這裏用如動詞。

運斤成風（徐無鬼）

莊子送葬，過惠子之墓，顧謂從者曰："郢人堊慢其鼻端[①]，若蠅翼[②]。使匠石斫之[③]。匠石運斤成風[④]，聽而斫之[⑤]，盡堊而鼻不傷。郢人立不失容[⑥]。宋元君聞之[⑦]，召匠石曰："嘗試爲寡人爲之[8]。” 匠石曰：“臣則嘗能斫之，雖然，臣之質死久矣[9]！”自夫子之死也[10]，吾無以爲質矣，吾無與言之矣[11]！”

【注釋】

①郢（yǐng），春秋時楚國國都。楚國的都邑多次變動，都城都稱爲郢。郢人，也就是楚人。堊（è），刷墻的白土，這裏用如動詞，指用白土刷墻。慢，通“漫”，塗抹墻壁，這裏指誤塗。這句是說，郢人刷墻時，有一小點白泥飛落在鼻尖上。

②若蠅翼，〔鼻尖上的白泥〕像蒼蠅翅一樣薄。

③石，匠人的名字。斫（zhuó），砍。

④運，掄動。斤，一種像鋤頭的工具。運斤成風，指斤掄起來帶出了一股風，這裏極言揮斤時的迅猛。

⑤聽（舊讀 tìng），順，從，即隨心所欲的意思。

⑥不失容，指面不改色。

⑦宋元君，宋元公。

⑧嘗，試。

⑨質，源於“的”，箭靶。《晏子春秋·外篇第八》：“公射，出質，堂上唱善，若出一口。”（景公射箭，箭都超出了靶子，殿堂上的人都喝采稱贊，好像出自一人之口。）《荀子·勸學》：“是故質的張而弓矢至焉，林木茂而斧斤至焉。”（所以箭靶一旦張設，箭就會對着它射去；森林一旦繁茂，伐木者也就拿着斧頭來了。）這裏引申爲對象的意思，即指郢人。

⑩夫子，指惠施。

⑪吾無與言之矣，意思是說，〔自從惠子死後，〕就没有和我談論道理的人了。之，代詞，指莊子的理論。

曹商使秦（列禦寇）

宋人有曹商者，爲宋王使秦。其往也，得車數乘；王説之①，益車百乘②。反於宋③，見莊子曰："夫處窮閭阨巷④，困窘織屨⑤，槁項黄馘者⑥，商之所短也⑦；一悟萬乘之主而從車百乘者⑧，商之所長也。"莊子曰："秦王有病召醫：破癰潰痤者⑨，得車一乘；舐痔者⑩，得車五乘。所治愈下，得車愈多⑪。子豈治其痔邪？何得車之多也？子行矣⑫！"

【注釋】

①王，指秦王。説（yuè），悦。

②益，增加。

③反，返回，這個意義後來寫作"返"。

④窮閭（lǘ），貧窮簡陋的里巷。阨，通"隘"（ài），狹窄的。阨巷，狹窄的小巷子。

⑤窘，窮困。織屨（jù），打草鞋。

⑥槁，乾枯。項，脖子。馘（xù），這裏指臉。"馘"本義指古代戰爭中的一種計算軍功的方法，即割取敵人的左耳以計數自己所殺之敵，也指所割的左耳。這句是形容人面黄肌瘦的樣子。

⑦短，短處。

⑧一，一旦，一下子。悟，使動用法。萬乘之主，這裏指秦王。從，使動用法，能使百乘車隨從着。

⑨破、潰，都是使動用法。癰（yōng）、痤（cuó），化膿的瘡癤。

⑩舐（shì），舔。

⑪下，卑下。所做的越卑下，得車越多，由此類推，曹商得車百乘，

其行爲比舐痔更卑鄙。

⑫子行矣，等於説“去你的吧！”

文選：《荀子》

荀子（約公元313—前238年），名況，時人尊稱爲荀卿，戰國末期趙國人。荀子屬於儒家學派，同時集合各學派思想，是先秦時代百家争鳴中一位集大成者。荀子主張“禮法并施”，提出人定勝天的思想。與儒家性本善思想相對，提出性惡論，認爲人性需要通過後天環境和教育加以改造，并强調教師以身作則。《荀子》一書，現存三十二篇。其文章立論鮮明，結構嚴謹，説理透徹，邏輯嚴密，語言豐富多彩，有其獨特風格，素有“諸子大成”的美稱。

勸學（節録）①

君子曰：學不可以已②。青，取之於藍而青於藍③；冰，水爲之而寒於水。木直中繩④，輮以爲輪⑤，其曲中規⑥，雖有槁暴⑦，不復挺者⑧，輮使之然也⑨。故木受繩則直，金就礪則利⑩，君子博學而日參省乎己⑪，則知明而行無過矣⑫。故不登高山，不知天之高也；不臨深谿⑬，不知地之厚也；不聞先王之遺言⑭，不知學問之大也。干、越、夷、貉之子⑮，生而同聲⑯，長而异俗，教使之然也。

《詩》曰：“嗟爾君子⑰，無恒安息⑱。靖共爾位⑲，好是正直⑳。神之聽之㉑，介爾景福㉒。”神莫大於化道㉓，福莫長於無禍㉔。

【注釋】

①勸，鼓勵。這篇文章强調了學習的重要性，指出衹有善於利用外物并自强不息，纔能在學業上有杰出的成就。

②已，停止。

③青，黑色，比如青絲就是黑色的頭髮。這句是説，黑色是從藍色中提純出來的，比藍色顏色更深。

④木直中繩，原本的木材經過繩墨校正。中（zhòng），校正，符合。繩，指匠人用來取直的墨綫。

⑤輮（róu），通“煣”，用火熨木使彎曲。爲輪，做成輪子。

⑥其曲中規，〔輪子的〕彎曲弧度符合用圓規画出的圓。規，圓規，匠人用來取圓的工具。

⑦槁暴，通“歊暴”，木頭由於受潮曝曬而變形，即今所謂“翹（qiáo）了”。

⑧挺，直。

⑨然，這樣。

⑩金，指金屬製成的刀劍等。礪（lì），磨刀石。利，鋒利。

⑪博學，廣泛地學習。參，檢驗。省（xǐng），檢查。乎，於。

⑫知（zhì），智慧。行（舊讀 xìng），行爲。過，過失。

⑬谿，谷。

⑭先王，指古代的賢明君主。

⑮干，同“邗”，古國名，在今江蘇揚州東北，春秋時被吴國所滅而成爲吴邑，此指代吴國。越，針對中原而言，越即遠，此指越國（本義爲偏遠之國）。夷，即洋，東夷就是東洋，中國古代居住在東部的民族。貉，即貊（mò），源於“茫”，古代漢族稱北方少數民族的一種。

⑯生而同聲，剛生下來時啼哭的聲音是一樣的。

⑰嗟爾君子，你這個君子啊。嗟，感嘆詞。爾，你。

⑱無恒安息，不要總是貪圖安逸。無，通“毋”。恒，常，總是。息，歇息，轉指安逸。

⑲靖共爾位，安心地供奉你的職位。靖，通“静”。共，通“供”，供職。

⑳好是正直，愛好這正直的德行。好（hào），喜歡。

㉑神之聽之，天神知曉了這一切。神，指天神。第一個“之”是介詞。第二個“之”是代詞，指“靖共爾位，好是正直”。聽，等於説“知曉”。

㉒介爾景福，〔神會〕賜給你大福。介，給予。景，大。

㉓神莫大於化道，精神修養没有比受道德熏陶感染更大了（即受道德的熏陶就是最大的精神修養了）。神，是指精神修養。化，變化，起變化。道，指聖賢之道。化道，等於説“化於道”。

㉔福莫長於無禍，福分没有比無灾無禍更大的了（即無灾無禍就是最大的福分了）。長（cháng），大的意思。

吾嘗終日而思矣，不如須臾之所學也①；吾嘗跂而望矣②，不如登高之博見也③。登高而招④，臂非加長也，而見者遠⑤；順風而呼，聲非加疾也，而聞者彰⑥；假輿馬者，非利足也⑦，而致千里⑧；假舟檝者，非能水也⑨，而絶江河⑩。君子生非异也，善假於物也⑪。

【注釋】

①須臾，極短的時間。

②跂（qǐ），提起脚後跟。跂而望，踮起脚尖向遠處張望。

③博，廣。博見，見得廣。

④招，招手。

⑤見者遠，看見的人很遠，等於説人們在很遠的地方也可以看見。

⑥彰，清楚。

⑦假，憑藉。輿，車。利足，指善於走路。

⑧致，使……至。

⑨檝（jí），同“楫”，船槳。“檝”源於“咠”。能水，指能泅水，“水”用如動詞。

⑩絶，横渡。

⑪“君子”兩句的意思是：君子的資質秉性跟一般人没什麽不同，〔衹是君子〕善於藉助外物罷了。生，通“性”，資質秉性。

南方有鳥焉，名曰蒙鳩①，以羽爲巢，而編之以髮，繫之葦苕②。風至苕折，卵破子死。巢非不完也③，所繫者然也④。西方有木焉，名曰射干⑤，莖長四寸，生於高山之上，而臨百仞之淵。木莖非能長也，所立者然也。蓬生麻中⑥，不扶而直；白沙在涅，與之俱黑⑦。蘭槐之根是爲芷⑧，其漸之滫⑨，君子不近，庶人不服⑩。其質非不美也，所漸者然也。故君子居必擇鄉，游必就士⑪，所以防邪僻而近中正也。

【注釋】

①蒙鳩，又叫鷦（jiāo）鷯（liáo），也叫巧婦。

②苕（tiáo），蘆葦穗。

③巢非不完也，巢穴不是没有編織完整。完，完整。

④所繫者然也，等於説繫的處所使它這樣。

⑤射（yè）干，植物名，白花長莖，生於高地。

⑥蓬，草名。

⑦白沙在涅，與之俱黑，意思是：白沙混進黑泥裏，就都變成黑色了。涅（niè），黑泥。今本《荀子》没有這兩句，據王念孫説補。

⑧蘭槐，香草名。是，指示代詞，複指根。芷，香草。

⑨其，等於説“若”。漸（jiān），浸。之，指芷。滫（xiǔ），臭水，源於“溲”（小便）。漸之滫，等於説“漸之於滫”。

⑩不近，不接近（避之不及）。不服，不佩帶。早在先秦時期，香料就被广泛應用於中國古人的生活，從士大夫到普通百姓，都有隨身佩帶香囊和插戴香草的習慣。

⑪游，有目的的旅行。就，接近，這裏指結交。士，指賢士。

物類之起，必有所始①；榮辱之來，必象其德②。肉腐出蟲，魚枯生蠹；怠慢忘身，禍災乃作③。强自取柱，柔自取束④；邪穢在身，怨之所構⑤。施薪若一，火就燥也⑥；平地若一，水就濕也⑦。草木疇生，禽獸群焉⑧，物各從其類也。是故質的張而弓矢至焉⑨，林木茂而斧斤至焉，樹成陰而衆鳥息焉，醯酸而蜹聚焉⑩。故言有召禍也，行有招辱也。君子慎其所立乎⑪！

【注釋】

①這句是説，物類的興起，一定有它開始的原因。

②象，應，像。象其德，與其德行相應。

③忘身，指忘記了自身的利害。作，起。

④强自取柱，柔自取束，意思是：剛强的東西自己導致折斷，柔弱的東西自己導致約束。柱，通“祝”，這裏當“斷”講（取王引之説）。

⑤邪穢在身，怨之所構，意思是：自身邪惡不善，就會招致仇恨。怨，源自“彎”，仇恨。構，集結。《孟子·梁惠王上》：“構怨於諸侯。”(在諸侯間結下怨仇。)

⑥這兩句的大意是：把柴同樣地放在那裏，火總是向比較乾燥的柴燒去。施，鋪陳。若一，同樣。

⑦水就濕，指水向潮濕的地方流。

⑧疇（chóu），通“儔”，本義爲耕地，同品種的作物耕種在一起，轉指同類。疇生，同類的草木生長在一起。“群焉”應爲“群居”（依劉台拱説）。

⑨質，箭靶。的，箭靶正中的圓心。張，指張掛起來。

⑩醯（xī），醋。蜹（ruì），同“蚋”，蟲名，蚊類。

⑪立，指立身行事。

積土成山，風雨興焉①；積水成淵，蛟龍生焉②；積善成德，而神明自得③，聖心備焉④。故不積蹞步，無以至千里⑤；不積小流，無以成江海。騏驥一躍⑥，不能十步；駑馬十駕⑦，功在不舍⑧。鍥而舍之⑨，朽木不折；鍥而不舍，金石可鏤⑩。螾無爪牙之利⑪，筋骨之强，上食埃土，下飲黄泉，用心一也⑫。蟹六跪而二螯⑬，非蛇蟺之穴無可寄托者⑭，用心躁也⑮。是故無冥冥之志者，無昭昭之明；無惛惛之事者，無赫赫之功⑯。行衢道者不至⑰，事兩君者不容⑱。目不能兩視而明⑲，耳不能兩聽而聰⑳。螣蛇無足而飛㉑，梧鼠五技而窮㉒。《詩》曰㉓：“尸鳩在桑，其子七兮㉔。淑人君子㉕，其儀一兮㉖。其儀一兮，心如結兮㉗。”故君子結於一也㉘。

【注釋】

①這句的意思是：積土成山，就能在那裏産生風雨。

②蛟，古代傳説中能發洪水的一種龍。

③而，連詞，這裏當“則”字講。神明，指人的智慧。得，獲得。

④聖心，聖人的思想。備，具備。

⑤蹞，同“跬”（kuǐ），半步。同“潰”，一個缺口，堤壩潰了，即堤壩出現了一個缺口；人邁出一步，腿部形成一個缺口。不積跬步，無以至千里，即至千里是由每一步的積纍完成的。按：古人以再舉足爲步，所謂蹞（跬），等於今天的一步。

⑥騏驥，良馬名。

⑦駑馬，并非劣馬，而是缺少暴發力但有忍性的馬，一般選來拉馬車。十駕，馬拉車一天叫一駕，十駕也就是積十天的路程。

⑧功，成績，指至千里。不舍（shě），不止，這裏指不停止前進。

⑨鍥（qiè），雕刻。

⑩鏤（lòu），有解釋爲雕刻，不確，這裏應是指穿洞。

⑪螾，同“蚓”，蚯蚓。

⑫用心一也，這是用心專一〔的緣故〕。

⑬跪，脚。“六跪”應當是“八跪”之誤（依盧文弨説）。蟹的八條短足是扁的，用來劃水和行走。螯（áo），節足動物前面的鉗夹。

⑭蟺，通“鱔”，源於“旋”。

⑮躁，浮躁，不專一。

⑯冥冥，昏暗不明的樣子，冥即黑。冥冥之志，這裏指精誠專一的精神。昭昭，明顯的樣子。昭昭之明，指智慧豁然貫通。惛惛，略等於冥冥。惛惛之事，指默默無聞的工作。赫赫，略等於昭昭。赫赫之功，指出類拔萃的事業。

⑰衢道，歧路。

⑱不容，不被雙方所寬容。

⑲兩視，同時看兩樣東西。明，看得清楚。

⑳聽，聽得清楚。

㉑螣（téng）蛇，龍類，能興雲霧而游於空中。

㉒“梧”當爲“鼫”（shí）（依楊倞説）。鼫鼠，形狀像兔子。技，技能。據説這種鼠“能飛不能上屋，能緣（爬樹）不能窮木（爬到樹頂），能游不能渡谷，能穴（挖洞）不能掩身，能走不能先人”，所以説“五技而窮”。梧鼠五技，比喻才能雖多而不精，於事無益。

㉓見《詩經·曹風·鳲鳩》。

㉔尸鳩，布穀鳥。毛傳：“鳲鳩之養其子，朝從上下，莫（暮）從下上，平均如一。”這是説鳲鳩喂小鳥，平均對待，始終如一。

㉕淑人，善良的人。

㉖儀，儀表，態度。其儀一，態度始終不變。

㉗如結，像東西凝結在一起不散，比喻專心。

㉘故君子結於一也，是説君子爲學或做工作都應當把精神集中在一點上。

文選：《吕氏春秋》

《吕氏春秋》又稱《吕覽》，由戰國末年秦相國吕不韋及其門客共同編撰完成。全書分十二紀、八覽、六論，現存一百六十篇。《吕氏春秋》是中國歷史上第一部有組織編寫的文集，以道家思想爲基調，堅持無爲而治的行爲準則，用儒家倫理定位價值尺度，吸收墨家的公正觀念、法家的治國技巧，加上兵家的權謀變化和農家的地利追求，形成一套完整的國家治理學説。由於是集體著述，集各家精華糟粕，所以從東漢班固起，都把《吕氏春秋》列爲雜家著作。

察　傳①

夫得言不可以不察②，數傳而白爲黑，黑爲白。故狗似玃③，玃似母猴④，母猴似人，人之與狗則遠矣。此愚者之所以大過也⑤。

聞而審⑥，則爲福矣；聞而不審，不若無聞矣。齊桓公聞管子於鮑叔⑦，楚莊聞孫叔敖於沈尹筮⑧，審之也，故國霸諸侯也。吴王聞越王勾踐於太宰嚭⑨，智伯聞趙襄子於張武⑩，不審也，故國亡身死也。

【注釋】

①察，審察。傳（chuán），傳聞。

②得，應作“傳”（依王念孫説）。

③玃（jué），源於“據”，大母猴。

④母猴，“母”“沐”“獼”皆爲“毛”的音轉，即毛猴。“沐猴而冠”即毛猴子戴帽子，不是人。

⑤過，用如動詞，指犯錯誤。

⑥而，假設連詞，等於説“如果”。審，審察。

⑦管子，即管仲。鮑叔，即鮑叔牙。

⑧楚莊，楚莊王。孫叔敖，見《孟子·告子下》選文《舜發於畎畝之中》注。沈尹筮（shì），楚國大夫，名筮，“沈”是邑名，“尹”是官名。

沈尹筮把孫叔敖推薦給了楚莊王。

⑨太宰，官名。嚭（pǐ），伯嚭，春秋時吴國人。吴國打敗越國後，越王勾踐賄賂伯嚭，請他勸説吴王接受越國的求和，吴王聽了伯嚭的話。後來勾踐發憤圖强，終於滅了吴國。

⑩智伯，名瑶，晋哀公時的權臣，和韓趙魏并稱爲晋國的四大家。趙襄子，名無恤，晋卿。張武，智伯的家臣，他勸説智伯糾合韓魏，把趙襄子圍在晋陽，後來趙襄子用張孟談計，暗地聯合韓魏，滅了智伯。

凡聞言必熟論[①]，其於人必驗之以理。魯哀公問於孔子曰："樂正夔一足[②]，信乎？"孔子曰："昔者舜欲以樂傳教於天下，乃令重黎舉夔於草莽之中而進之[③]，舜以爲樂正。夔於是正六律[④]，和五聲[⑤]，以通八風[⑥]，而天下大服。重黎又欲益求人[⑦]，舜曰：'夫樂，天地之精也[⑧]，得失之節也[⑨]。故唯聖人爲能和，樂之本也[⑩]。夔能和之，以平天下[⑪]，若夔者一而足矣[⑫]。'故曰'夔一足'，非'一足'也。"宋之丁氏，家無井，而出溉汲[⑬]，常一人居外[⑭]。及其家穿井，告人曰："吾穿井得一人。"有聞而傳之者曰："丁氏穿井得一人。"國人道之，聞之於宋君[⑮]。宋君令人問之於丁氏，丁氏對曰："得一人之使[⑯]，非得一人於井中也。"求聞之若此，不若無聞也。

子夏之晋，過衛，有讀史記者曰[⑰]："晋師三豕涉河[⑱]。"子夏曰："非也，是己亥也[⑲]。夫己與三相近，豕與亥相似。"至於晋而問之，則曰，晋師己亥涉河也。

【注釋】

①熟，深透。

②樂正，春秋戰國樂官之長。夔（kuí），人名，相傳爲舜臣，掌管音樂。

③重黎，人名，相傳爲顓頊的後代，堯的掌管時令的官，後爲舜臣。草莽，指民間。

④六律，見《莊子·胠篋》選文注。

⑤五聲，即宫、商、角、徵（zhǐ）、羽五音。

⑥通，調和。八風，八方的風，又叫八卦之風，這裏指陰陽之氣。

⑦益求人，多找些像夔這樣的人。

⑧精，精華。

⑨節，這裏有關鍵的意思。古人很重視音樂，認爲音樂的興廢是一個國家治亂的關鍵。

⑩據許維遹的説法，這句當增一“和”字，應該是“故唯聖人爲能和；和，樂之本也”。大意是：祇有聖人纔能做到和，而和是音樂中最根本的東西。

⑪平，使動用法，使……安定。

⑫若夔者一而足矣，像夔這樣的人，有一個就够了。

⑬出，出門。溉，灌，澆。汲，從井中打水。溉汲，是打水澆灌。

⑭常一人居外，意思是常常派一人住在外面，專管打水。

⑮聞，使動用法。

⑯使，使用。這句的意思是，現在家裏有了井，無須專派一人住在外面打水，等於多了一人使用。

⑰史記，記載歷史的書。

⑱涉河，渡過黄河。

⑲己亥，干支紀日。

辭多類非而是，多類是而非①，是非之經②，不可不分，此聖人之所慎也。然則何以慎？緣物之情及人之情，以爲所聞，則得之矣③。

【注釋】

①辭多類非而是，多類是而非，意思是：言辭很多是似非而是，似是而非。類，像。

②經，界，界綫。

③“緣物”幾句的意思是：遵循着事物的規律和人的情理，用這種方法來審察自己所聽到的傳聞，就可以得到真實的情况。緣，循着，順着。爲，這裏指審察。

文選：《韓非子》

韓非（約公元前280—前233年），又稱韓非子，戰國末期韓國新鄭人。中國古代思想家、散文家，法家學派代表人物。韓非繼承和發展了荀子的法術思想，是法家思想之集大成者，其學説一直是中國封建王朝統治者治國的思想基礎。他對商鞅的嚴刑峻法思想、申不害的“術”治觀念、慎到的“勢”治學説都有批判地繼承。韓非的政治理想是建立一個集中大統的君主集權的封建國家，其著作《韓非子》形成了以法爲中心的法、術、勢相結合的政治思想體系。韓非提出的“世异則事异”“事异則備變”爲推行變法和法治提供了理論基礎。他反對以血統爲中心的等級制度；反對“用人唯親”，提倡“用人唯賢”；反對儒家的“禮治”，提倡“法治”。韓非的文章説理精密，文風犀利，藴含深刻的哲理，在先秦諸子散文中頗具特色。《韓非子》現存五十五篇，其中《五蠹》是最有代表性的一篇作品，比較全面地反映了韓非的社會历史觀和政治主張。

五蠹（節録）①

儒以文亂法②，俠以武犯禁③，而人主兼禮之④，此所以亂也。夫離法者罪⑤，而諸先生以文學取⑥；犯禁者誅，而群俠以私劍養⑦。故法之所非，君之所取；吏之所誅，上之所養也。法趣上下，四相反也，而無所定⑧。雖有十黄帝⑨，不能治也。故行仁義者非所譽⑩，譽之則害功⑪；工文學者非所用⑫，用之則亂法。楚之有直躬⑬，其父竊羊而謁之吏⑭。令尹曰："殺之⑮。"以爲直於君而曲於父⑯，報而罪之⑰。以是觀之，夫君之直臣，父之暴子也⑱。魯人從君戰，三戰三北⑲，仲尼問其故，對曰："吾有老父，身死莫之養也。"仲尼以爲孝，舉而上之⑳。以是觀之，夫父之孝子，君之背臣也㉑。故令尹誅而楚姦不上聞㉒，仲尼賞而魯民易降北，上下之利，若是其异也。而人主兼舉匹夫之行㉓，而求致社稷之福，必不幾矣㉔。

【注釋】

①蠹（dù），蛀蟲。韓非認爲儒者、游俠、縱横家、患御者（國君的近臣）、商工之民都是對國家有害的人，合稱"五蠹"。他在斥責"五蠹"的同時，還抨擊了時政，提出了重農尚武、以法治國的主張。這篇文章是韓非闡發自己法家思想的代表作。

②儒，儒家。文，指古代文獻經典及與國家律法相對的禮樂。法，源於"范"，大批量製作物品時所使用的模具，出品即標準化，整齊劃一，故法家以其命名。

③俠，游俠。古代稱那些抑强扶弱、見義勇爲、解人之困的人爲俠，這種人大多没有固定的生計，故又稱游俠。禁，禁令。

④人主，指國君。兼禮之，都以禮對待他們。

⑤離，通“罹”(lí)，遭受，這裏指觸犯。罪，治罪。

⑥諸先生，指上文所謂“儒”。文學，與上文的“文”同義。取，被録用，被任用。

⑦以私劍養，意思是靠着行刺的行徑被養。私劍，權貴私家豢養的劍客，這裏指行刺的行爲。

⑧法，指法之所非。趣，通“取”，指君之所取。上，指上之所養。下，指吏之所誅。定，確定的標準。這是説“法趣上下”這四種情況自相矛盾而没有一定的標準。

⑨黄帝，軒轅氏，傳説中遠古時代的賢明的君主。

⑩非所譽，不是〔應當〕稱譽的人。

⑪功，指耕戰之事。害功，對耕戰之事有害。

⑫工，擅長，精通。

⑬直躬，直身而行的人，指品行端正的人。

⑭謁之吏，向官吏告發這件事。謁，告發。《韓非子·八經之立道》：“其徵在比周而賞异也，誅毋謁而罪同。”(臣下有緊密勾結的迹象，君主就獎賞那些與之離异的人；臣下知道奸情而不告發，君主就將他和壞人治同樣的罪。)

⑮令尹，楚官職名，相當於後代的宰相。之，指直躬。

⑯以爲直於君而曲於父，認爲他對君王忠心，對父親却不孝。曲，不直，這裏指不孝。

⑰報，判决。罪，治罪。

⑱暴，下凌上叫暴，這裏指不孝。

⑲北，敗走。“北”通“背”，戰敗之人逃跑都是後背朝着追兵。

⑳舉，舉薦。上，用如動詞。上之，使之上，等於説置之上位。

㉑背臣，叛臣。

㉒楚奸，楚國壞人的犯罪行爲。上聞，向上報告使國君瞭解。聞，使動用法。

㉓舉，指稱贊。

㉔幾，庶幾，希望。

古者蒼頡之作書也[1]，自環者謂之“私”[2]，背私謂之“公”[3]。公私之相背也，乃蒼頡固以知之矣[4]。今以爲同利者，不察之患也[5]。然則爲匹夫計者[6]，莫如脩行義而習文學[7]。行義脩則見信，見信則受事[8]；文學習則爲明師，爲明師則顯榮[9]。此匹夫之美也。然則無功而受事，無爵而顯榮，有政如此，則國必亂，主必危矣。故不相容之事，不兩立也[10]。斬敵者受賞，而高慈惠之行[11]；拔城者受爵禄，而信廉愛之説[12]；堅甲厲兵以備難[13]，而美薦紳之飾[14]；富國以農，距敵恃卒[15]，而貴文學之士；廢敬上畏法之民，而養游俠私劍之屬[16]：舉行如此[17]，治强不可得也[18]。國平養儒俠[19]，難至用介士[20]，所利非所用，所用非所利[21]。是故服事者簡其業[22]，而游學者日衆，是世之所以亂也。

【注釋】

①蒼頡，相傳爲黄帝的史官，據説我國文字是由他創造的（其實文字是人民群衆的創造）。書，指文字。

②自環，自繞。私，盧文弨曰：“‘私’當作‘厶’。”“厶”的古文寫作“”，像繞着自己的字體旋轉，所以説“自環者謂之私”。

③公，從“八”從“厶”，“八”有相違背的意思，違背私利，也就是公。

④固，本來。以，通“已”。

⑤今以爲同利者，不察之患也，意思是：現在認爲公私利益一致，那是没有經過仔細考察的過錯。同利，指公私的利益相同。患，源於“過”，過錯。《莊子·德充符》:“子不謹，前既犯患若是矣。”(你極不謹慎，早先犯了過錯纔留下如此的後果。)

⑥匹夫，個人。計，計劃，考慮。者，語氣詞。

⑦行，當作“仁”，下句“行義脩”的“行”同此(依王先慎説)。

⑧見信，受到〔國君的〕信任。受事，接受〔國君委任的〕工作。

⑨顯榮，顯貴榮耀。

⑩兩立，并存。

⑪高，意動用法，以……爲高，即推崇。慈惠，仁愛，儒家的主張。

⑫拔，指攻陷。廉愛，太田方認爲“廉”當作“兼”，兼愛，墨家的觀點。

⑬堅，堅固，使動用法。甲，甲胄。厲，通“礪”，磨。備，防備。難，突發的禍患(多指戰争)。

⑭美，意動用法，以……爲美。薦，通“搢”(jìn)，插的意思。紳，衣帶。古代大臣要插笏(音 hù，大臣朝見君王時所拿的手板，用來寫提示及記事)於衣帶間，所以古時稱官員爲薦紳(搢紳)。本文指儒者的裝束。

⑮距，通“拒”，抵御。恃，依靠。

⑯廢，指弃而不用。屬，類。

⑰舉行，等於説措施。

⑱治，和“亂”相對，指國家太平。强，强盛。

⑲平，太平。

⑳介士，即甲士。

㉑所利非所用，所用非所利，大意是：國家給以利益的人不是國家要用的人，國家要用的人却得不到國家的利益。

㉒服事，即服役。服事者，士兵及從事勞動的人。簡，這裏有怠慢、荒廢的意思。

今境内之民皆言治，藏商、管之法者家有之①，而國愈貧；言耕者衆，執耒者寡也②。境内皆言兵，藏孫、吴之書者家有之③，而兵愈弱；言戰者多，被甲者少也④。故明主用其力，不聽其言⑤；賞其功⑥，必禁無用⑦；故民盡死力以從其上。夫耕之用力也勞，而民爲之者，曰：可得以富也⑧。戰之爲事也危，而民爲之者，曰：可得以貴也。今修文學，習言談，則無耕之勞而有富之實，無戰之危而有貴之尊，則人孰不爲也？是以百人事智而一人用力⑨。事智者衆，則法敗；用力者寡，則國貧。此世之所以亂也。故明主之國，無書簡之文⑩，以法爲教；無先王之語⑪，以吏爲師；無私劍之捍⑫，以斬首爲勇。是境内之民，其言談者必軌於法⑬，動作者歸之於功⑭，爲勇者盡之於軍⑮。是故無事則國富⑯，有事則兵强，此之謂王資⑰。既畜王資而承敵國之亹⑱，超五帝侔三王者⑲，必此法也。

【注釋】

①皆言治，都在談論治理國家的事。商，商鞅，秦孝公之相。管，管仲。法，指有關法令方面的書。家，每家。

②耒（lěi），犁，這裏泛指農具。執耒者，從事農耕的人。

③皆言兵，都在談論軍事戰術。孫，孫武，春秋時吴國人，或指戰國時齊國的孫臏。吴，吴起，先爲魏文侯將，後爲楚悼王相。他們都是有名的軍事家。

④言戰，談論軍事策略。被，通“披”。被甲，指參加戰鬥。

⑤明主用其力，不聽其言，即明主用人的力，不聽人的空言。兩個“其”字都是泛指。

⑥其，也是泛指。

⑦無用，指對國家没有用處的儒家和游俠的活動。

⑧以富，憑藉〔耕種〕富足起來。

⑨事智，從事智力活動，指“修文學，習言談”。用力，指從事耕戰等體力勞動。

⑩書簡，就是書籍。書簡之文，就是上文所謂文學。

⑪先王之語，古聖王的遺言遺教。

⑫捍，通“扞”，干犯，即指上文“俠以武犯禁”。

⑬軌，用如動詞，這裏有“遵循”的意思。

⑭動作者，指勞動人民。歸，使動用法。功，指農耕之事。歸之於功，都去從事耕作。

⑮盡之於軍，使他們全部到軍隊中去服務。

⑯無事，無戰事，指國家太平。

⑰資，等於説資本。王資，建立王業的資本，這是比喻。

⑱畜，通“蓄”。承，通“乘”，指趁機會。舋（xìn），即“釁”，縫隙，這裏引申爲破綻、弱點的意思。

⑲侔（móu），相等。五帝，説法不一，一般指黄帝、顓頊、帝嚳、堯、舜。三王，一般指夏禹、商湯、周文王。

今則不然。士民縱恣於内[①]，言談者爲勢於外[②]。外内稱惡[③]，以待强敵，不亦殆乎？故群臣之言外事者，非有分於從衡之黨，則有仇讎之患，而借力於國也[④]。從者，合衆弱以攻一强也；而衡者，事一强以攻衆弱也。皆非所以持國也[⑤]。今人臣之言衡者，皆曰："不事大[6]，則遇敵受禍矣！"事大未必有實[7]，則舉圖而委[8]，效璽而請兵矣[9]。獻圖則地削，效璽則名卑。地削則國削，名卑則政亂矣。事大爲衡，未見其利也，而亡地亂政矣。人臣之言從者，皆曰："不救小而伐大，則失天下[10]，失天下則國危，國危而主卑。"救小未必有實，則起兵而敵大矣。救小未必能存，而交大未必不有疏[11]，有疏則爲强國制矣。出兵則軍敗，退守則城拔。救小爲從，未見其利，而亡地敗軍矣。

【注釋】

①士民，指儒士，游俠。縱，放肆。恣，驕横。内，指國内。

②言談者，指縱横家。爲勢於外，指藉國外的力量形成自己的權勢。外，指國外。

③稱，舉，施行。

④"故群臣"幾句，大意是群臣中向國君談論外交事務的人，不是屬於合縱家或連横家一黨，就是個人有仇怨，而想藉國家的力量報私仇。外事，外交事務。分，指分屬。從，通"縱"，即合縱。戰國時蘇秦倡合縱之説，説服六國共同對秦。衡，通"横"，即連横。爲了對付合縱，張儀倡連横之説，即秦分别與六國結成聯盟以便各個擊破的策略。患，一本作"忠"。讎（chóu），言相讎對也。

⑤持國，保持住國家，保全國家。

⑥事大，事奉大國。

⑦實，指實際行動。"未"是衍文，下文"救小未必有實"中的"未"同此（依俞樾説）。

⑧圖，地圖。委，交付。

⑨效，這裏是獻出的意思。《左傳》："司城蕩意諸來奔，效節于府人

而出。”《史記》：“异日韓王納地效璽。”璽，國君的印。請，指請求大國發落。“兵”字是衍文（依俞樾説）。

⑩失天下，指失去天下人的信任。

⑪王渭認爲“交”當作“敵”。以“敵”爲是。這兩句大意是：援救小國未必能使它得到保存，而以大國爲敵，未必不會有疏忽。

是故事强，則以外權市官於内①；救小，則以内重求利於外②，國利未立，封土厚禄至矣；主上雖卑，人臣尊矣；國地雖削，私家富矣。事成則以權長重③，事敗則以富退處④。人主之聽説於其臣，事未成則爵禄已尊矣，事敗而弗誅，則游説之士，孰不爲用矰繳之説⑤，而徼倖其後⑥？故破國亡主，以聽言談者之浮説，此其故何也⑦？是人君不明乎公私之利，不察當否之言⑧，而誅罰不必其後也⑨。皆曰：“外事，大可以王，小可以安⑩。”夫王者，能攻人者也，而安則不可攻也；强則能攻人者也，治則不可攻也。治强不可責於外，内政之有也⑪。今不行法術於内，而事智於外，則不至於治强矣⑫。

【注釋】

①外權，國外的權勢。市，買。市官，指獲得官職。内，指國内。

②重，指權勢。内重，指國内的權勢。外，指國外。

③以權長重，指縱横家憑藉權勢在國内得到長期重用。

④退處，指隱居。

⑤“人主之聽説”幾句的大意是：説服君主采用這些策略，策略還没有成功就可以獲取功名厚禄，策略失敗了也不會被誅殺，那這些游説的人哪一個不用這種投機的説法呢。矰，繫生絲繩以射鳥的短箭。繳，繫在箭

上的生絲繩，箭射出去，可以收綫帶回箭頭和獵物。矰繳，射出去，再把箭收回來，射中了即可收獲，即使没射中，箭還能回收，自己也没有什麽損失。本句以矰繳借喻衹有收益没有損失的投機之事。矰繳之説，指投機的言辭。

⑥這句是説，以連横合縱的策略説服君王之後，可以意外地得到好處。徼倖，即僥幸。《禮記・中庸》："君子居易以俟（sì）命，小人行險以徼幸。"（品德高尚的人安於自己的地位等候天命的到來，無德奸詐的人則冒險求得本不應該獲取的東西。）其後，指以連横合縱的策略説服君王之後。

⑦"故破國亡主"幾句的意思是：所以國家破滅、君主死亡都是因爲聽信了那些縱横家的誇誇其談，其中的緣故是什麽呢？以，因爲。浮説，不實之辭，浮誇、誇大之辭。

⑧當（dàng），適當。否，這裏指不適當。

⑨這句的意思是：在采用縱横家策略事敗以後没有堅决給他們懲罰。必，一定，有堅决執行的意思。不必其後，等於説"不必於其後"。

⑩"外事"幾句的意思是：外交事務，收效大的可以稱王天下，收效小的可以安定國家。外事，外交活動。王（wàng），統一天下。"大""小"都指外交活動的效果。

⑪"夫王者"幾句的意思是：那稱王天下的，是指能進攻别人的，而國家安定就不可能被進攻；强大，那麽就能進攻别人，治理有道就不可能被進攻。國家的安定强大不可以求助於外交，從治理好内政中取得。安，國家安定。責，求助。外，這裏指外交活動。有，取。内政之有，從内政中取得。

⑫事智於外，在外交上費心機。至，達到。治强，國治兵强。下文有删節。

夫明王治國之政，使其商工游食之民少而名卑[①]。以寡趣本務而趨末作[②]，今世近習之請行[③]，則官爵可買；官爵可買，則商工不卑也矣。奸財貨賈得用於市[④]，則商人不少矣。聚斂倍農[⑤]，而致尊過耕戰之士[⑥]，則耿介之士寡[⑦]，而高價之民多矣[⑧]。

【注釋】

①游食之民，不以務農爲業的人（務農者以在固定的土地上耕種勞作獲取生計），如商賈、工匠等。

②以寡趣本務而趨末作，因爲人們很少去從事務本的農耕而都趨向被視爲末端卑下的行業（工商業等）。趣，通“趨”。本務，根本的事務，指農業。末作，古人把農視爲本，相對於農，其餘行業都被鄙視爲末，比如工商等。

③今世近習之請行，現在社會上有向君主的親信請托的事情發生。近習，指國君親信寵愛的人。請，請托。行，實行，發生。

④貨賈（gǔ），指投機的商業活動。用，這裏有施行的意思。

⑤聚斂倍農，這是説商人聚積的錢財比農民的收入要多一倍。

⑥致尊，指得到社會的尊重。過，超過。

⑦耿介，光明正大。

⑧高價，或爲“商賈”之形訛。

是故亂國之俗：其學者，則稱先王之道以籍仁義[①]，盛容服而飾辯説[②]，以疑當世之法[③]，而貳人主之心[④]。其言古者[⑤]，爲設詐稱[⑥]，借於外力，以成其私[⑦]，而遺社稷之利[⑧]。其帶劍者，聚徒屬立節操以顯其名[⑨]，而犯五官之禁[⑩]。其患御者[⑪]，積於私門[⑫]，盡貨賂[⑬]，而用重人之謁[⑭]，退汗馬之勞[⑮]。其商工之民，修治苦窳之器[16]，聚沸靡之財[17]，蓄積待時[18]，而侔農夫之利[19]。此五者，邦之蠹也。人主不除此五蠹之民，不養耿介之士，則海内雖有破亡之國，削滅之朝[20]，亦勿怪矣。

【注釋】

①這幾句的意思是：因此，造成國家混亂的風氣是：那些儒家（前文所指）等，憑藉仁義説教來稱頌先王之道。以，而。籍，通“藉”，憑藉。籍仁義，指憑藉仁義進行説教。

②盛，整齊華美。盛容服，指講究容貌服裝。飾辯説，修飾巧辯言辭。

③以疑當世之法，用以擾亂當今的法令。疑，惑亂。

④貳人主之心，動摇君主以法治國的决心。貳，不專一，這裏是使動用法。

⑤古，當爲“談”（依顧廣圻説）。

⑥爲，通“僞”。爲設，虚構事實。詐稱，編造謊言。

⑦私，指個人利益。

⑧遺，丢掉，抛弃。

⑨徒屬，黨徒。以顯其名，以圖顯身揚名。

⑩五官，指司徒、司馬、司空、司士、司寇。五官之禁，泛指國家的禁令。

⑪患御，那些害怕服兵役的人。

⑫私門，指貴族世卿之門。

⑬盡貨賂，竭力用財物賄賂。盡，竭力。貨，財物。賂，賄賂。

⑭用，采用，接受。重人，指有權勢的重要人物。謁，請托。

⑮汗馬之勞，指服役。

⑯苦，粗劣。窳（yǔ），同指粗劣。

⑰聚沸靡之財，指商人工匠積聚了許多供人揮霍的財物。沸靡，奢侈揮霍。

⑱蓄積待時，意爲囤積貨物，等待時機。

⑲侔，通“牟”，謀取。

⑳削滅，被動用法。朝，朝廷。

第六單元

文選：其他

聲聲慢

李清照

尋尋覓覓[①]，冷冷清清，淒淒慘慘戚戚[②]。
乍暖還寒時候[③]，最難將息[④]。
三杯兩盞淡酒，怎敵他、晚來風急[⑤]？
雁過也，正傷心，却是舊時相識[⑥]。
滿地黃花堆積，憔悴損[⑦]，如今有誰堪摘[⑧]？
守着窗兒[⑨]，獨自怎生得黑[⑩]？
梧桐更兼細雨，到黃昏、點點滴滴。
這次第，怎一個愁字了得[⑪]！

【注釋】

①尋尋覓覓，意謂想把失去的一切都找回來，表現非常空虛悵惘、迷茫失落的心態。

②冷冷清清，“清”源於“凊”，冷的意思。先秦時期冷還都說“凊”。《禮記·曲禮上》：“凡爲人子之禮，冬温而夏凊，昏定而晨省。”後字混成“清”。到近代北方話裏連“凊”都改說“冷”或“凉”，衹有福州語系“冷”和“凉”都說“凊”，如今旦野凊（今天很冷）；糜凊去（粥凉了）。“清”爲什麽和“貧”連用成“清貧”呢？貧窮的人穿不暖，一天甚至衹生一次竈火，身體當然感覺冷；况且窮在閙市無人問，家裏當然是冷冷清清的。因此，貧窮的讀書人就叫“寒士”。李清照《聲聲慢》裏的“冷冷清清”不是形容貧窮，而是孤寂。凄凄慘慘戚戚，有譯者譯爲“滿心凄慘悲戚”，不妥。看起來字字都有着落，但是意思不對。這裏的“凄”不是凄慘的意思。“凄”源於“刺”，尖物刺心，當然心痛。上面的“凊”表示冷，是冷的感覺，如尖物刺皮膚。蘇軾懷念他妻子王氏的詞《江城子》（乙卯正月二十日夜記夢）：“十年生死兩茫茫，不思量，自難忘。千里孤墳，無處話凄凉。縱使相逢應不識，塵滿面、鬢如霜。”這裏的“凄”和“凉”都是表悲痛，表示悲痛的“凄”源於“刺”，刺心的痛；“凉”源於“戮”，冷的感覺也像針刺皮膚，所以有寒風刺骨的說法。李清照《聲聲慢》裏的“凄”是“凊”的陰聲音韵。“慘”源於“尖”，於是“慘”也用來表示冷。《素問·六元正紀大論》：“五之氣，慘令已行。”張衡《西京賦》：“在陰時則慘。”“戚”是“凊”的入聲韵。所以“凄凄慘慘戚戚”都是“凊”的意思，也是冷清的意思。李清照雖遭喪夫，後又受商人騙，她還能三杯兩盞淡酒以暖身，以將養身體，可見生活上并不凄慘，最難受的是獨自過居士生活，孤寂難耐。

③乍暖還（huán）寒，指的是秋天的天氣，忽然變暖，又轉寒冷。

④將息，舊時方言，休養調理之意。今普通話裏没有“將息”。福州話說“將養”。息，本義是鼻孔出氣，“生”是它的陽聲韵同源詞。這裏“息”是蓄養。《荀子·大略》：“有國之君不息牛羊，錯質之臣不息鷄豚。”動物下仔，北方說“將”，比如“將三隻羊羔”。“將”是“生”的

塞擦音。“養”在福州話裏帶s聲母。這樣，“養”與“生”同源。“最難將息”用現在的話説就是“最難保養”。

⑤敵，對付，抵擋。晚，一本作“曉”。

⑥雁是最忠貞的，一隻死了，另一隻終生不配，孤雁祇能夜夜守夜。李清照看到雁飛過，内心傷痛不已。那一隻孤雁的伴兒正是李清照自己。

⑦損，表示程度極高。

⑧堪，可。

⑨守着窗兒，倚在窗臺。這裏的“守”是依、靠的意思。《漢書·嚴助傳》：“民得夫婦相守，父子相保。”“夫婦相守”即夫婦相依爲命。《水滸全傳》第十八回：“自和他父親宋太公在村中務農，守些田園過活。”“守着田園過活”即依靠田園生活。着，在的意思。

⑩怎生，怎樣，怎麽。生，語助詞。我們今天已不説“怎生”。“這樣”“那樣”，福州一直到潮州有説“這勢”“許勢”。“生”是“勢”（音近“死”）的諱語。得，是到的意思。怎生得黑，即怎麽挨到天黑？（孤寂中時光極難熬。）

⑪“梧桐更兼細雨”至“怎一個愁字了得”，暗用白居易《長恨歌》“秋雨梧桐葉落時”詩意。鳳凰非楝實不吃，非梧桐不止。屋裏孤寂一人，窗外綿綿細雨，連走出去一步都不能。走也不是，站也不是，這心情，難道用一個愁字就能表達得了嗎？

孔雀東南飛

《孔雀東南飛》是中國文學史上第一部長篇叙事詩，也是樂府詩發展史上的高峰之作，後人盛稱它與北朝的《木蘭詩》爲“樂府雙璧”。

《孔雀東南飛》取材於東漢獻帝年間發生在廬江郡（今安徽懷寧、潛山一帶）的一樁婚姻悲劇。原題爲《古詩爲焦仲卿妻作》，因詩的首句爲“孔雀東南飛，五里一徘徊”，故又有此名。全詩350餘句，1700餘字。主要講述了焦仲卿、劉蘭芝夫婦被迫分離并雙雙自殺的故事，控訴了封建禮教的殘酷無情，歌頌了焦劉夫婦的真摯感情和反抗精神。

作爲中國古代文學史上第一首長篇叙事詩，《孔雀東南飛》故事繁簡剪裁得當，人物刻畫栩栩如生，不僅塑造了焦劉夫婦心心相印、堅貞不屈的形象，還把焦母的頑固和劉兄的蠻横刻畫得入木三分。篇尾構思了劉蘭芝和焦仲卿死後雙雙化爲鴛鴦的神話，寄托了人民群衆追求戀愛自由和幸福生活的强烈願望。

漢末建安中[1]，廬江府小吏焦仲卿妻劉氏[2]，爲仲卿母所遣[3]，自誓不嫁。其家逼之，乃没水而死。仲卿聞之，亦自縊于庭樹。時傷之，爲詩云爾[4]。

孔雀東南飛，五里一徘徊[4]。

“十三能織素[6]，十四學裁衣。十五彈箜篌[7]，十六誦詩書[8]。十七爲君婦，心中常苦悲。君既爲府吏，守節情不移[9]。賤妾留空房，相見常日稀。鷄鳴入機織，夜夜不得息。三日斷五疋[10]，大人故嫌遲[11]。非爲織作遲，君家婦難爲！妾不堪驅使[12]，徒留無所施[13]。便可白公姥[14]，及時相遣歸。”

府吏得聞之，堂上啓阿母：“兒已薄禄相[15]，幸復得此婦。結髮同枕席[16]，黄泉共爲友。共事二三年，始爾未爲久[17]。女行無偏斜，何意致不厚[18]？”

阿母謂府吏：“何乃太區區[19]！此婦無禮節，舉動自專由[20]。吾意久懷忿，汝豈得自由！東家有賢女[21]，自名秦羅敷。可憐體無比[22]，阿母爲汝求。便可速遣之，遣去慎莫留！”

府吏長跪告：“伏惟啓阿母[23]，今若遣此婦，終老不復取[24]！”

阿母得聞之，搥床便大怒[25]：“小子無所畏，何敢助婦語！吾已失恩義，會不相從許[26]！”

府吏默無聲，再拜還入户。舉言謂新婦[27]，哽咽不能語：“我自不驅卿，逼迫有阿母。卿但暫還家，吾今且報府[28]。不久當歸還，還必相迎取。以此下心意[29]，慎勿違吾語。”

新婦謂府吏：“勿復重紛紜[30]。往昔初陽歲[31]，謝家來貴門[32]。奉事循公姥，進止敢自專？晝夜勤作息[33]，伶俜縈苦辛[34]。謂言無罪過[35]，供養卒大恩[36]。仍更被驅遣，何言復來還！妾有綉腰襦[37]，葳蕤自生光[38]。紅羅複斗帳，四角垂香囊。箱簾六七十[39]，緑碧青絲繩。物物各自异，種種在其中。人賤物亦鄙，不足迎後人[40]。留待作遺施[41]，於今無會因[42]。時時爲安慰，久久莫相忘！”

雞鳴外欲曙，新婦起嚴妝[43]。著我綉夾裙，事事四五通[44]。足下躡絲履[45]，頭上玳瑁光[46]。腰若流紈素，耳著明月璫[47]。指如削葱根，口如含朱丹。纖纖作細步，精妙世無雙。

上堂拜阿母，阿母怒不止。“昔作女兒時[48]，生小出野里[49]。本自無教訓，兼愧貴家子[50]。受母錢帛多，不堪母驅使。今日還家去，念母勞家裹。”却與小姑别[51]，淚落連珠子。“新婦初來時，小姑始扶床。今日被驅遣，小姑如我長。勤心養公姥，好自相扶將[52]。初七及下九[53]，嬉戲莫相忘。”出門登車去，涕落百餘行。

府吏馬在前，新婦車在後。隱隱何甸甸[54]，俱會大道口。下馬入車中，低頭共耳語：“誓不相隔卿，且暫還家去；吾今且赴府，不久當還歸。誓天不相負[55]！”

新婦謂府吏：“感君區區懷[56]！君既若見録[57]，不久望君來。君當作磐石，妾當作蒲葦。蒲葦紉如絲[58]，磐石無轉移。我有親父兄[59]，性行暴如雷。恐不任我意，逆以煎我懷[60]。”舉手長勞勞[61]，二情同依依。

入門上家堂，進退無顏儀[62]。阿母大拊掌[63]，不圖子自歸[64]："十三教汝織，十四能裁衣。十五彈箜篌，十六知禮儀。十七遣汝嫁，謂言無誓違[65]。汝今何罪過，不迎而自歸？"蘭芝慚阿母："兒實無罪過。"阿母大悲摧[66]。

還家十餘日，縣令遣媒來。云有第三郎，窈窕世無雙[67]。年始十八九，便言多令才[68]。

阿母謂阿女："汝可去應之。"

阿女含淚答："蘭芝初還時，府吏見丁甯[69]，結誓不別離。今日違情義，恐此事非奇[70]。自可斷來信[71]，徐徐更謂之[72]。"

阿母白媒人："貧賤有此女，始適還家門[73]。不堪吏人婦[74]，豈合令郎君？幸可廣問訊，不得便相許。"

媒人去數日，尋遣丞請還。説有蘭家女，承籍有宦官[75]。云有第五郎，嬌逸未有婚[76]。遣丞爲媒人，主簿通語言[77]。直説太守家，有此令郎君。既欲結大義，故遣來貴門。

阿母謝媒人："女子先有誓，老姥豈敢言！"

阿兄得聞之，悵然心中煩。舉言謂阿妹："作計何不量[78]！先嫁得府吏，後嫁得郎君。否泰如天地[79]，足以榮汝身。不嫁義郎體[80]，其往欲何云[81]？"

蘭芝仰頭答："理實如兄言。謝家事夫婿，中道還兄門。處分適兄意[82]，那得自任專！雖與府吏要[83]，渠會永無緣[84]。登即相許和[85]，便可作婚姻。"

媒人下床去，諾諾復爾爾[86]。還部白府君[87]："下官奉使命[88]，言談大有緣[89]。"府君得聞之，心中大歡喜。視曆復開書[90]，便利此月内，六合正相應[91]。良吉三十日，今已二十七，卿可去成婚[92]。交語速裝束[93]，駱驛如浮雲。青雀白鵠舫[94]，四角龍子幡[95]。婀娜隨風轉[96]，金車玉作輪。躑躅青驄馬[97]，流蘇金鏤鞍[98]。賫錢三百萬[99]，皆用青絲穿。雜彩三百疋[100]，交廣市鮭珍[101]。從人四五百，鬱鬱登郡門[102]。

阿母謂阿女："適得府君書[103]，明日來迎汝。何不作衣裳？莫令事不舉[104]！"

阿女默無聲，手巾掩口啼，淚落便如瀉。移我琉璃榻[105]，出置前窗下。左手持刀尺，右手執綾羅。朝成綉夾裙，晚成單羅衫。晻晻日欲暝[106]，愁思出門啼。

府吏聞此變，因求假暫歸。未至二三里，摧藏馬悲哀[107]。新婦識馬聲，躡履相逢迎。悵然遥相望，知是故人來。舉手拍馬鞍，嗟嘆使心傷："自君别我後，人事不可量[108]。果不如先願，又非君所詳。我有親父母[109]，逼迫兼弟兄[110]。以我應他人，君還何所望！"

府吏謂新婦："賀卿得高遷！磐石方且厚，可以卒千年。蒲葦一時紉，便作旦夕間。卿當日勝貴[111]，吾獨向黄泉！"

新婦謂府吏："何意出此言！同是被逼迫，君爾妾亦然。黄泉下相見，勿違今日言！"執手分道去，各各還家門。生人作死别，恨恨那可論[112]？念與世間辭，千萬不復全！

府吏還家去，上堂拜阿母："今日大風寒，寒風摧樹木，嚴霜結庭蘭。兒今日冥冥[113]，令母在後單[114]。故作不良計[115]，勿復怨鬼神！命如南山石，四體康且直[116]！"

阿母得聞之，零淚應聲落："汝是大家子，仕宦於臺閣[117]。慎勿爲婦死，貴賤情何薄[118]！東家有賢女，窈窕艷城郭。阿母爲汝求，便復在旦夕。”

府吏再拜還，長嘆空房中，作計乃爾立[119]。轉頭向户裏，漸見愁煎迫。

其日牛馬嘶，新婦入青廬[120]。奄奄黄昏後[121]，寂寂人定初。“我命絶今日，魂去尸長留！”攬裙脱絲履，舉身赴清池。

府吏聞此事，心知長别離。徘徊庭樹下，自掛東南枝。

兩家求合葬，合葬華山傍[122]。東西植松柏，左右種梧桐。枝枝相覆蓋，葉葉相交通[123]。中有雙飛鳥，自名爲鴛鴦。仰頭相向鳴，夜夜達五更。行人駐足聽[124]，寡婦起彷徨[125]。多謝後世人[126]，戒之慎勿忘！

【注釋】

①建安中，建安年間，公元 196—220 年。建安，東漢獻帝劉協的年號。

②廬江，漢代郡名，郡城在今安徽懷寧、潛山一帶。

③遣，女子出嫁後被夫家趕回娘家。“遣”“趕”同源。

④云爾，句末語氣詞，相當於“如此而已”。

⑤徘（pái）徊（huái），漢代樂府詩常以飛鳥徘徊起興，以寫夫婦離别。“徘徊”是“盤桓（環）”的陰聲韵。uan 韵在河南長垣、洛寧念成 uai，“彎”念成“歪”。“徘徊”就是盤桓，每飛五里就再轉回頭看一看，表達了深深的繾綣之情。後文“徘徊庭樹下，自掛東南枝”也是説臨上吊前在庭院樹下，一邊回憶初婚時的美好、悲痛於死後“令母在後單”，一邊盤桓。

⑥素，白絹。“十三能織素”至“及時相遣歸”是焦仲卿妻對仲卿説的話。

⑦箜（kōng）篌（hóu），古代的一種弦樂器，形如箏、瑟。

⑧詩書，多認爲“詩書”是指《詩經》和《尚書》，不確。各代都没有把《詩經》和《尚書》作啓蒙教材的。這裏的“詩書”就是指文化書籍。

⑨守節，遵守府裏的規則。

⑩斷，〔織成一匹〕截下來。疋，同“匹”。

⑪大人故嫌遲，婆婆故意嫌我織得慢。大人，對長輩的尊稱，這裏指婆婆。

⑫不堪，不能勝任。

⑬徒，徒然，白白地。施，用。

⑭白公姥（mǔ），禀告婆婆。白，告訴，禀告。公姥，公公婆婆，這裏是偏義複詞，專指婆婆。

⑮薄禄相，官禄微薄的相貌。

⑯結髮，束髮。古時候的人到了一定年齡（男子 20 歲，女子 15 歲）纔把頭髮結起來，算是成年，可以結婚了。

⑰始爾，剛開始。爾，助詞，無義；一説是代詞，這樣。

⑱致，雖有招致義，但焦仲卿不是探究“女行無偏斜”爲什麽會招來母親不滿意，而是質問母親爲什麽對劉氏“不厚”，所以這裏的“致”義爲表達。《史記·刺客列傳》：“今日之事，臣固伏誅，然願請君之衣而擊之焉，以致報仇之意，則雖死不恨。”（今天的事情，我應當伏法受懲治，但我希望求得您的衣服來擊打它，這樣來表達我替智伯報仇的意願，那麽，即使死了也無遺憾了。）我們今天寫信結束語多寫“此致敬禮！”這個“致”也是表達的意思。厚，厚待，這裏是喜歡的意思。不厚，即不喜歡。

⑲區區，這裏的“區”是“恪”義，即恪守〔禮教和夫妻情義〕，與其後所説“此婦無禮節，舉動自專由”對應上，并纔有後頭劉蘭芝“感君區區懷”的謝意。《論衡·感虚》：“如不聞其言，雖至誠區區，終無得

也。”（如果他没有説出，即使他誠懇到極點，最終還是得不到。）我們平時説的“區區小事”的“區”源於“格”，如豆腐小方格。海淀區、朝陽區的“區”就是劃分的格。

⑳自專由，與下句“汝豈得自由”中的“自由”都是自作主張的意思。專，獨斷專行。由，隨意，任意。

㉑賢，這裏指聰明賢慧。

㉒可憐，可愛。

㉓伏惟，古代下級對上級或小輩對長輩説話表示恭敬的習慣用語。

㉔取，通“娶”，娶妻。

㉕床，古代的一種坐具。

㉖會不相從許，當然不能答應你的要求。會，當然，必定。

㉗舉言，發言，開口。新婦，媳婦，漢代末年對已嫁婦女的通稱。

㉘報府，赴府，指回到廬江太守府。

㉙下心意，低心下意，受些委屈。

㉚勿復重（chóng）紛紜，不用再説那些話了，也就是説，不必再提接她回來的話了。也有解釋作“不要再添麻煩”，但“添麻煩”顯得不領情。

㉛初陽歲，農曆冬末春初。

㉜謝，辭別。

㉝作息，原義是工作和休息，這裏是偏義複詞，專指工作。

㉞伶俜（pīng）縈（yíng）苦辛，指孤孤單單，受盡辛苦折磨。伶俜，孤單的樣子。縈，字面解爲纏繞，那“伶俜縈苦辛”就是孤單纏繞苦辛，這不成話。“縈”是“又”的意思。“縈”没有作“又”解的書證，所以文獻學家不敢作“又”解。漢語詞源研究探出“又”源於“縈”。

㉟謂言，是話語的意思。謂言無罪過，即話語没有不順。後面“謂言無誓違”的“謂言”也是話語的意思。

㊱供養卒大恩，終生侍奉公婆，報答大恩。兒媳婦侍奉公婆是盡孝道，父母對子女有養育之恩，公婆對兒媳没有養育之恩，兒媳侍奉公婆是替丈夫報養育恩。這裏的“恩”不是恩情，是愛意。“恩”源於“因”“依”，是“愛”的意思。“愛”源於“挨”在一起。“挨”源於“依”。前文“吾已失恩義”的意思是我對她已没有愛的情感。再比如班婕妤《怨歌行》：“弃捐篋笥中，恩情中道絶。”（把團扇丢弃在箱子裏，恩愛中途斷絶。）

㊲綉腰襦（rú），綉花的齊腰短襖。

㊳葳（wēi）蕤（ruí），草木繁盛的樣子，這裏形容短襖上刺綉的花葉繁多而美麗。

㊴箱簾，箱是衣箱；簾通“奩”，古代婦女梳妝用的鏡匣。

㊵後人，指府吏將來再娶的妻子。

㊶遺（wèi）施，贈送，施與。

㊷會因，會面的機會。

㊸嚴妝，整妝，鄭重地梳妝打扮。

㊹通，次，遍。

㊺躡（niè），踩，踏，這裏指穿鞋。

㊻玳（dài）瑁（mào），一種同龜相似的爬行動物，甲殼可製作裝飾品。

㊼璫（dāng），耳墜。

㊽昔作女兒時，以下八句是仲卿妻對焦母告别時説的話。

㊾野里，鄉間。

㊿兼愧，更有愧於。

51却，從堂上退下來。

52扶將，扶持，攙扶，這裏是服侍的意思。

53初七及下九，七月七日和每月的十九日。初七，指農曆七月七日，舊時婦女於這天晚上在院子裏陳設瓜果，向織女星祈禱，祈求提高刺綉縫紉技巧，稱爲“乞巧”。下九，古人以每月的二十九爲上九，初九爲中九，十九爲下九。在漢朝，每月十九日是婦女歡聚的日子。

㊹隱隱何甸甸，有解釋稱“隱隱”“甸甸”都是模擬車聲，不確。“甸”是“田”，田是一塊一塊相連的，古樂府《江南》：“江南可采蓮，蓮葉何田田。”“隱隱何甸甸”是説焦的馬和新婦的車隱隱約約前後相隨。

㊺“誓不相隔卿”至“誓天不相負”，這是府吏對蘭芝説的話。誓天不相負，這裏的“負”是“背”，即决不違背我“不久當歸還，還必相迎取”和“誓不相隔卿”的誓言。

㊻區區，這裏是誠摯的意思，與上面“何乃太區區”中的“區區”意思不同。

㊼録，有解釋爲“記”，不確，這裏是取的意思，源於“碌”。碌是轉，取東西手要攏起來，有“録取”連用。你既然要來接我，“不久望君來”。如果僅是記掛，能指望他來嗎？

㊽紉，通“韌”，柔韌牢固。

㊾親父兄，即同胞兄。

㊿逆，逆料，想到將來。

(61)勞勞，有解釋爲憂愁傷感的樣子，不確。這裏的“勞”是想的意思，源於“碌”。想是腦子打轉轉，開封説轉圈兒想。下文“作計何不量”的“量”也源於“碌”，“慮”是它的陰聲韵，臺灣將“考慮”説成“考量”。“勞”表示想的用例，《詩經·齊風·甫田》：“勞心忉忉。”《詩經·陳風·月出》：“勞心悄兮。”孟浩然《夏日南亭懷辛大》：“感此懷故人，中宵勞夢想。”

(62)顔儀，臉面，面子。

(63)拊（fǔ）掌，有解釋爲拍手，不確。蘭芝被遣回家，這使她母親很着急。女人着急時的表現我們從電影《小兵張嘎》中可以看到：英子看到小島冒濃烟，想到爺爺奶奶在家，她着急萬分，兩手拍兩腿，接着是一手握拳放在另一隻手掌裏緊握。英子的表現就是“拊”的寫照。人們在遇到着急的事時往往一手握成拳放在另一隻手掌裏來回旋轉，口裏還自言自語“這可咋辦呢?”

㉔子自歸，你自己回來，意思是没料到女兒竟被驅遣回家。古代女子出嫁以後，一定要娘家得到婆家的同意，派人迎接，纔能回娘家。下文“不迎而自歸”，也是按這種規矩説的責備的話。

㉕無誓違，不會有什麽過失。誓，似應作“諐”。諐，古“愆”(qiān) 字。愆違，過失。

㉖悲摧，悲痛，傷心。

㉗窈 (yǎo) 窕 (tiǎo)，容貌體態美好的樣子。

㉘便 (pián) 言多令才，口才很好，又多才能。便言，很會説話。令，美好。

㉙丁甯，囑咐，後寫作“叮嚀”。

㉚非奇，不宜，不妥。

㉛斷來信，回絶來做媒的人。斷，回絶。信，使者，指媒人。

㉜更謂之，再談它。之，指再嫁之事。

㉝適，出嫁。

㉞不堪，這裏是不能做的意思。

㉟“媒人去數日”至“承籍有宦官”，這幾句可能有文字脱漏或錯誤，因此無法解釋清楚。這裏列出部分字的意義解釋：尋，隨即，不久。丞，縣丞，官名。承籍，承繼先人的仕籍。宦官，即“官宦”，指做官的人。

㊱嬌逸，嬌美文雅。

㊲主簿，太守的屬官。

㊳作計，拿主意，打算。量 (liáng)，考慮。

㊴否 (pǐ) 泰，都是《易經》中的卦名，這裏指運氣的好壞。否，壞

運氣。泰，好運氣。

⑧⓪義郎，男子的美稱，這裏指太守的兒子。

⑧①其往欲何云，往後打算怎麼辦？其往，其後，將來。何云，這裏指怎麼辦。

⑧②處分，處置。適，依照。

⑧③要（yāo），相約。

⑧④渠（qú）會，同他相會。渠，他。一説是那種相會。渠，那。

⑧⑤登即，立即。

⑧⑥爾爾，如此如此，等於説“就這樣，就這樣”。

⑧⑦府君，對太守的尊稱。

⑧⑧下官，縣丞自稱。

⑧⑨緣，緣分。

⑨⓪視曆，翻看曆書。

⑨①六合，古時候迷信的人，結婚要選好日子，要年、月、日的干支（干，天干，甲、乙、丙、丁等；支，地支，子、丑、寅、卯等）合起來都相適合，這叫“六合”。

⑨②卿，你，指縣丞。

⑨③交語，交相傳話。

⑨④舫（fǎng），船。

⑨⑤龍子幡（fān），綉龍的旗幟。

⑨⑥婀娜，輕輕飄動的樣子。

⑨⑦躑（zhí）躅（zhú），緩慢不進的樣子。青驄（cōng）馬，青白雜毛的馬。

⑨⑧流蘇，用五彩羽毛做的下垂的纓子。

⑨⑨齎（jī），贈送。

⑩⓪雜彩，各種顏色的綢緞。

⑩交廣，交州、廣州，古代郡名，這裏泛指今廣東、廣西一帶。鮭（xié），這裏是魚類菜肴的總稱。

⑩鬱鬱，鬱是“擁”的入聲韵，是多、擁擠的意思。

⑩適，剛才。

⑩不舉，辦不成。

⑩榻（tà），坐具。

⑩晻晻（yǎn），日色昏暗無光的樣子。

⑩摧藏（zàng），摧折心肝。藏，臟腑。

⑩人事不可量，人間的事不能預料。

⑩父母，這裏偏指母。

⑩弟兄，這裏偏指兄。

⑪日勝貴，一天比一天高貴。

⑪恨恨，有解釋爲憤恨。但對誰憤，恨誰呢？“恨”源於“幹”，尖物刺心，心會痛。“生人作死别”，這心裏的痛苦能表達透嗎？因此這裏的“恨恨”表達的是心痛苦，而不是憤恨。

⑪日冥冥，原意是日暮，這裏用太陽下山來比喻生命的終結。

⑪單，孤單。

⑪故，有解釋爲有意、故意，不確。這裏的“故”源於“古”，早就的意思。故作不良計，意思是我早有這個念頭。

⑪四體，四肢，這裏指身體。直，意思是腰板硬朗。

⑪臺閣，原指尚書臺，這裏泛指大的重府。

⑪情何薄，怎能算是薄情。

⑪乃爾立，就這樣决定。

⑫青廬，用青布搭成的篷帳，舉行婚禮的地方。

⑫奄奄，通“晻晻”，日色昏暗無光的樣子。黄昏，古時計算時間按十二地支將一日分爲十二個“時辰”。“黄昏”是戌時，相當於現代的晚上

7時至9時。下句的“人定”是亥時，相當於現代的晚上9時至11時。

⑫華山，廬江郡内的一座小山。

⑬交通，交錯，這裏指挨在一起。

⑭駐足，停步。

⑮起彷徨，與“駐足聽”相對，指睡不着，起來走動。

⑯謝，告訴。《史記·項羽本紀》：“〔項伯〕謂沛公曰：‘旦日不可不蚤自來謝項王。’”（項伯對沛公説：“明天早晨早點來告訴項王。”）